21 世纪全国高职高专房地产类规划教材

房地产法规

秦承敏　高珂强　主　编
璠珍珍　刘连臣　副主编

内 容 简 介

《房地产法规》是适应房地产高等职业教育实施工学结合的人才培养模式需要，基于工作过程的教学内容推出的定位准确、突出应用、体例新颖、可操作性强的教材。本书根据最新的房地产法律法规和相关政策及实际工作经验，以《城市房地产管理法》、《土地管理法》、《物权法》为基础，突出了房地产法规的实用性、应用性及可操作性，并对我国房地产法律法规进行了全面介绍。本书共 11 章，主要介绍房地产业相关专业的学生必须掌握的房地产法律法规基本知识，从房地产法概述、房地产所有权制度、建设用地法律制度、房地产开发法律制度、城乡规划与建设管理制度、房地产交易法律制度、房地产登记法律制度、房地产中介服务法律制度、房地产拆迁法律制度、物业管理法律制度和房地产税收制度方面对我国房地产法律法规进行阐述。本书可作为高等职业学校工程管理、房地产经营与管理、物业管理、工程造价管理专业及土木工程专业的教材，同时可用于相关专业的成人继续教育、专科教材，也可作为从事房地产建设工作人员的学习参考用书和培训教材。

图书在版编目(CIP)数据

房地产法规/秦承敏，高珂强主编．—北京：北京大学出版社，2009.9

（21 世纪全国高职高专房地产类规划教材）

ISBN 978-7-301-15303-1

Ⅰ. 房…　Ⅱ. ①秦…②高…　Ⅲ. 房地产业－法规－中国－高等学校：技术学校－教材　Ⅳ.D922.181

中国版本图书馆 CIP 数据核字（2009）第 091365 号

书　　名：房地产法规
著作责任者：秦承敏　高珂强　主编
责 任 编 辑：栾　鸥　胡　林
标 准 书 号：ISBN 978-7-301-15303-1/F・2214
出　版　者：北京大学出版社
地　　址：北京市海淀区成府路 205 号　100871
网　　址：http://www.pup.cn
电　　话：邮购部 62752015　发行部 62750672　编辑部 62756923　出版部 62754962
电 子 信 箱：xxjs@pup.pku.edu.cn
印　刷　者：北京宏伟双华印刷有限公司
发　行　者：北京大学出版社
经　销　者：新华书店
787 毫米×980 毫米　16 开本　17.5 印张　343 千字
2009 年 9 月第 1 版　2011 年 5 月第 2 次印刷
定　　价：34.00 元

前　言

《房地产法规》一书是为高等职业院校房地产、建筑类专业编写的教材。该教材作为高职高专教材，突出了高职高专教育的高等技术应用型人才的培养目标，适应于工学结合的培养模式，基于岗位工作过程的内容选材。在知识的深度与广度上，力求体系科学、详略得当、深入浅出。本书的主要特点如下。

一是实用性。总的原则是以高职学生岗位职业能力培养为主，重点放在对学生将来所从事工作必需的法规进行分析介绍，少写法学原理，多培养学生分析问题和解决实际问题的能力；在内容取舍上更贴近相关专业职业资格考试。

二是适应性。在内容体系上充分考虑高等职业教育推行工学结合，教学采用工作任务、项目教学等方法；在体例编排上，增加了案例教学、项目教学的内容，强化了教材与社会实践的结合。同时适当增加了学生的阅读材料，反映社会最新进展和深度问题，推动学生自主学习的积极性。

三是时代性。在吸取了现有房地产法学的先进成果基础上，摘取最新的房地产法规与政策，力求反映最新的房地产制度，体现工学结合的教学改革成果、突出高等职业教学特点，以便教师、学生和广大自学者使用。

本书由山东水利职业学院秦承敏、山东青年管理干部学院高珂强任主编，日照职业技术学院璠珍珍、山东水利职业学院刘连臣担任副主编。本书大纲编写、统稿及第一章、第二章、第三章、第六章由秦承敏负责；高珂强编写第四章、第五章、第九章；璠珍珍编写第七章和八章；刘连臣编写第十章和第十一章。山东省国土资源厅石凤友、日照市港务局赵刚分别对全书进行了审稿工作。

本书在编写过程中，参考了大量教材与资料，在此向原著作者致以最诚挚的谢意。同时本书的出版得到了北京大学出版社各位编辑的大力支持，也一并向他们表示感谢。

由于编者水平有限，书中难免有疏漏与不当之处，敬请广大读者批评指正。

编　者

2009年5月

目　　录

第一章 房地产法概述

概 要

房地产是房产和地产的合称，包括物质实体和依托于物质实体上的权益。房产权利与地产权利即可单独存在，也可结合为房地产权利。房地产业是从事房地产开发、经营、管理和服务的第三产业。房地产法律关系是房地产法律规范确认和调整的社会关系，房地产法律关系包括主体、内容、客体三个要素。房地产法的渊源是房地产法的存在或表现形式。

知识重点

1. 掌握房地产和房地产业的概念
2. 理解房产与地产的关系
3. 熟悉房地产业的主要内容
4. 了解土地制度和房地产业的发展概况

技能必备

会分析具体的房地产法律关系并适用法律。

第一节　房地产概述

一、房地产

（一）房地产概念

通常来说，房地产是房产和地产的合称，是一种不能移动，或移动后会引起性质、形状改变的财产，即不动产。

国家标准《房地产估价规范》对房地产的定义是：土地、建筑物及其他地上定着物，包括物质实体和依托于物质实体上的权益。

从物质实体的角度看，房地产包括土地、建筑物及其他地上定着物。其中：土地是指地球表层的陆地部分及其以上、以下一定幅度空间范围内的全部环境要素；建筑物是指人工建筑而成的房屋与构筑物；房屋是指围合了可使用的空间，直接地被人居住或进入活动的建筑物；构筑物则是为了满足某种使用需求间接地为人服务的固定人造物，是独立于房屋之外的建筑物，如围墙、烟囱、水塔、变电塔以及各种油气罐等；其他地上定着物是指与土地、建筑物不能分离，或虽然能够分离，但分离后会破坏土地、建筑物的功能或完整性的物，如树木、埋设的管线等。

从权益角度看，权益是指权利、利益和收益，是房地产中无形的部分。房地产的权益是以房地产各种法律权利（如使用权、所有权、抵押权）等为基础，权利受限制的房地产其收益或利益会明显不同。与一般财产相比，房地产权益状况对房地产的市场价值有着更重要的影响。

综上所述，房地产是指土地、建筑物及其他地上定着物构成的不动产与其权益。

（二）地产概念

在我国，对地产没有一个明确的界定，由于过去不允许土地买卖，地产概念很少使用。1988 年《宪法》修改时规定“土地使用权可以依照法律的规定转让”，从而使土地恢复了市场与产业属性，土地出让金也成为政府的重要收入来源。国家垄断土地供给市场，开发商投资土地二级市场，使土地真正成为“财富之母”。随着房地产市场蓬勃发展，房地产商到处使用“地产”概念，如“商业地产”、“工业地产”、“旅游地产”等。但此情况下房地产商使用的地产更多是房地产的含义。

地产应当是指土地财产，是主体对特定地块的权利。即指能够为其权利人带来收益或满足其权利人工作或生活需要的土地资产，是土地自然、经济与社会的综合体。地产与土地不同，地产是指在一定所有制关系下作为财产的土地。我国只允许土地使用权的流转，因此地产实质上是土地的使用权。

（三）房产概念

“房产”是指房屋财产，是以房屋形态表现的财产。房屋是指有屋面和围护结构（有墙或两边有柱），能够遮风避雨，可供人们在其中生产、工作、学习、娱乐、居住或储藏物资的场所。具备房屋功能的地下建筑，包括与地上房屋相连的地下建筑以及完全建在地面以下的建筑、地下人防设施等，也应当视做房产。构筑物则不是房产。

房产概念主要是计划经济的产物，由于我国过去土地不是商品，长期不允许土地进入市场，导致房屋与土地的权益是相分离的。目前房产已愈来愈多地被房地产概念所代替。但由于我国目前仍有国有土地、集体土地之分，土地性质不同，流转条件不同，其土地之上的房产主体与土地主体会不相一致，因此与土地分离的房产及房产权利仍将长期存在。

（四）地产与房产的联系

1. 地产与房产的依存关系

在房地产开发中，地产的取得目的是开发房产；房产的取得，必须建立在已经依法取得土地使用权的基础上。因此土地使用权和房屋产权之间存在着相互依存、客观必然的联系。从实物形态上看，房产与地产密不可分；从价格构成上看，房产价格不论是买卖价格还是租赁价格都包含地产价格；从权属关系看，房产所有权和地产所有权是联系在一起的。

2. 地产与房产一致性关系

如果地产与房产不属同一主体，各自主体在行使权利时必须一致，否则，任何一方都无法独立地行使自己的权利。因此《城市房地产管理法》规定：“房地产转让时，房屋所有权和该房屋占用范围内的土地使用权必须同时转让。”《物权法》中规定：“以建筑物抵押的，该建筑物占用范围内的建设用地使用权一并抵押；以建设用地使用权抵押的，该土地上的建筑物一并抵押。抵押人未依照前款规定一并抵押的，未抵押的财产视为一并抵押。”

3. 地产与房产差异性关系

房产、地产的差异性是指房产与地产是不同的不动产。房产是建筑物；地产是指明确了土地使用权的土地，我国的地产是指有限期的土地使用权。差异性主要包括几个方面：二者属性不同、增值规律不同、权属性质不同、价格构成不同。

二、房地产特点

1. 房地产位置的固定性、地区性

由于土地具有不可移动性，所有的房产，不论其外形如何、性能怎样、用途是什么，都只能固定在一定的地方，无法随便移动其位置。由于房地产位置的固定性，使得房地产的开发、经营等一系列经济活动都必须就地进行，从而使房地产具有区域性的特点。

2. 房地产的区位性与价格差异性

地域的不同决定了房地产的价格的不同。离市中心的远近、人口的密集程度、文化教育的发展程度、环境的优劣、交通的便利程度都会影响房地产价格，黄金地段的房地产价格必然昂贵。房地产的位置有自然地理位置和社会经济位置之分。房地产的自然地理位置是固定不变的，但其社会经济位置是可以改变的。随着社会经济的不断发展和社会资源配置的变化，房地产社会经济位置的优劣会不断变化，从而使同一房地产在不同时期的价格会有所变化。

3. 房地产的耐久性和经济效益的可靠性

土地可以长久使用下去，具有耐久性，除非发生人类不可抗拒的毁灭性自然灾害。房屋一旦建成，其使用寿命可达数十年甚至上百年。因此，房地产的使用期限要比其他物品的使用期限长得多。由于房地产的耐久性，经营房地产风险相对小，获利较大，经济效益可靠。

4. 房地产投资规模大，开发建设周期长

一般说来，工业品的生产周期比较短，而房地产的开发周期要比工业品的生产周期长得多。一栋房地产要经过项目审批、征地、设计、施工、安装及有关的配套设施建设。房地产不仅开发周期长，而且投资数额大，资金回收期长。也正因为房地产的这些特点，致使房地产的投资风险和投资压力较大，从而投资的回报率也相对较高。

5. 房地产的保值、增值性

由于土地是不可再生的自然资源，随着社会经济的发展和人们消费水平的不断提高，社会对房地产的需求会日益增加。但由于土地资源的有限性，房地产的供求矛盾日益突出，房地产价格呈现不断上涨的趋势，从而使房地产成为保值和增值的最好手段。房地产价格的上涨是一种趋势，并不一定总是持续上涨，也不排除某一地区或某类房地产价格短期内的下跌，特别是以出让方式获取的土地价格，是有限期的土地使用权价格，随着土地使用权年限的日益减少，房地产价格将出现下降的趋势。

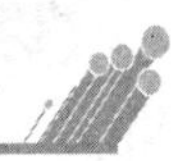

三、房地产类型

房地产的类型主要有以下几种分类方法。

（1）按用途划分。① 居住房地产：包括普通住宅、高级公寓、别墅等。② 商业房地产：包括商务办公楼（写字楼）、旅馆（宾馆、饭店等）、商店（商场、购物中心等）、餐馆、影剧院等。③ 旅游房地产：包括公园、风景名胜、历史古迹、沙滩等休闲场所。④ 工业房地产：包括厂房、仓库等。⑤ 农业房地产：包括农场、林场、牧场、果园等。⑥ 特殊目的房地产：包括政府机关办公楼、学校、教堂、寺庙、墓地等。

（2）按市场性质划分。① 出售的房地产。② 出租的房地产。③ 营业的房地产。④ 自用的房地产。

（3）按开发程度划分。① 生地是指不具备城市基础设施的土地。② 毛地是指城市基础设施不完善、地上有房屋拆迁的土地。③ 熟地是指具备完善的城市基础设施、土地平整能直接进行建设的土地。④ 在建工程。⑤ 现房。

（4）从房地产性质上划分。① 商品房是指房地产公司在取得土地使用权后开发销售的房屋，购买商品房拥有独立的产权，商品房的价格由市场供求关系决定。② 安居房、解困房和经济适用房。安居房是指为实施国家“安居工程”而修建的住房，是政府为了推动住房制度改革，由国家安排贷款和地方自筹资金，面向广大中低收入家庭而修建的非营利性住房。解困房是指在实施“安居工程”之前，为解决本地城镇居民的住房困难而修建的住房。经济适用房是指政府部门联合房地产开发商按照普通住宅建设标准建造的，以建造成本价向中低收入家庭出售的住房。③ 房改房。房改房是指国家机关、企事业单位按照国家有关规定和单位确定的分配方法，将原属单位所有的住房以房改价格或成本价出售给职工的住房。职工购买房改房时享有政策优惠，但在进入市场出售时有限制，须持有一定时间后方可出售。

四、房地产业

房地产业是指从事房地产开发、经营、管理和服务的行业，是国民经济的一个重要部门，属于第三产业。具有基础性、先导性、带动性和风险性的产业，不同于建筑业。它们之间既有区别又有联系：首先，产业属性不同。房地产业属于第三产业（流通行业和服务行业），而建筑业属于第二产业（工业和建筑业）。其次，主营产业不同。建筑业主要从事房屋的生产、改造、装修等建设活动；而房地产主要从事房地产开发、销售、管理等经济活动，主要为生产、流通和消费提供服务性劳动。当然，房地产业和建筑业也有联系。它们的经营对象都是土地、房屋等不动产，在经营中相互渗透、交叉。

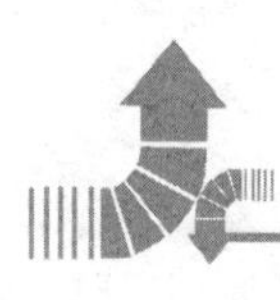

根据《国民经济行业分类》（GB/T4754-2002）房地产业主要包括以下一些内容。

（1）房地产开发经营。房地产开发经营是指房地产开发企业进行的基础设施建设、房屋建设，并转让房地产开发项目或者销售、出租商品房的活动。包括：土地使用权的转让、买卖和租赁活动；住宅、公寓的开发、销售、出租等活动；办公楼的开发、销售、出租等活动；商业营业用房的开发、销售、出租等活动；其他建筑物的开发、销售、出租等活动。但不包括：房屋及其他建筑物的工程施工活动；房地产商自营的独立核算（或单独核算）的施工单位；家庭旅社、学校宿舍、露营地的服务。

（2）物业管理。指物业管理企业依照合同约定，对物业进行专业化维修、养护、管理以及对相关区域内的环境、公共秩序等进行管理，并提供相关服务的活动。包括：住宅小区、住宅楼、公寓、别墅、度假村等物业管理；综合楼、办公楼、写字楼、商场、商厦、购物中心、酒店、康乐场所等物业管理；工厂厂房、仓库等物业管理；车站、机场、港口、码头、医院、学校等物业管理；房管部门（房管局、房管所）对直管公房的管理；单位对自有房屋的管理；其他物业管理。不包括：独立的房屋维修及设备更新活动；贸易大厦、小商品大厦的市场管理活动；社区服务。

（3）房地产中介服务。指房地产咨询、房地产价格评估、房地产经纪等活动。包括：房地产价格评估机构活动；房屋买卖居间、代理活动；房屋租赁居间、代理活动；房地产咨询活动；房屋置业担保；其他房地产中介代理。不包括：房产测绘。

（4）其他房地产活动。包括：房地产交易管理；房屋权属登记管理；房屋拆迁管理；住房及房改基金的管理；其他未列明的房地产活动。不包括：房地产行政主管部门的活动。

五、房地产业的地位与作用

房地产业是国民经济发展的一个基本的生产要素，是社会经济发展的产物，是城市建设的重要组成部分，房地产业是发展国民经济和改善人民生活的基础产业之一。由于房地产业关联度高，带动力强，表现为对投资、消费的双重拉动，对 GDP 的贡献率大，已经成为国民经济的支柱产业，对国民经济乃至城市发展具有不可低估的影响力。

房地产业的作用主要如下：

（1）可以为国民经济的发展提供重要的物质条件；

（2）可以改善人们的居住和生活条件；

（3）可以改善投资环境，加快改革开放的步伐；

（4）通过综合开发，避免分散建设的弊端，有利于城市规划的实施；

（5）可以为城市建设开辟重要的积累资金渠道；

（6）可以带动相关产业，如建筑、建材、化工、轻工、电器等工业的发展；

（7）有利于产业结构的合理调整；

（8）有利于深化住房制度的改革，调整消费结构；
（9）有利于吸引外资，加速经济建设；
（10）可以扩大就业面。

六、房地产法概念

房地产法是调整房地产开发、交易及管理过程中发生的社会关系的法律规范的总称。有广义和狭义两种理解。狭义的房地产法仅指1995年1月1日起实施、2007年8月30日修正的《中华人民共和国城市房地产管理法》（以下简称《城市房地产管理法》）。而广义的房地产法是指调整房地产关系的各种法律规范的总称。包括《城市房地产管理法》以及与其相配套的一系列行政法规、地方法规。它所调整的社会关系的范围，主要包括房地产权属关系、房地产开发建设关系、房地产流转关系、房地产管理关系、物业管理关系等。

第二节 房地产法律关系

一、房地产法律关系的概念

法律关系是指法律规范在调整人们行为过程中形成的权利义务关系。房地产法律关系，是指房地产法律规范在调整房地产经济关系的过程中发生在房地产主体之间的权利义务或职权职责关系。在众多房地产社会关系中，只有那些为房地产法律规范确认和调整的关系才具有法律意义上的权利与义务的关系。

二、房地产法律关系的分类

1. 根据法律性质的不同，房地产法律关系可以分为以下几种

（1）房地产民事法律关系。房地产民事法律关系是指平等主体之间基于房地产各种关系而形成的财产权利与义务关系，如土地使用权出让法律关系、房地产租赁法律关系。

（2）房地产行政法律关系。房地产行政法律关系是指行政机关（政府及其职能部门）与房地产主体之间，因行政管理依法形成的权利义务关系。如土地征收、征用法律关系。

（3）房地产经济法律关系。房地产经济法律关系是指国家协调房地产业经济运行而形成的权利义务关系，如房地产开发的规划和计划法律关系、房地产价格管理法律关系等。

2. 根据房地产法律规范调整对象的不同，房地产法律关系可以分为以下几种

（1）房地产开发法律关系。房地产开发法律关系是指房地产主体在房地产开发过程中依法形成的权利义务关系，如土地征收、征用法律关系。

（2）房地产交易法律关系。房地产交易法律关系是指房地产主体在房地产交易过程中依法形成的权利义务关系，如房地产转让法律关系。

（3）物业管理法律关系。物业管理法律关系是指物业管理公司与业主之间在物业管理过程中依法形成的权利义务关系，如物业服务法律关系等。

（4）房地产管理法律关系。房地产管理法律关系是指房地产管理机关与其他房地产主体之间在房地产管理过程中依法形成的权利义务关系，如房地产项目规划审批法律关系。

三、房地产法律关系的构成

房地产法律关系包括三个要素：主体、内容和客体。主体是指房地产法律关系的参加者，内容是指房地产法律关系主体所享有的权利和承担的义务，客体是指房地产法律关系主体的权利义务所指向的对象。三者对房地产法律关系的构成缺一不可，任何一个要素的变更和消灭都会导致房地产法律关系的变更和消灭。

（一）房地产法律关系的主体

房地产法律关系的主体，即参加房地产法律关系的当事人。它既是民事权利的享有者，又是民事义务的承担者，也包括经济权利的享有者和经济义务的履行者，或者是经济职权的行使者和经济职责的承担者。房地产法律关系主体可从以下角度划分。

1. 以房地产法律关系的种类划分

（1）房地产民事法律关系主体。房地产民事法律关系调整的是平等主体之间的权利与义务关系，凡法律规定可成为民事主体的，都是房地产民事法律关系的主体。因此，自然人、法人和其他组织以及国家都可以成为房地产民事法律关系主体。

（2）房地产经济法律关系主体。房地产经济法律关系调整国家在协调房地产经济运行过程中所发生的经济关系，凡依法独立享受经济权利和承担经济义务的当事人都是经济法律关系主体的范围。这类主体主要有，各类企业、事业单位、社会团体、农村承包经营户、个体工商户和公民个人。此外，经济组织的内部机构在一定条件下也是经济法律关系的主体。国家机关和国家作为整体除作为经济管理的主体外，在一定条件下也是经济活动关系的主体。

（3）房地产行政法律关系主体。房地产行政法律关系是国家行政机关在房地产业行政管理活动中所发生的关系。房地产一方必须是国家行政机关或受其委托和授权的机关、团体或个人，即必须有代表国家从事行政管理的当事人。另一方是行政相对人。我国公民、法人或其他组织都可以作为行政相对人来参加行政法律关系，享有一定的权利，并承担一定的义务。

2. 以房地产法律关系主体在房地产开发、交易、中介服务及管理过程中的地位和作用划分

（1）房地产管理主体。主要是指行政管理主体和经济管理主体。包括国家各级房地产主管机关。如房产管理部门、土地管理部门、城市建设规划部门等。

（2）房地产开发主体。主要是指房地产开发公司。

（3）房地产交易主体。包括从事房地产交易的公民、法人及其他社会组织等。

（4）房地产服务主体。包括房地产交易所、房地产登记机构、房地产经纪人、物业管理公司等。

（二）房地产法律关系的内容

房地产法律关系的内容，即房地产法律关系主体所享有的权利和承担的义务，或其所拥有的职权和应履行的职责。房地产权利，是指房地产法律关系主体为实现某种利益，有权依法做出或不做出一定行为或要求义务主体做出或不做出一定行为的资格。如房屋的转让权、租赁权、抵押权等。房地产义务，即房地产法律关系主体依法应做出一定行为或不做出一定行为的责任。如房地产交易付款义务、价格申报义务。房地产职权，是指房地产法律关系主体为履行义务，在依法行使领导或监督职能时所享有的权力。如审查批准权、监督管理权、调查处理权等。房地产职责，是指房地产法律关系主体按照法律、法规、规章制度的规定在运用行政管理职权时，必须做出或不做出一定行为的约束。房地产职权和职责是不可转让和放弃的，有关的房地产法律关系主体必须依法行使。

（三）房地产法律关系的客体

房地产法律关系的客体，即房地产法律关系主体行使权利和职权以及履行义务和职责所指向的对象。能够成为房地产法律关系客体的是：物、行为和智力成果。

（1）物。这一客体形式在房地产法律关系中具体表现为土地与房屋及其附属物。土地依照其权属的不同，可以分为国有土地和集体土地。房屋按其土地性质不同可分为农村房屋和城市房屋。目前我国农村的房屋流转受到限制。按照房屋的用途不同，可以分为住宅用房、商业用房等。

（2）行为。行为是指房地产法律关系主体为享有权利、承担义务或行使职权、履行职责所进行的活动，如房地产开发活动、房地产交易活动、物业管理活动等。

（3）智力成果。智力成果是指人类智力活动创造的成果。智力成果可以成为房地产法律关系的客体。如用于房地产开发的各类设计方案等，作为设计者的个人或单位对该设计方案依法享有著作权；还有用于房地产投资决策或销售的各种具有竞争优势的信息、数据等构成企业的商业秘密，受到《反不正当竞争法》的保护。

四、房地产法律事实

（一）房地产法律事实的概念

房地产法律关系同其他法律关系一样，其产生、变更和消灭总是以一定的法律事实的出现为依据。因此房地产法律事实是指法律所规定的能够引起房地产法律关系产生、变更和消灭的客观情况或现象。

（二）房地产法律事实的种类

法律事实通常分为行为和事件。行为是指与人的意志相关的活动。事件是指人的意志以外的客观现象。根据房地产法律事实的发生是否与人的意志相关，也可以分为行为和事件。

(1) 房地产法律行为。作为房地产法律事实的主体行为，可以被界定为在主体意识支配下的，能产生房地产权利义务关系的活动，主要包括以下几种：① 房地产管理行为；② 房地产开发行为；③ 房地产交易行为；④ 房地产服务行为。

(2) 房地产法律事件。房地产法律事件是指由房地产法律规定的不以当事人的意志为转移的、能够引起房地产法律关系产生、变更或消灭的客观情况。一般认为，导致房地产法律关系产生、变更或消灭的事件包括自然现象和社会事件。作为房地产法律事实的自然现象是指能够引起房地产法律关系产生、变更与消灭的一切来自人类意志之外的自然事实。如山洪暴发冲毁房屋、地震阻碍交通等。作为房地产法律事实的社会事件是指能够引起房地产法律关系产生、变更和消灭的不以人们意志为转移的重大社会事实。如战争、罢工、社会变革、法律的颁布和废止等。

第三节　房地产法律渊源

一、房地产法律渊源

法的渊源是指由不同国家机关依照不同方式创立的，具有不同效力的法律的各种具体表现形式。而房地产法的渊源是指具有不同效力的房地产法律的存在或表现形式。我国法属成文法国家，判例不是法的形式之一，房地产法也不例外。就现有立法情况来看，房地产法表现形式主要有以下几种。

（一）宪法

宪法是国家的根本大法，由全国人民代表大会制定和修改，具有最高法律效力。房地产法不得与宪法相抵触。宪法中涉及房地产方面的规定主要有：关于国有土地的范围、关于集体土地的范围、关于土地的转让问题、关于土地征收和征用问题。

（二）法律

房地产法律是由全国人民代表大会及其常务委员会制定颁布的法律文件，是我国房地产法的主要表现形式，在地位和效力上仅次于宪法。它包括基本法律和其他法律两种。基本法律是指由全国人民代表大会制定和修改的刑事、民事、国家机构和其他的法律，内容涉及国家和社会生活某一方面的最基本的问题。基本法律以外的法律，也叫“一般法律”，是指由全国人民代表大会常务委员会制定和修改的，除应当由全国人民代表大会制定的法律以外的其他法律。房地产法律主要有《城市房地产管理法》、《土地管理法》、《城市规划法》、《建筑法》等。

（三）行政法规

行政法规是指作为国家最高行政机关的国务院制定的规范性文件，其地位和效力仅次于宪法和法律。房地产的行政法规是以国务院令形式颁布的。国务院迄今为止颁布了大量的专门或相关行政法规，这是由房地产的地位和政府对房地产的全方位管理和参与的客观条件所决定的。如《中华人民共和国土地管理法实施条例》、《中华人民共和国城镇国有土地使用权出让和转让条例》。

（四）部门规章

部门规章是指国务院的组成部门及其直属机构在其职权范围内制定的规范性文件，是以国务院行政主管部门的部长令颁布的。作为国务院房地产主管部门的建设部和国土资源部制定了大量的规章，如《房地产开发企业资质管理办法》、《城市房屋修缮管理规定》、《公有住宅售后维修养护管理暂行办法》等。

（五）地方性法规与政府规章

地方性法规是省、自治区、直辖市以及省级人民政府所在地的市和国务院批准的较大的市的人民代表大会及其常务委员会，根据宪法、法律和行政法规，结合本地区的实际情况制定的，并不得与宪法、法律行政法规相抵触的规范性文件，并报全国人大常委会备案。

政府规章是省、自治区、直辖市和较大的市的人民政府根据法律、行政法规和本省、自治区、直辖市的地方性法规拟定，并经各该级政府常务会议或者全体会议讨论决定的法律规范形式。其效力等级低于宪法、法律、行政法规和地方性法规。地方性法规与政府规章也是房地产法的表现形式，它只在本行政区内发生法律效力，这一表现形式种类繁多。如《广州市房地产交易管理办法》、《长沙市城市房屋装饰装修管理条例》。

（六）司法解释

司法解释是最高人民法院在总结审判经验的基础上发布的、在房地产案件审判中适用的指导性文件和法律解释，这也是房地产法的重要渊源。如《关于审理房地产管理法施行前房地产开发经营案件若干问题的解答》、《最高人民法院关于审理商品房买卖合同纠纷案件适用法律若干问题的解释》等。

二、房地产法的体系

（一）房地产法的性质

一般认为：房地产法是兼具公法、私法和社会法性质的法律。房地产法中的行政法部分属于公法；民法部分（包括房地产主体制度、房地产法律行为制度、房地产物权制度和房地产债权制度等）属于私法；有关住宅保障的制度（如住房公积金制度、廉租住房制度、房屋拆迁安置制度等）带有明显的社会保障性质，属于社会法。房地产法是一个兼跨三大法律部门的综合性法律体系。

（二）房地产法体系结构

房地产法的体系问题，从不同的角度有不同分类。总体上看，是以《物权法》、《土地管理法》、《城市房地产管理法》为主干，其他法律如《规划法》、《建筑法》和配套规章组成的法律体系。从调整对象看，现行房地产法律规范分为：① 房地产开发法；② 房地产交易法；③ 房地产管理法；④ 房地产服务法；⑤ 土地管理法；⑥ 物业管理法。

第四节　房地产业的制度变迁

一、城市土地使用制度沿革

1949年后，中国确立了土地的社会主义公有制，同时宪法明确规定：“任何组织或者个人不得侵占、买卖、出租或者以其他形式非法转让土地。”这就形成了建国后国有土地使用制度的主要特征，一是土地无偿使用，二是无限期使用，三是禁止转让。

自 1954 年生产资料社会主义改造完成到 1980 年开始国有土地使用制度改革，这段时期我国一直采用“无偿、无期限、无流动”的传统国有土地使用制度。这一阶段，需用地单位按照国家计划统一编制的建设项目，由国家以行政调拨的方式获得土地，无须支付任何地价、地租或土地使用费用，可以无偿、无期限的使用，而且行政划拨是取得土地使用权的唯一方式与途径。这与当时国家采取计划经济体制有密切关系，忽视一切生产资料要素（包括土地）的价值，禁止土地作为商品进入市场流通。

以 1980 年“全国城市工作会议”为起点，我国对传统国有土地使用制度进行了改革，开始从无偿使用到有偿使用、行政划拨向市场出让的方式进行转变。首先于 1982 年在深圳特区进行试点，向城市土地使用者收取土地使用费。随后，广州、上海等城市也先后推行收取土地使用费的做法，到 1988 年年初全国已有一千五百多个城市开始征收城市土地使用费。

1987 年下半年深圳特区又在全国率先进行土地使用权有偿转让的试点。1988 年《宪法修正案》第二条规定：“任何组织或者个人不得侵占、买卖或者以其他形式非法转让土地。”增加了“土地的使用权可以依照法律的规定转让”。这就为我国的土地使用权制度的改革确立了宪法依据。1988 年 9 月国务院颁行了《中华人民共和国城镇土地使用税暂行条例》，对在城市、县城建制镇、工矿区范围内使用土地的单位和个人征收土地使用税。1989 年财政部在国有企业推行第二步利改税，并开征“土地使用税”。1990 年 5 月 19 日，国务院颁布了《中华人民共和国城镇国有土地出让和转让暂行条例》，为土地使用权的有偿转让提供了法律基础。

1994 年《城市房地产管理法》颁布实施，明确规定了土地有偿转让是取得土地使用权的主要方式，并明确规定土地使用者可以转让土地使用权。土地使用权出让与转让确定了以市场机制分配土地资源的制度，为建立和发展房地产市场奠定了基础，以出让并收取土地使用权出让金成为土地使用制度的主要形式。2002 年 5 月 9 日，国土资源部颁布了《招标拍卖挂牌出让国有土地使用权规定》，经营性土地使用权招标拍卖挂牌出让制度开始初步建立，经营性土地使用权招标拍卖挂牌出让的比例逐年提高，国有土地使用权出让制度实行了严格的制度管理。

二、城市住房制度沿革与房地产市场发展

1949—1955 年，首先，国家接收了旧政府的房地产档案、确认产权归属、代管无主房屋、没收敌伪房地产、打击房地产投机和各种非法活动。其次，在全国各地先后建立了房地产管理机构，制定了有关政策规定，开展了大规模的房地产清查登记，建立了新政府的房地产管理秩序。最后，国家还拨出专款改造旧社会遗留下来的棚户区和贫民窟，建造新住宅，改善贫穷居民的居住生活条件。

1956—1965年，城市房屋和土地的所有制构成发生了根本性的变化，确立了公有制在社会主义城市房地产中的主体地位。

1966—1978年，我国房产实行全民所有制，由国家机关、国有企事业单位或组织等进行管理和分配。私房产权得不到保护，出售出租受到限制，住房采取低租金制与福利制的分配政策，房产市场失去存在的基础。

1978年以后。随着经济体制改革的全面展开，在城市进行了城镇住房制度改革、城市土地使用制度改革和房地产生产方式的改革，新时期的房地产业开始萌生。1987年9月，深圳经济特区率先实行土地使用权的有偿出让，拍卖中国第一块土地，揭开了土地市场化的序幕。1991年，参考新加坡的住房公积金制度，开始在上海试点，并逐步普及全国。1991年之后，提租补贴等房改措施也在各大中城市试点实施。

1998年6月，国务院颁布了《关于进一步深化城镇住房制度改革，加快住宅建设的通知》，其主要内容包括7个方面。

（1）改革住房建设投资体制。由原来国家或单位统包的投资体制转变为国家、单位、个人三者合理负担的投资体制。

（2）改革住房建设、分配、维修、管理体制。由原来单位统包职工住房建设、分配、维修、管理一体化的单位所有制，转变为住房的生产、建设专业化，维修、管理社会化的体制。

（3）改革住房分配体制。由原来的行政手段、福利性质、实物分配制度，转变为按劳分配为主的货币分配制度。职工根据自己的经济承受能力，通过向市场购买或租赁住房解决住房问题，满足住房需求。

（4）建立双轨制的住房供应体系。即以中低收入家庭为对象的、具有社会保障性质的经济适用住房及廉租住房供应体系和以高收入家庭为对象的商品房供应体系。

（5）建立住房公积金制度。由职工个人和所在单位分别交纳占职工工资一定比例的资金，作为职工个人住房基金，以增强职工住房消费能力。

（6）建立政策性和商业性并存的住房信贷体系，发展住房金融和住房保险。

（7）建立规范化的房地产交易市场，规范交易行为，发展社会化的房屋维修、管理市场，逐步实现住房资金投入产出的良性循环，促进房地产业和相关产业的发展。

《关于进一步深化城镇住房制度改革，加快住宅建设的通知》（1998年7月3日国发[1998]23号），明确提出了停止住房实物分配，实行住房货币化分配的新政策。这是我国分配制度的一次重大改革，是延续了近50年的住房实物分配制度的终结，具有划时代的意义。我国住房市场发生了根本性的变化，由卖方市场转向买方市场，由集团消费向个人消费转变，从而带来房地产业的一系列变化。房地产市场自从1998年实施住房改革以来，得到了快速发展。房地产市场配制资源的机制作用进一步加大，市场规模逐渐扩大。房地产企业供给社会上个人住房的比例已经达到93%。

2003年8月12日，国务院印发了《国务院关于促进房地产市场持续健康发展的通知》，要求要充分认识房地产市场持续健康发展的重要意义，指出房地产业关联度高、带动力强，已经成为国民经济的支柱产业。在强调发展的同时，该通知也要求调控，特别是要加强防止出现房地产泡沫的调控措施，建设用地供应进入了从紧控制期。国家先后出台了《关于清理各类园区用地加强土地供应调控的紧急通知》、《关于加强土地供应管理促进房地产市场持续健康发展的通知》。

2004年，随着改革开放以来我国经济的持续发展和人民生活水平的不断提高，我国的房地产开发出现过热现象。为此，国家围绕房地产开发影响因素出台了调控政策，尤其是金融政策和土地政策的宏观调控措施，对房地产业的影响十分显著，房地产投资增长速度下降。国务院还于10月21日发出《关于深化改革严格土地管理的决定》，通过调整供地结构，加大对经济适用房和普通住宅用地供应，在一定程度上遏止了房价的快速上涨，也提高了房地产市场的质量。

2005年，房地产市场整顿向纵深发展，宏观调控初见成效。国家针对局部地区和局部市场上出现的房价波动较大、投资过热的情况，出台了一系列调控政策，包括央行加息、期房限制转让、营业税开征、征收二手房的个人所得税等。国务院还于当年4月27日提出八条措施加强引导和调控（简称“国八条”），主要是：强化规划调控，改善商品房结构；加大土地供应调控力度，严格土地管理；加强对普通商品住房和经济适用住房价格的调控，保证中低价位、中小户型住房的有效供应，经济适用住房价格要严格实行政府指导价；完善城镇廉租住房制度，保障最低收入家庭基本住房需求；运用税收等经济手段调控房地产市场，特别要加大对房地产交易行为的调节力度；加强金融监管，切实整顿和规范市场秩序；加强市场监测，完善市场信息披露制度；加强舆论引导，增强政策透明度。5月11日国务院又转发建设部等七部委《关于做好稳定住房价格工作的意见》，对期房限制转让，并对营业税和普通住宅与非普通住宅的判定标准作了重新界定。10月7日，国家税务总局发布了国税发[2005]156号《关于实施房地产税收一体化管理若干问题的通知》（简称156号文件），重申个人买卖二手房必须交纳20%个人所得税。

2006年国家出台的房地产调控政策之多、措施力度之大前所未有。房地产投资过热现象因此有所缓解，但房价过高问题却更显突出，消费者期待的房价回落并没有出现。国务院于5月17提出六条措施（简称“国六条”）：切实调整住房供应结构，重点发展中低价位、中小套型普通商品住房、经济适用住房和廉租住房；进一步发挥税收、信贷、土地政策的调节作用；合理控制城市房屋拆迁规模和进度，减缓被动性住房需求过快增长；进一步整顿和规范房地产市场秩序；加快城镇廉租住房制度建设，规范发展经济适用住房，积极发展住房二级市场和租赁市场，有步骤地解决低收入家庭的住房困难；完善房地产统计和信息披露制度，增强房地产市场信息透明度，全面、及时、准确地发布市场供求信息，坚持正确的舆论导向。围绕“国六条”采取的主要措施有：信贷方面，央行两度上调利率；九部门出台了《关于调整住房供应结构稳定住房价格的意见》（即“国十五条”），主要内容有个人住房贷款超过 90 平方米首付提至 30%；新审批、新开工的商品住房建设，套型建筑面积 90 平方米以下住房须占开发建设总面积 70%以上（即“90/70”规定）；对购买住房不足 5 年转手交易的，销售时按其取得的售房收入全额征收营业税；满 5 年交易的，则按买入与卖出的差额征税；加大对闲置土地的处置力度，对超出合同约定动工日期满 1 年未动工的，依法从高征收土地闲置费，并责令限期开工、竣工；满 2 年未动工开发的，无偿收回土地使用权。按期动工但开发面积不足 1/3 或已投资额不足 1/4，且未经批准中止建设连续满 1 年的，按闲置土地处置。7 月 18 日，国家税务总局下发《关于个人住房转让所得征收个人所得税有关问题的通知》，从 8 月 1 日起，二手房转让征收 20%的所得税。7 月 24 日，建设部等六部门发布《关于规范房地产市场外资准入和管理的意见》，对外商投资房地产市场实行“核准制”，对外企房地产开发经营管理实行“国民待遇”，对境外机构及个人购房执行严格的审批登记和实名制。11 月，财政部、国土资源部和人民银行联合发布《关于调整新增建设用地有偿使用费政策等问题的通知》,规定自 2007 年 1 月 1 日起，新增建设用地土地有偿使用费标准将提高一倍。11 月 30 日，建设部公布《关于各地区贯彻落实房地产市场调控政策情况的通报》，要求尚未建立廉租住房制度的城市，必须在 2006 年年底前建立并实施。

2007 年，我国房地产开发投资明显加快。房地产开发投资达 25 280 亿元，比上年增长 30.2%，增速同比上升 8.4 个百分点，远高于其他行业的投资增长速度。价格的不断上涨使房地产成为一个暴利行业。据调查显示，我国房地产开发行业的平均利润率约为 50%。房价过度高涨对房地产业造成一定程度的伤害，有效引导房地产的健康发展成为一项重要而艰巨的任务。3 月 5 日，温家宝总理在十届人大五次会议所做政府工作报告中指出：“必须促进房地产业持续健康发展。”全年调控新政不断，如：首付提高、银根紧缩、清查囤积土地、土地供应加大、限期开发等土地、信贷、税收、金融等为房地产市场降温以及遏止房地产价格快速上涨的各项政策、举措密集推出。2007 年年底还颁布了《国务院关于解决城市低收入家庭住房困难的若干意见》、《廉租住房保障办法》和《经济适用住房管理办法》，明确提出把解决低收入家庭住房困难工作纳入政府公共服务职能，要建立多层次住房保障体系，加快住房分类供应体制的实施。政府的措施一方面从抑制房地产的投机性需求着手，遏制房地产市场的投机与炒作；一方面从保障房地产的民生性着手，调整住房产品结构，建立住房保障体系。标志着中央政府对房地产市场发展监管思路的重大转变，注重民生性成为政府调控房地产市场的战略考虑。

2008年下半年，由于金融危机的影响，房地产业发展也受到严重的冲击，房地产业进入“保增长、促发展、调结构”阶段。2008年12月21日国务院出台了国办发[2008]131号《国务院办公厅关于促进房地产市场健康发展的若干意见》。这一政策的要点在于采取更加积极有效的政策措施，稳定市场信心和预期，稳定房地产投资，推动房地产业平稳有序发展。体现在以下几个方面。

（1）坚持加大保障性住房建设力度的思路。未来3年计划全国投资9000亿元用于保障性住房。

（2）首次提出了“合理住房消费”的概念。改变了住房只是生活必需品的观念，首次认可了住房是消费品，房地产是可以作为高档消费品的，个人是可以买第二套房子的。

（3）为房地产企业提供了多种融资渠道。如住房公积金、银行贷款、发行债券、房地产投资信托基金等。

（4）明确把稳定房地产市场作为各级人民政府的责任。政府要加大保障性住房建设、取消城市房地产税、放开二套房贷、降低贷款成本、降低交易成本。

三、我国房地产立法的沿革

（一）改革开放之前的立法

这一阶段的房地产法的立法主要特点是：房地产立法主要是以部门规章、政策的形式出现；确立了城市土地为国家所有，农村土地归集体所有的原则，彻底消灭了土地私有制；缺乏市场机制，土地供给由行政划拨，经济价值不被承认，城市住房实行非商品化；立法数量过少而层次较低，缺乏科学性、规范性、民主性。

这一时期的主要立法情况是：建国初根据《中国人民政治协商会议共同纲领》于1949年颁布了《公房公产统一管理的决定》；1950年颁布了《中华人民共和国土地改革法》、《城市郊区土地改革条例》、《内务部土地政策司对目前城市房产问题的意见》；1953年政务院公布了《国家建设征用土地办法》和1955年《农业合作化示范章程》等。20世纪50年代后半期到“文化大革命”前主要是1956年颁布了《关于目前城市私有房产基本情况及进行社会主义改造的意见》，通过付给房主租金对私房改造，通过对私营企业所占用的土地由国家赎买收归国有的形式，使城市土地成为以公有制为主体，从而从根本上确立了城市房地产的社会主义公有制。1961年颁布了对私房改造的政策性文件《关于加速城市私人出租房屋社会主义改造工作的联合通知》。十年“文化大革命”时期，整个国家的法制建设遭到极大破坏，在相当长的一段时间里，房地产立法陷于停顿状态，不仅没有建立新的房地产管理制度，原有的管理制度也遭到很大的破坏。

（二）改革开放后的立法

这一阶段房地产法立法的特点如下。

（1）随着经济体制的改革，房地产的发展受到高度重视，制定了大量的房地产法规、条例、政策。1986 年颁布的《中华人民共和国民法通则》、《中华人民共和国土地管理法》、1994 年 7 月 5 日经第八届全国人大会常委会第八次会议审议通过的房地产基本法律《中华人民共和国城市房地产管理法》等尤为重要。这些法律对土地所有权、使用权、建设用地、农村建设用地、房地产法律关系做出了重要规定。

（2）房地产相应法规日臻完善，房地产方面的各种规章制度健全。由过去习惯于用政策和行政命令对房地产管理代替了现在的依照法律、法规管理。已颁布的法律、法规在调整房地产产权、房地产开发、建设经营等市场活动中所产生的各种法律关系方面起了重要的作用。

（3）房地产法调整的对象和范围不断扩大。房地产法调整对象从开始时的房地产产权、私房买卖、租赁扩展到现在不仅包括原有的调整范围，而且还包括了房地产开发、建设、房地产交易、抵押以及房地产使用、消费、物业管理等新的领域。

十一届三中全会以后，国家加强了对房地产领域的法制建设，我国房地产各项制度日渐完备、各种立法趋于成熟，主要表现在以下法律建设的成果上。1982 年颁布了《国家建设征用土地条例》、《村镇建房用地管理条例》；1983 年颁布了《城市私有房屋管理条例》、1984 年颁布了《城市规划条例》、1985 年颁布了《村镇建设管理暂行规定》；1986 年颁布了《中华人民共和国土地管理法》；1988 年全国人大通过宪法修正案，土地的使用权可以依照法律规定转让，土地有偿、有期限使用制度得以建立。同年全国人大修改了《中华人民共和国土地管理法》；1989 年颁布了《中华人民共和国城市规划法》、《城市危险房屋管理规定》、《城市异产毗连房屋管理规定》；1990 年颁布了《城市房屋产权产籍管理暂行办法》、《中华人民共和国城镇国有土地使用权出让和转让暂行条例》、《外商投资开发经营成片土地暂行管理办法》、《城市房屋拆迁单位管理规定》；1991 年颁布了《城市房屋修缮管理规定》；1992 年颁布了《商品住宅价格管暂行办法》；1993 年颁布了《村庄和集镇规划建设管理条例》、《城市国有土地使用权出让转让规划管理办法》；1994 年颁布了《城市新建住宅小区管理办法》、《中华人民共和国城市房地产管理法》、《城市新建住宅小区管理办法》；1995 年通过《城市房地产开发管理暂行办法》、《城市住宅小区物业管理服务收费暂行办法》；1996 年颁布了《城市房地产中介服务管理规定》；1997 年颁布了《中华人民共和国建筑法》；1998 年颁布了《城市房地产开发经营管理条例》、《中华人民共和国土地管理法实施条例》、《城市规划法》；2000 年颁布了《建设工程质量管理条例》、《房地产开发企业资质管理规定》、《住房置业担保管理试行办法》；2001 年颁

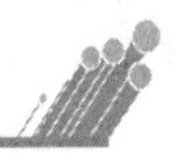

布了《城市房屋拆迁管理条例》、《商品房销售管理办法》；2005 年颁布了《房地产估价管理办法》；2007 年颁布了《中华人民共和国物权法》、《中华人民共和国城乡规划法》、《国务院关于修改《物业管理条例》的决定》、《招标拍卖挂牌出让国有建设用地使用权规定》等。

练　中　学

一、关键词与重点概念

房地产、房产、地产、不动产、商品房、经济适用房、安居房、房地产法律关系、房地产法律渊源

二、练习与讨论

1. 房产与地产的含义是什么，二者关系如何？
2. 房地产业的范围有哪些？
3. 如何理解房地产法律关系？
4. 房地产法律渊源有哪些？
5. 简述土地和住房制度改革的主要过程。
6. 讨论目前我国房地产业发展前景。

第二章　房地产所有权制度

概　要

我国《宪法》、《物权法》和《土地管理法》等法律规定了中国现行房地产所有权制度。中国现行的土地所有制是公有制，城市房地产建设必须取得国有土地使用权，使用集体土地必须通过土地征收变为国有土地。房地产所有权制度明确了房地产的归属关系，为房地产占有、利用、收益、处分提供了法律保障。

知识重点

1. 了解财产所有权制度
2. 掌握我国土地所有权的特点
3. 熟悉业主的建筑物区分所有权
4. 掌握土地征收与土地补偿制度

技能必备

1. 通过模拟房地产开发项目建设，掌握项目用地提交材料的准备，熟悉征地程序与流程。

2. 以集体土地征收为例，掌握征地各阶段的工作重点和征地补偿项目与具体标准。

第一节　财产所有权

所有权是一切财产权的核心，是现代社会法律秩序的基础。房地产所有权制度在整个房地产法律制度中居于基础地位。所有权制度由物权法进行规定。物权法的核心是不动产物权，而不动产的核心又是土地。物权是指权利人依法对特定的物享有直接支配和排他的权利，包括所有权、用益物权和担保物权。物，从是否可移动而不损害其价值为标准可分为不动产与动产。房地产归属不动产。房地产物权是指房地产权利主体依法对房地产享有的直接支配及排除他人干涉的权利。房地产物权通过所有权制度明确了房地产的归属关系；通过对房地产所有权权能分离的用益物权制度和房地产交易制度，实现了房地产的使用价值和交换价值。

一、财产所有权概述

（一）所有权概述

所有权是指所有人依法对自己的财产进行完全支配的物权，是权能最充分的物权。《物权法》规定所有权是指所有权人对自己的不动产或者动产依照法律规定享有占有、使用、收益和处分的权利。占有、使用、收益和处分是所有权的四项权能。

1. 占有

占有权能是指所有权人对于其所有的财产实际上的占领和控制，是所有人对自己标的物的有权、合法占有。当所有人对所有物的占有被他人侵夺时所有人可基于占有权能请求返还原物。占有还是一种事实状态。作为事实状态是指人对物实际的控制与掌握，可分为所有人占有和非所有人占有。经所有人同意而取得占有为有权占有，非所有人未经所有人的同意而对标的物进行的占有则为无权占有。无权占有基于占有人主观意志又分为恶意占有和善意占有。

2. 使用

所谓使用是指依照物的性质和用途，并不毁损其物或变更其性质而加以利用。使用是为了实现物的使用价值，满足人们的生产和生活需要。使用权能一般由所有人自己行使，也可以由非所有人依据法律或约定使用他人财产，此情况称为合法使用；非所有人无法律依据使用他人财产为非法使用。使用权可以和所有权发生分离；非所有人可依法律规定或与所有人的约定取得物的使用权；如果使用人因使用不当而致使用物毁损灭失时，则要承担损害赔偿责任。应当注意，要将作为所有权权能之一的使用权与作为其他物权的使用权（即用益物权，如我国的国有土地使用权）区别开来。

3. 收益

收益是指收取由原物产生出来的物质利益。所谓由原物产生出来的物质利益是指天然孳息和法定孳息。天然孳息是指因自然规律而由原物生产出来的或者以物的用途而收获的物质利益。天然孳息也可以是人工的，但由人工产生的物质利益不是产生于对出产物的改造加工。法定孳息，是依法由法律关系产生的物质利益，如房屋租金、借贷利息。应当注意，法定孳息是由他人使用原物而产生的，自己利用财产获得的收益和劳务报酬不属于法定孳息。天然孳息未与原物分离之前，只能由原物所有人所有；天然孳息和法定孳息产生以后，如果法律或合同没有特别规定，由原物所有人所有；如果原物已移转占有，根据法律或合同的规定，孳息也可以由产生孳息时的合法占有人所有。

4. 处分

所谓处分是决定财产事实上和法律上命运的权能。处分分为事实上的处分和法律上的处分。前者是在生产或生活中使物的物质形态发生变更或消灭；后者指改变标的物法律上的命运，也就是改变标的物之权利归属状态。没有处分权能而对标的物进行法律上的处分称之为无权处分，其法律后果为效力待定之民事行为。

所有权的占有、使用、收益、处分四个权能构成所有权内容。在实际生活中四项权能经常与所有权分离而所有人仍不丧失对财产的所有权。

（二）所有权的取得

所有权的取得，亦即所有权的发生是指民事主体依据一定的法律事实而获得某物的所有权。所有权的取得必须合法，凡缺乏法律根据或违反法律规定而取得财产者，均属非法取得，不能发生效力。所有权取得方式和途径通常依其是否以原有人的所有权与意志为根据，将所有权的取得分为两类，即原始取得与继受取得。

1. 原始取得

原始取得是指直接依据法律的规定，不以原所有人的所有权和意志为根据而取得的所有权。所有权原始取得主要有如下几种。

（1）孳息之取得。孳息是指由原物滋生、增殖、繁衍出来的财产，亦即收益。在这里，原物包括物和权利。按照孳息产生的途径不同，又可将孳息分为天然孳息和法定孳息两种。《物权法》规定：“天然孳息，由所有权人取得；既有所有权人又有用益物权人的，由用益物权人取得；当事人另有约定的，按照约定。法定孳息，当事人有约定的，按照约定取得；

没有约定或者约定不明确的，按照交易习惯取得。”

（2）埋藏物、隐藏物之取得。埋藏物是指埋藏于土地之中的物；隐藏物，则指隐藏于他物之中的物。所有人不明的埋藏物、隐藏物，归国家所有。

（3）遗失物之取得。遗失物是指所有人或合法占有人不慎丢失之物。漂流物与失散的饲养动物，通常也被视为遗失物。拾得遗失物、漂流物或者失散的饲养动物，应当归还失主，因此而支出的费用由失主偿还。遗失物自发布招领公告之日起 6 个月内无人认领的，归国家所有。拾得物灭失、毁损，拾得人没有故意的，不承担民事责任。拾得人将拾得物据为己有，拒不返还而引起诉讼的，按照侵权之诉讼处理。

（4）无主动产之先占取得。先占是指以所有的意思，占有无主之动产，并取得其所有权的法律事实。我国现行立法对先占未作明确规定，不动产不存在先占取得问题，对于无主动产之先占取得在一定范围内得到了法律认可。如合法打猎、捕鱼、砍柴伐薪、采集物之所有权，法律予以保护。

（5）添附物之取得。所谓添附是指不同所有人的物因结合、融合或加工而形成不可分割或具有新质的物之事实状态。由于添附发生后，恢复各物之原状已不可能或在经济上不合理，一般根据添附的事实，重新确定所有权之归属，即将添附物归一方所有或各方共有，并由占有方补偿他方因此所受的损失，以解决双方的所有权划分问题。

（6）劳动所得与收益。劳动所得是指通过劳动而获得的劳动产品或物质利益，即生产产品之取得。收益是指对所有物所收取的物质利益，包括天然孳息和法定孳息。

此外，国家强制取得所有权、时效取得、善意取得、无人继承的财产之取得等也属所有权原始取得之范畴。

2. 继受取得

所谓继受取得是指根据原所有人的意思，通过某种法律事实而取得原所有人转移的所有权。继受取得不同于原始取得，它是以原所有人的所有权和原所有人转让所有权的意思表示为前提和依据，因此，它又称传来取得、派生取得。

（1）买卖之取得。买卖是指买卖双方通过协议，一方出让标的物所有权，他方支付价金的双方法律行为。它是商品交换最典型的法律形式，凡是法律不禁止、不限制流通的物，均可通过订立买卖合同转移所有权。

（2）互易之取得。互易是指双方当事人互相交换实物，各自取得对方物之所有权的双方法律行为，又称以物易物或物物交换。

（3）赠与之取得。赠与是指当事人一方将自己的财产所有权无偿转让给他方、他方表示接受的双方法律行为。赠与合同属诺成合同，赠与协议达成后，赠与人不需将赠与物交付于受赠人，合同即告成立；赠与合同同时是单务合同和无偿合同。

（4）继承、遗赠之取得。继承是指死者的近亲属按照死者的有效遗嘱或法律规定，无偿取得死者的遗产。遗赠，则是指自然人以遗嘱方式表示在其死后将其遗产的一部或全部无偿赠送给国家、社会组织或法定继承人以外的自然人的单方、要式民事法律行为。继承与遗赠都是继受取得财产所有权的方法。

另外，继受取得除可基于上述根据而继受取得所有权外，还可基于其他合法根据而继受取得所有权。如取得法人终止后遗留的财产。又如通过完成一定工作、提供一定劳务、转让智力成果等方式取得财产所有权。

3. 继受取得所有权的时间

物权法规定了继受取得所有权的时间。不动产物权的设立、变更、转让和消灭，经依法登记，发生效力；未经登记，不发生效力，但法律另有规定的除外。动产物权的设立和转让，自交付时发生效力，但法律另有规定的除外。

（三）所有权的丧失

财产所有权可因一定的法律事实而取得，也可因一定的法律事实而丧失。所谓所有权的丧失，亦称所有权的消灭或终止是指所有权人因一定的法律事实的出现而丧失其所有权。所有权丧失根据其原因可分为：（1）所有权客体灭失；（2）所有权转让；（3）所有人抛弃所有权；（4）所有权主体消灭；（5）国家有关机关依法采取强制措施。

二、财产所有权的类型

根据不同的标准，可以将所有权划分为不同类型。《物权法》对所有权作了四种划分。

（一）国家所有权

（1）国家所有权概念。法律规定属于国家所有的财产，属于国家所有即全民所有。因此国家所有权是指国家对于全民所有的财产享有的占有、使用、收益和处分的权利。国家财产所有权作为一项法律制度，对于保障社会主义公有制经济的巩固和发展，对于保护国家财产不受侵犯，对于促进社会主义经济建设的顺利进行都具有重要意义。

（2）国家所有权主体与权力行使。国家财产属于全国人民所有，代表全国人民的中华人民共和国是国家财产所有权的唯一和统一的主体。任何地方、部门、单位或者个人都不能同国家分享这种所有权。国家对全民所有制的财产享有所有权，并不意味着国家一定要直接参加对这些财产的经营管理。国有财产由国务院代表国家行使所有权；法律另有规定的，依照其规定。对国家财产的经营管理，国家采取所有权与经营权相分离的方式，把国家财产授予全民所有制企业和事业单位来经营管理。企业对国家授予其经营管理的财产依

法享有占有、使用和依法处分的权利。

(3) 国家所有权客体。从所有权的客体来看，国家财产所有权的客体，既具有无限广泛性的特点，同时个别财产又有专有性的特点。任何财产都可以成为国家所有权的客体，其中即包括有形财产，也包括无形财产；既包括生产资料也包括生活资料；既包括已发现的财产也包括尚未被发现的财产。而国家专有财产只能成为国家财产所有权的主体，不能为集体组织或公民个人所有。国家财产所有权的专有客体主要包括：① 国家所有的资源，包括矿藏、水流、海域、城市的土地、森林、山岭、草原、荒地、滩涂、野生动植物资源；② 无线电频谱资源；③ 国家所有的文物、古遗址、自然保护区等；④ 国防资产和国家所有的铁路、公路、电力设施、电信设施、油气管道等基础设施；⑤ 国家机关、国家举办的事业单位、国家出资的企业，对其直接支配的不动产和动产，享有占有、使用以及依照法律和国务院的有关规定处分的权利；⑥ 国家在境外的财产，无主财产和国家所有的其他财产。

(二) 劳动群众集体所有权

集体所有权是劳动群众集体组织占有、使用、收益和处分财产的权利，它是劳动群众集体所有制在法律上的表现。在我国，劳动群众集体组织所有权没有全国性的统一的主体，各个劳动群众集体组织都是独立的集体所有权的主体，它们相互之间是平等的相互合作关系，集体组织是具有法人资格的主体。在法律上，劳动群众集体所有的财产和集体组织成员的个人财产是分开的，集体组织的某个成员或某部分成员都不能成为劳动群众集体组织所有权的主体。我国劳动集体所有权分为农村集体所有权和城镇集体所有权。农村集体所有的不动产和动产，属于本集体成员集体所有。城镇集体所有的不动产和动产，依照法律、行政法规的规定由本集体享有占有、使用、收益和处分的权利。

集体所有的不动产和动产包括：① 法律规定属于集体所有的土地和森林、山岭、草原、荒地和滩涂；② 集体所有的建筑物、生产设施和农田水利设施；③ 集体所有的教育、科学、文化、卫生、体育等设施；④集体所有的其他不动产和动产。

(三) 私人所有权

私人所有权是私人对其不动产和动产依法享有的占有、使用、收益和处分的权利。《物权法》第六十四条规定私人对其合法的收入、房地产、生活用品、生产工具、原材料等不动产和动产享有所有权。物权法不仅规定了私人所有权客体，同时还规定私人财产的其他形式与来源，如私人合法的储蓄、投资及其收益受法律保护。国家依照法律规定保护私人的继承权及其他合法权益。私人的合法财产受法律保护，禁止任何单位和个人侵占、哄抢和破坏。

（四）法人所有权

法人所有权是指各类法人对其财产享有的占有、使用、收益和处分的权利。分为企业法人所有权和其他法人的所有权。企业法人所有权是指《物权法》第六十八条规定的企业法人对其不动产和动产依照法律、行政法规以及章程享有占有、使用、收益和处分的权利。在我国，法人种类很多，除企业法人外，还有机关法人、事业单位法人、社团法人。其他法人所有权是指《物权法》规定企业法人以外的法人，对其不动产和动产的权利，适用有关法律、行政法规以及章程的规定。也就是说企业以外的法人所有权的行使受到有关法律及章程的限制。另外，除法人外，在我国还有不少社会团体，他们有些是法人，有些不是法人，但都有自己的财产，如人民群众团体、社会公益团体、文艺团体、学术研究团体、宗教团体等。我国物权法第六十九条规定："社会团体依法所有的不动产和动产，受法律保护。"因此，任何组织和个人都不得随意侵占、破坏社会团体的合法财产。

三、财产所有权的保护

法律一方面对财产所有权进行保护，另一方面又对财产所有权进行限制。财产所有权的保护在不同时期、不同国家有不同的保护方法和力度。我国现行法律对财产所有权的保护可以从以下几个方面来看。第一是公法保护。主要体现在宪法、行政法、刑法、经济法等方面。第二是私法保护，即民法对所有权的保护。物权法是财产保护最重要的法律，既强调要维护公有制为主体、多种所有制经济共同发展的国家基本经济制度，同时又强调了对国家、集体和私有财产平等的保护原则。这也是宪法原则的重要体现，真正体现了社会主义的特色。主要内容如下。

国家所有的财产受法律保护，禁止任何单位和个人侵占、哄抢、私分、截留、破坏。履行国有财产管理、监督职责的机构及其工作人员，应当依法加强对国有财产的管理、监督，促进国有财产保值增值，防止国有财产损失；滥用职权，玩忽职守，造成国有财产损失的，应当依法承担法律责任。违反国有财产管理规定，在企业改制、合并分立、关联交易等过程中，低价转让、合谋私分、擅自担保或者以其他方式造成国有财产损失的，应当依法承担法律责任。

集体所有的财产受法律保护，禁止任何单位和个人侵占、哄抢、私分、破坏。集体经济组织、村民委员会或者其负责人做出的决定侵害集体成员合法权益的，受侵害的集体成员可以请求人民法院予以撤销。

私人的合法财产受法律保护，禁止任何单位和个人侵占、哄抢、破坏。

第二节　土地所有权

根据我国《宪法》第十条的规定，我国的土地属于国家所有或者集体所有，土地所有权不得转让，只有土地使用权才能依法转让。国家土地所有权的主体具有唯一性，不允许交易。集体土地所有权的主体为农村集体经济组织，集体土地使用权不得出让，只有经征收变为国有土地之后才能出让。我国目前的土地利用结构是：国家土地所有权、土地使用权和土地抵押权。土地使用权属用益物权，没有土地私有权。

一、土地所有权概念与特征

（一）土地所有权的概念

土地所有权指土地所有者在法律规定的范围内所确认的占有、使用、处分其土地，并从土地上获得经济利益的权利。根据我国宪法规定，中华人民共和国的土地全部实行社会主义公有制，有国家所有制和集体所有制两种形式。与之相适应，土地所有权也有国家土地所有权和集体土地所有权两种形式。

土地所有权属不动产所有权，是财产所有权；由于土地制度是基本国家制度，所以土地所有权是财产所有权中最重要的一种。

（二）土地所有权的特征

（1）主体的特定性。根据宪法与有关法律的规定，土地所有权的权利主体只能是国家或集体所有，其他民事主体，不能成为土地所有人。

（2）交易的禁止性。法律规定，土地所有权不能买卖，禁止任何形式的交易。

（3）权属的稳定性。由于主体特定性和交易的限制性，除集体土地因征收而变为国家所有外，土地所有权的权利主体处于高度稳定状态。

（4）权能的分离性。由于土地所有权主体的稳定性，为实现土地的高效利用，充分发挥土地的财产属性，必须建立相对独立而且是可交易的土地使用权制度，使土地的所有权能与使用权能相分离。

二、国家土地所有权

（一）国家土地所有权概念

国家土地所有权是以国家为所有权人，由其代表代为行使的对国有土地的支配性权利。

国家土地所有权是国家享有的一种民事权利。权利主体是国家，采用“单一代表，多级行使”方式，代表国家行使权利的主体是中央人民政府——国务院，各地方人民政府在中央人民政府授权范围内行使权利，其最终的决定权归属于中央人民政府。

（二）国家土地所有权的内容

（1）占有权能。占有权能指国家对国有土地的占有。分为两种情形，一种是国家作为所有人直接对国有土地实际控制。如国家机关、国家事业单位、国有企业占有土地。另一种则是非所有人占有是指国家主体以外民事主体依法对国有土地的实际控制。这种占有一般因出让或划拨而取得使用权。

（2）使用权能。国家对国有土地按照土地的性质和用途加以利用，从而实现其利益的权利。

（3）收益权能。收益权能指土地所有权人在土地之上获得经济利益的权利。

（4）处分权能。由于国家对所有权是不能处分的，因此处分权是指国家在不改变所有权的前提下对占有、使用和收益权能分离出去，实现对土地的权利状态改变，如土地的出让、抵押等。

（三）国家土地所有权客体范围

根据《中华人民共和国土地管理法实施条例》第二条规定，我国国家土地所有权的范围包括以下土地：

（1）城市市区的土地；

（2）农村和城市郊区中已经依法没收、征收、征购为国有的土地；

（3）国家依法征用的土地；

（4）依法不属于集体所有的林地、草地、荒地、滩涂及其他土地；

（5）农村集体经济组织全部成员转为城镇居民的，原属于其成员集体所有的土地；

（6）因国家组织移民、自然灾害等原因，农民成建制地集体迁移后不再使用的原属于迁移农民集体所有的土地。

（四）国家土地所有权的行使

国家土地所有权的行使是指国家和集体经济组织依照法律规定，对国有土地进行的占有、使用、收益和处分的行为。土地所有权行使主体是由国务院代表国家行使。国家将所有权的部分权能让与使用者，但国家依法享有收益权和最终处分权；国家依法实行国有土地有偿使用制度，土地使用权可以依法转让。国家土地所有权的行使及其权利包括以下方面的内容。

（1）国有土地所有者代表依法将国家土地所有权的部分权能让与土地使用者，国家对土地依法享有收益权，并保有最终处分权。

（2）国有土地所有者代表可依法通过出让（含以出让金出资或入股）、出租、划拨等方式将国有土地使用权让与土地使用者并订立相关的土地出让或租赁合同，履行合同义务。根据已有的法规和实践，国家土地使用权的转让目前主要有四种：出让、租赁、作价出资或者入股和划拨。

（3）县级以上地方人民政府及其职能部门对国有土地行使处分权的权限划分按《土地管理法》第四十四条的规定确定。无审批权限或超越审批权限处分国有土地，其处分行为无效。

（4）县级以上地方人民政府及其职能部门对国有土地行使收益权应依法向上级人民政府及其职能部门上缴土地收益。不同层次的国有土地所有者代表行使土地所有权，在收益方面的相互关系为：原则上应当层层上缴中央，但可以根据法律规定或者中央政府的决定，将一部分土地收益留给地方。地方的上下级之间，也可以照此办理。

从以上看出，国家土地所有权的行使有以下特点。

（1）国家土地所有权主体不能亲自行使所有权，只能由其授权的代表代为行使所有权。这一点明显区别于集体土地所有权；集体土地所有权主体完全可以亲自行使所有权的权能。

（2）国家土地所有权主体代表不能亲自行使土地所有权的占有、使用权能（即使行使占有、使用权能，其身份也非所有者代表，而为划拨国有土地使用权人）。因此，国家土地所有权主体代表必定将土地所有权的部分权能让与符合法律规定的用地者。据此，国家享有实现所有权经济功能的收益权。与此相对照，集体土地所有权主体本身及主体代表可以亲自行使土地所有权的全部四项权能。

（3）国有土地所有者代表对土地保有最终的处分权。这是国家土地所有权的一个十分重要的特征。这种最终处分权的一个突出表现，就是国家可以依法收回已经划拨或者出让的国有土地使用权，并可以将收回的土地的使用权再次划拨或者出让。

（五）土地所有权行使的要求

（1）维护土地公有制度。任何单位和个人不得侵占、买卖或者以其他形式非法转让土地。但土地使用权可以依法转让，国家依法实行国有土地有偿使用制度。但是，国家在法律规定的范围内划拨国有土地使用权的除外。

（2）实行最严格的耕地保护制度。我国再三重申十八亿亩耕地的红线不得突破。十分珍惜、合理利用土地和切实保护耕地是我国的基本国策。各级人民政府应当采取措施，全面规划，严格管理，保护、开发土地资源，制止非法占用土地的行为。

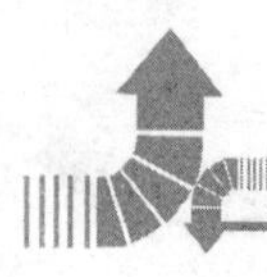

（3）国家实行土地用途管制制度。国家编制土地利用总体规划，规定土地用途，将土地分为农用地、建设用地和未利用地。严格限制农用地转为建设用地，控制建设用地总量，对耕地实行特殊保护。使用土地的单位和个人必须严格按照土地利用总体规划确定的用途使用土地。

（4）国家通过征收取得集体土地。《物权法》第四十二条规定：“国家为了公共利益的需要，依照法律规定的权限和程序可以征收集体所有的土地。征收集体所有的土地，应当依法足额支付土地补偿费、安置补助费、地上附着物和青苗的补偿费等费用，安排被征地农民的社会保障费用，保障被征地农民的生活，维护被征地农民的合法权益。”

三、集体土地所有权

土地的集体所有制是指土地的农民集体所有制。因此集体土地所有权是指劳动群众集体对属于其所有的土地依法享有的占有、使用、收益和处分权利，是土地集体所有制在法律上的表现。集体土地所有权的主体只能是农民集体，依农民集体的所属不同，可以将集体土地所有权主体划分为三种。

（1）村农民集体土地所有权。村农民集体土地所有权是集体土地所有权中的基本形式。村农民集体土地所有权属于全村农民所有，村集体经济组织的法人机关或者法定代表人，是村农民集体土地所有者的法定代表。

（2）乡（镇）农民集体土地所有权。乡（镇）农民集体土地所有的土地属于全乡（镇）农民集体所有，一般由乡（镇）办企、事业单位使用，也可以由乡农民集体或个人使用。乡（镇）农民集体所有的土地一般由乡（镇）人民政府代管，即由乡（镇）人民政府代行乡（镇）农民集体的土地所有权。

（3）村内两个以上农村集体经济组织的土地所有权。行政村内两个以上各自独立的农村集体经济组织，一般是指由过去的生产队沿袭下来的村民小组。

集体土地所有权的客体。农村和城市郊区的土地，除由法律规定属于国家所有的以外，属于农民集体所有；宅基地和自留地、自留山，属于农民集体所有。

集体土地所有权的内容如下。集体土地所有权可以由所有者亲自行使，也可以由所有者代表代为行使。其权利内容包括占有、使用、收益和处分四项权能。集体土地所有权具有不完全性，在收益和处分方面受到一定限制。如在收益权方面，集体所有的土地不能直接用于房地产开发，若要用于房地产开发，必须先经国家征收程序转变为国有土地后再由国家出让给发展商。这就使属于集体土地所有权人在土地商业性开发方面的收益受到限制。在处分权方面，集体土地不得出让、转让、出租用于非农业建设，集体土地所有者不得擅自改变土地用途，若向非农业性用地者提供土地使用权须经人民政府审批等，均使集体土地所有权中的处分权受到相当大的限制。

集体土地所有权的行使有以下特点。集体土地所有者及其代表依法对集体土地享有占有、使用、收益和处分权能，其权利行使受法律限制。集体土地所有者及其代表可依法将集体土地所有权的部分权能让与符合法律规定的用地者。集体土地所有者对土地依法享有收益权，并可保有一定处分权。但同时，集体土地所有者代表实施对集体土地的重大处置，须经农村集体经济组织或村民小组成员表决同意，并不得违反法律的禁止性规定，且应履行法定义务。乡镇土地所有者代表行使上述权利可不经农村集体经济组织或村民小组成员表决同意。

集体土地所有者代表对土地行使处分权时要受到一定的限制。对土地的处分包括事实上的处分（如改变土地用途）和法律上的处分（如将土地权利进行交易）。集体土地所有者代表行使处分权受以下两方面限制。第一，受农民集体经济组织成员共同意志的限制。集体土地所有权真正主体是全体集体经济组织成员，而不是他们的代表机构或者代表人。所以，对集体土地的重大处置决定，要依法经农村集体经济组织或村民小组成员表决同意。在乡（镇）集体土地所有权中，农民集体对土地实际已无直接的收益权，也无法直接行使处分权，故农民集体已无法对所有权主体代表行使权力予以限制。从这一实际情况出发，乡（镇）土地所有者代表行使上述权利可不经农村集体经济组织或村民小组成员表决同意。第二，受国家法律和政府管理的限制。集体经济组织行使对集体土地的处分权，不得违反法律的禁止性规定，且须履行法定义务。如未经依法征收不得转让土地，不得将集体土地用于商业性房地产开发，改变土地用途须依法经有审批权的人民政府批准等。

案例分析 2-1

甲公司想建一个分公司，把厂址选在了乙村的土地上。经与乙村村委会商议，乙村村委会决定以本村的土地使用权出资，按照公司每年收益的30%分取利润，双方达成了合意，并签订了合同。本合同是否有效?

本案涉及的是集体土地所有权的行使问题。

乙村的土地属于乙村农民集体所有，按照法律规定，乙村村委会有权代表村民行使集体土地所有权，但我国法律对集体土地所有权的用途规定了严格限制。农民集体所有的土地的使用权不得出让、转让或者出租用于非农业建设，只能用于农业生产或农民宅基地和兴办乡镇企业等与集体密切相关的建设中。本案中，乙村村委会将土地使用权出资，违反了法律的规定，因此，乙村与甲公司签订的合同是无效的。

第三节 房屋所有权

房产交易在法律上就是所有权的转移，而房产所有权的转移能安全顺利地实现需要完善的所有权制度作为保障。在我国，改革开放前实行的是房屋公有化、福利型住宅制度，在这种住房制度背后是房屋单一的国家所有权制度。1988年修改《宪法》后，房地产市场地位被法律所承认，全国城镇住房制度实施了改革，逐步为不同市场主体提供适宜的房产。随着《物权法》的实施，我国建立起一套系统完整的建筑物区分所有权制度。

一、房屋所有权概述

（一）房屋所有权概念

房屋所有权属于建筑物所有权的一种是指所有人依法在法律规定范围内对自己所有的房屋享有独占性的支配并排除他人干涉的权利。根据房屋土地权属不同，房屋所有权分为城镇房屋所有权和农村房屋所有权；根据房屋所有权主体不同，可分为国家、集体、法人和私人所有权。根据同一房地产权利主体的复数性，不动产可以由两个以上主体共有。

关于房屋与土地关系，一种是土地与房屋结合作为一个不动产，即“土地吸收地上物”的原则；另一种是房屋与土地的所有人为不同所有人，房屋与土地各自为独立的不动产。在我国，仍实行土地所有权与房屋所有权分别由不同的行政机关负责登记的体制，这也表明房地产所有权实际上是两个所有权的结合。因此，我国法律采取的是房屋所有权独立于土地所有权，二者都可以成为单独的权利客体。土地所有权与地上建筑物、其他附着物所有权可以独立存在，也可以合为一体。但是二者又有一致性，房地产转让、抵押时，遵循的是“房随地走”、“地随房走”、“房地一体流转”的规则。

（二）房屋所有权的取得

房屋所有权的取得，分为原始取得和继受取得两种。

1. 原始取得

原始取得是指由于一定的法律事实，根据法律的规定，取得新建房屋、无主房屋的所有权，或者不以原房屋所有的人的权利和意志为根据而取得房屋的所有权。主要包括以下情形：① 依法建造房屋；② 依法没收房屋；③ 收归国有的无主房屋；④ 合法添附的房屋（如翻建、加层）。

2. 继受取得

继受取得又称传来取得是指根据原房屋所有人的意思接受原房屋所有人转移之房屋所有权，是以原房屋所有人的所有权和其转让所有权的意志为根据的。

因法律行为而继受取得房屋所有权是取得房屋所有权最普遍的方法，通常有以下几种形式：① 房屋买卖（包括拍卖）；② 房屋赠与；③ 房屋相互交换。房屋所有权自进行所有权登记后便取得房屋所有权。

因法律事件而继受取得房屋所有权，指因被继承人死亡（包括宣告死亡）的法律事件、继承人或受遗赠人依法取得房屋所有权。根据《民法通则》的有关规定，在有数个继承人的情况下，继承人未作放弃继承的意思表示，继承的房产如果未作分割，则应认为数个继承人对房产享有共同所有权。

二、房地产共有

共有不是一种独立的所有权，是所有权一种表现形式，是所有权主体的复数性。房地产共有是指某一房地产属于两个以上的主体所有。《物权法》规定：“不动产或者动产可以由两个以上单位、个人共有。共有包括按份共有和共同共有。”房地产共有有两种形式，即房地产按份共有和房地产共同共有。房地产共有关系具有以下法律特征：

（1）房地产共有是客体的单一性和主体的非单一性的统一；

（2）房地产共有的客体在共有关系存续期间不能分割为各个部分由各个共有人分别享有所有权；

（3）房地产共有人对共有房地产或者按照各自份额或者平等地行使权利。

（一）房地产按份共有

房地产按份共有又称房地产分别共有是指两个或两个以上的主体对同一房地产按照一定的份额共同享有占有、使用、收益和处分的权利，并承担相应的义务。按份共有人对共有的不动产或者动产按照其份额享有所有权，并不是把共有房地产分割成若干份，不能简单理解为实物份额，各享有一份所有权，而是各所有权人按照所有权份额享有权利和承担义务，其效力及于房地产整体的每一物质构成部分。

共有人对共有的不动产没有约定为按份共有或者共同共有，或者约定不明确的，除共有人具有家庭关系等外，视为按份共有。按份共有人对共有的不动产享有的份额，没有约定或者约定不明确的，按照出资额确定；不能确定出资额的，视为等额享有。

（二）房地产共同共有

房地产共同共有是指两个或两个以上的所有人对于房地产都享有平等的所有权。共同共有人对共有的不动产共同享有所有权，是不确定所有权份额的共有。房地产共同共有区别于房地产按份共有，具有以下两个显著特点：

（1）房地产的所有权不划分所有权份额，各所有权人享有平等的权利；

（2）除依法律规定和当事人另有约定外，房地产的共有关系不能终止，房地产不能分割，只有出现导致产生共同共有的共同关系归于消灭时，共有人才能分割共有房地产。

共同共有的房地产是基于共同劳动或共同生活而产生的。在实际生活中，最常见的房地产共同共有是夫妻共有房地产所有权和家庭共有房地产所有权两种。

（三）共有人的权利与义务

按份共有人对共有的不动产按照其份额享有所有权。共同共有人对共有的不动产共同享有所有权。共有人按照约定管理共有的不动产；没有约定或者约定不明确的，各共有人都有管理的权利和义务。处分共有的不动产以及对共有的不动产作重大修缮的，应当经占份额三分之二以上的按份共有人或者全体共同共有人同意，但共有人之间另有约定的除外。对共有物的管理费用以及其他负担，有约定的，按照约定；没有约定或者约定不明确的，按份共有人按照其份额负担，共同共有人共同负担。

共有人约定不得分割共有的不动产，以维持共有关系的，应当按照约定，但共有人有重大理由需要分割的，可以请求分割；没有约定或者约定不明确的，按份共有人可以随时请求分割，共同共有人在共有的基础丧失或者有重大理由需要分割时可以请求分割。因分割对其他共有人造成损害的，应当给予赔偿。共有人可以协商确定分割方式。达不成协议，共有的不动产可以分割并且不会因分割减损价值的，应当对实物予以分割；难以分割或者因分割会减损价值的，应当对折价或者拍卖、变卖取得的价款予以分割。共有人分割所得的不动产有瑕疵的，其他共有人应当分担损失。可以看出，分割的方式有四种，共有人可根据具体情况进行选择。

（1）能够区分成彼此独立使用的房地产，按份共有人可对房地产按份额直接进行分割，形成房地产的区分所有。

（2）房地产作价补偿，即房地产由按份共有人中的一人独有，其他共有人的所有权份额折成价款，由独自取得所有权的人补偿。

（3）直接分割房地产与房地产作价补偿相结合。这主要包括两种情况：一是对房地产进行直接分割时，由于房地产结构的原因，各按份共有人无法按各自拥有的所有权份额比例分配，对部分所有权份额作价补偿。二是三个以上的人按份共有房屋时，房屋由两个以

上的共有人补偿其他共有人所占份额的价款后，再按比例割房屋。

（4）房地产变价分割。房地产按份共有人都不愿取得房地产所有权时，可把房地产出售，卖得的价款由共有人按所有权份额进行分配。

按份共有人可以转让其享有的共有的不动产份额。其他共有人在同等条件下享有优先购买的权利。

因共有的不动产产生的债权债务，在对外关系上，共有人享有连带债权、承担连带债务，但法律另有规定或者第三人知道共有人不具有连带债权债务关系的除外；在共有人内部关系上，除共有人另有约定外，按份共有人按照份额享有债权、承担债务，共同共有人共同享有债权、承担债务。偿还债务超过自己应当承担份额的按份共有人，有权向其他共有人追偿。

三、业主的建筑物区分所有权

（一）建筑物区分所有权概念

建筑物区分所有权是指在同一栋建筑物上存在多个所有权的情形。这种状况，主要是由现代社会大量高层或多层楼房的出现带来的。业主的建筑物区分所有权已经成为私人不动产物权中的重要内容。《物权法》适应现实社会的要求，确立了我国的建筑物区分所有权。建筑物区分所有权是指建筑物的共同所有人依其应有部分对独自占有、使用的部分享有专有权，对共同使用部分享有共有权以及因对建筑物的整体的共有关系而产生的管理权的结合。

（二）建筑物区分所有权的内容

1. 专有部分的单独所有权

专有部分是指区分所有建筑物中，具有构造上和使用上的独立性，能够成为区分所有权客体的建筑物的部分。如一栋建筑物内区分出的住宅或者商业用房等单元。一栋建筑物必须区分为数部分，而且被区分的各部分必须具备构造上的独立性与利用上的独立性，始可成立区分所有。一栋建筑物，若无构造上与利用上独立性的专有部分，仅能成为单独所有或共有，不得成立区分所有。因此专有部分，可以说是构成区分所有建筑物的基础。于专有部分上成立的所有权即为专有部分的单独所有权。

业主对其专有部分享有单独所有权，即对该部分为占有、使用、收益和处分的排他性的支配权，性质上与一般的所有权并无不同。但此项专有部分与建筑物上其他专有部分有密切的关系，具有共同的利益。因此区分所有权人就专有部分的使用、收益、处分不得违反各区分所有权人的共同利益。如就专有部分的改良、使用，足以影响区分所有建筑物的安全时，不得自行为之。再如，就专有部分为保存、改良或管理的必要时，有权使用他人的专有部分。

业主不得违反法律、法规以及管理规约，将住宅改变为经营性用房。业主将住宅改变为经营性用房的，除遵守法律、法规及管理规约外，应当经有利害关系的业主同意。

2. 共有部分的共有权

共有部分是指区分所有的建筑物及其附属物的共同部分，即专有部分以外的建筑物的其他部分。共有部分既有由全体业主共同使用的部分，如地基、屋顶、梁、柱、承重墙、外墙、地下室等基本构造部分，楼梯、走廊、电梯、给排水系统、公共照明设备、贮水塔、消防设备、大门、通信网络设备以及物业管理用房等公用部分，道路、停车场、绿地、树木花草、楼台亭阁、游泳池等附属公共设施；也有仅为部分建业主共有的部分，如各相邻专有部分之间的楼板、隔墙，部分业主共同使用的楼梯、走廊、电梯等。

其中，对于建筑区划内的道路、绿地、物业服务用房以及车位、车库的归属，我国《物权法》做出了明确规定。

（1）建筑区划内的道路，属于业主共有，但属于城镇公共道路的除外。建筑区划内的绿地，属于业主共有，但属于城镇公共绿地或者明示属于个人的除外。建筑区划内的其他公共场所、公用设施和物业服务用房，属于业主共有。

（2）建筑区划内，规划用于停放汽车的车位、车库应当首先满足业主的需要。建筑区划内，规划用于停放汽车的车位、车库的归属，由当事人通过出售、附赠或者出租等方式约定。占用业主共有的道路或者其他场地用于停放汽车的车位，属于业主共有。

（3）业主对建筑物专有部分以外的共有部分，享有权利，承担义务；不得以放弃权利不履行义务。如业主不得以不使用电梯为由，不交纳电梯维修费用。业主转让建筑物内的住宅、经营性用房，其对共有部分享有的共有和共同管理的权利一并转让。共有部分为相关业主所共有，均不得分割，也不得单独转让。

业主转让建筑物内的住宅、经营性用房，其对建筑物共有部分享有的共有和共同管理的权利一并转让。业主依据法律规范、合同以及业主公约，对共有部分享有使用、收益、处分权，并按照其所有部分的价值，分担共有部分的修缮费以及其他负担。

（三）业主的管理权

共同管理权是《物权法》提出的一个新概念，是区分所有权的一个权能。其内容主要包括：业主可以制定管理规约；业主可以共同决定建筑区划内重大事项；业主可以设立业主大会，制定或者修改业主大会议事规则、管理规约；选举业主委员会和更换业主委员会成员；筹集和使用建筑物及其附属设施的维修资金，改建和重建建筑物及其附属设施等。业主可以自行管理建筑物及其附属设施，或委托物业服务企业，其他管理人管理；选聘物业服务企业或者其他管理人；决定物业费分摊以及共有财产利益分配。

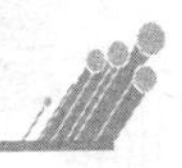

业主应当遵守法律法规以及管理规约。业主作为业主大会的成员，除了享有以上权利之外，还要承担相应的团体义务。要承认业主会议通过的决议、章程、规则等；有参加团体会议的义务、服从团体大会多数成员做出决议的义务、遵守规约的义务、服从管理人管理的义务和承担按规约应当承担的工作的义务。业主大会和业主委员会，对任意弃置垃圾、排放污染物或者噪声、违反规定饲养动物、违章搭建、侵占通道、拒付物业费等损害他人合法权益的行为，有权依照法律、法规以及管理规约，要求行为人停止侵害、消除危险、排除妨害、赔偿损失。业主对侵害自己合法权益的行为，可以依法向人民法院提起诉讼。

案例分析 2-2

老张和老李分别居住在某小区的 301 号、302 号，是邻居，两家房子相邻。2008 年 6 月，老张将自家空调主机安装于自家窗前和老李家阳台东侧窗下。老李称，自己和家人的正常生活受到了影响，因和老张协商未果，诉至法院，请求判令老张将其安装在老李家阳台东侧窗下的空调主机迁走。法院是否支持?

本案中，作为建筑物的外墙，应当由包括原、被告双方在内的业主共同共有，但是，对外墙各个不同部分由谁专有使用，则应当根据外墙与业主专有部分的联系而定。从本案查明的事实来看，老张所安装的空调主机位于其窗前、老李阳台东侧窗下，从其安装位置来看，此处应由老李专有使用。而老张在安装前未征得老李同意，现老李诉请迁走，法院予以支持。

第四节　集体土地征收

土地征收制度是国家为了社会公共利益的需要，按照法律规定的批准权限和程序，将农民集体所有的土地转变为国家所有并给农民集体和个人以补偿的法律制度。国家为了公共利益的需要有权征收、征用公民个人财产和农民集体土地，同时国家实施征收征用必须遵循目的正当性、程序正当性和必须给予被征收人、被征用人补偿的基本原则。随着我国经济的飞速发展及各地工业化、城市化进程的加快，大量的农村土地被征收，用于非农业建设。

一、土地征收概述

（一）土地征收的概念与原则

土地征收是指国家基于公共利益的需要，依照法律规定的程序强制将集体所有的土地收归国有，由国家给予法定补偿的行为。土地征收是2004年《宪法》修正后的新内容。土地征收有三个明显特点：

（1）征收是一种国家行为，具有强制性，是法律授予政府专有的权力，除了国家可以依法对农民的集体所有的土地实行征收外，其他任何单位和个人都无权征收土地；

（2）征收土地不是向农民购买土地，被征收单位和个人必须服从，但必须给予补偿，政府应当妥善安置好被征地的农民，保证被征地农民的生活水平不因征用土地而降低；

（3）土地征收后土地所有权性质发生改变，由集体土地所有权变为国家土地所有权。

（二）征收土地的主要法律规定

1. 征收土地的审批权

根据宪法规定，征地的主体只有国家，即只有代表国家的法定相关部门才能依照法定的程序征收集体土地。除了国家能够征收土地之外，其他任何组织或者个人都无权征收集体土地。《土地管理法》将这项权力集中于国务院和省级人民政府。国务院和省的权限划分有明确的界限。

2. 征收土地的条件

国家不是在任何情况下都可以要求征收土地。国家征收土地有一定的限制，即只有在为了公共利益需要时，才可以征收土地。在其他情况下，国家不可随便征收土地。对于是否是为了公共利益需要由国务院或者省、自治区、直辖市人民政府判断。

3. 征收土地的对象

国家征收土地的对象是集体所有的土地。国有土地不存在征收的问题。国家征收的土地一般都是用来搞建设用的，但国家不能直接在集体土地上搞建设，必须征收集体所有的土地，将集体所有的土地变为国有的土地，然后才能在该国有土地上进行建设。因此征用农用地的，必须先行办理农用地转用审批，如果中央和省两级已依法批准农用地转用的，则可同时办理征地审批手续。这表明，转用是征用的前提条件，如果农用地不被转用，则国家无须征用农民集体的土地。

4. 征收土地的组织实施

国家征收土地的，依照法定程序批准后，由县级以上地方人民政府予以公告并组织实施。

5. 申请征地不得化整为零

一个建设项目需要征用的土地，应当根据总体设计一次申请批准，不得化整为零。分

期建设的项目，应当分期征地，不得先征待用。铁路、公路和输油、输水等管线建设需要征用的土地，可以分段申请批准，办理征地手续。

6. 临时用地必须办理报批手续

工程项目施工，确实需要另行增加临时用地的，应向相关部门报批并签订合同。临时使用土地的期限，一般不超过两年。临时使用土地的使用权应当按照临时使用土地合同约定的用途使用土地，不得修建永久性建筑。

（三）土地征收和土地征用

土地征收和土地征用是两个概念，二者既有共同之处，又有不同之处。共同之处在于，都是为了公共利益需要，都要经过法定程序，都要依法给予补偿。不同之处在于，征收的法律后果是土地所有权的改变，土地所有权由农民集体所有变为国家所有；征用的法律后果只是使用权的改变，土地所有权仍然属于农民集体，征用条件结束须将土地交还给农民集体。简言之，涉及土地所有权改变的，是征收；不涉及所有权改变的，是征用。

二、土地征收审批与程序

（一）土地征收的审批

我国对农村土地征收实行严格的审批制度，根据法律规定，审批机关有国务院和省级政府。

1. 国务院土地征收批准权限

（1）基本农田（不受面积限制，只要是基本农田必须由国务院审批）。
（2）一般耕地 35 公顷以上。
（3）其他土地 70 公顷以上。
（4）省级人民政府批准的道路、管线工程。
（5）省级人民政府批准的大型基础设施建设项目。
（6）国务院批准的建设项目占用农用地的。
征收农用地的，应当依法先行办理农用地转用审批。其中，经国务院批准农用地转用的，同时办理征地审批手续，不再另行办理征地审批。

2. 省级政府土地征收批准权限

（1）一般耕地 35 公顷以下。
（2）其他土地 70 公顷以下。

(3)在省级人民政府批准的土地利用总体规划范围内，按土地利用年度计划分批次批准。

经省、自治区、直辖市人民政府在征地批准权限内批准农用地转用的，同时办理征地审批手续，不再另行办理征地审批。超过征地批准权限的，应当依法另行办理征地审批。

(二)集体土地征收的程序

土地征收目前尚无一部完整的程序立法，散见于各相关法律、法规和部门规章之中，包括《土地管理法》、《土地管理法实施条例》、《国家建设征用土地条例》、《建设项目用地预审管理办法》、《建设用地审查报批管理办法》和《征用土地公告办法》等。需要说明的是“土地征收”与“土地征用”是两个不同的概念，前者是永久性的转移所有权，后者是临时性的转移使用权。上述法律规定中的“征用”均实为“征收”的含义。根据上述法律渊源，可将土地征收程序归纳如下。

1. 查询拟申请土地是否符合规划和年度计划

主要查询内容是：

(1)应当符合土地利用总体规划、土地利用年度计划中确定的农用地转用指标；

(2)城市、村庄、集镇建设占用土地、农转建的，符合城市规划、村庄集镇规划；

(3)建设项目应当符合原国家土地管理局《土地利用总体规划编制审批规定》；

(4)建设项目用地如被列入《限制供地项目目录》，要由国土资源部许可，再履行批准手续；

(5)建设项目用地被列入《禁止供地项目目录》，在禁止期内，不予批准。

2. 申请建设用地预审，取得建设项目预审意见书

需审批的建设项目在可行性研究阶段，需核准的建设项目在项目申请报告核准前，需备案的建设项目在办理备案手续后，由建设单位提出用地预审申请，应当提交下列材料：

(1)建设项目用地预审申请表；

(2)建设项目用地预审申请报告，内容包括拟建项目的基本情况、拟选址占地情况、拟用地面积确定的依据和适用建设用地指标情况、补充耕地初步方案、征地补偿费用和矿山项目土地复垦资金的拟安排情况等；

(3)项目建议书批复文件或者项目备案批准文件；

(4)单独选址建设项目拟选址位于地质灾害防治规划确定的地质灾害易发区内的，提交地质灾害危险性评估报告；

(5)单独选址建设项目所在区域的国土资源管理部门出具是否压覆重要矿产资源的证明材料。

预审应当审查以下内容：

（1）建设项目选址是否符合土地利用总体规划，是否符合国家供地政策和土地管理法律、法规规定的条件；

（2）建设项目用地规模是否符合有关建设用地指标的规定；

（3）建设项目占用耕地的，补充耕地初步方案是否可行；

（4）征地补偿费用和矿山项目土地复垦资金的拟安排情况。

由国土资源部门对申请的建设用地单位提交的预审申请进行审查，出具《建设项目预审意见书》。

3. 申请用地程序

建设单位持经批准的设计任务书或初步设计、年度基本建设计划以及地方政府规定需提交的相应材料、证明或图片，向土地所在地的县级以上地方人民政府土地管理部门申请建设用地，同时填写《建设用地申请表》，并附下列材料：① 建设单位依法设立的有关证明；② 项目可行性研究报告批复或其他有关批准文件；③ 土地行政主管部门出具的建设项目用地预审报告；④ 初步设计或者其他有关材料；⑤ 建设项目总平面布置图；⑥ 占有耕地的，提出补充耕地方案；⑦ 建设项目位于地质灾害地区的，提供地质灾害危险性评估报告；⑧ 地价评估报告。

4. 受理申请并审查有关文件的程序

县级以上人民政府土地行政管理部门负责建设用地的申请、审查、报表工作，对应受理的建设项目，在30日内拟定农用地转用方案、补充耕地方案和供地方案，编制建设项目用地呈报说明书，经同级人民政府审核同意后报上一级土地管理部门审查。

5. 审批用地程序

有批准权的人民政府土地行政管理部门，收到上报的土地审批文件，按规定征求有关部门意见后，实行土地管理部门内部会审制度审批土地。

6. 征地实施程序

经批准的建设用地，由被征用土地所在地的市县人民政府组织实施。其主要内容如下。

（1）发布征地公告。公告的内容包括批准征地的机关、文号、土地用途、范围、面积、征地补偿标准、农业人员安置办法和办理补偿的期限等。

（2）支付土地补偿费、地上附着物和青苗补偿费。

（3）安置农业人口。

（4）征收用地单位的税费。

（5）协调征地争议。

7. 签发用地证书程序

签发用地证书程序主要有：

（1）有偿使用土地的，应签订土地使用权出让合同；

（2）以划拨方式使用土地的，向用地单位签发《国有土地划拨决定书》和《建设用地批准书》；

（3）用地单位向当地土地管理部门提出土地登记申请，经测绘部门测绘，核定用地面积、确认土地权属界限，地籍管理部门注册登记后，由人民政府颁发土地使用证，作为使用土地的法律凭证。

技能提高 2-1　　征地实施程序的具体步骤

第一步：发布征地通告

由县或市级国土资源局在被征收土地所在地的村范围内发布征地通告，将征地范围、面积、补偿方式、补偿标准、安置途径以及征地用途等告知被征土地的村集体经济组织和村民。通告后抢栽、抢种的农作物或者抢建的建筑物不列入补偿范围。

第二步：征询村民意见

由县或市级国土资源局会同所在的乡镇政府，就征地通告的内容征询村集体经济组织和农民的意见，有不同意见的应记录在案，根据村委会或村民提出的意见分别处理并协调解决。对补偿标准、安置途径、补偿方式有异议的，应告知被征地相关人有权提出听证申请，并依法组织听证。国土资源局应将村民对征收土地的意见和听证的材料作为报批的必备材料归档上报。

第三步：地籍调查和地上附着物登记

由县或市级国土资源局会同被征收土地的所有权人、使用权人实地调查被征土地的四至边界、土地用途、土地面积，地上附着物种类、数量、规格等，并由国土资源局现场填制调查表一式三份，由国土资源局工作人员和所有权人、使用权人共同确认无误后签字。国土资源局应将所有权人、使用权人签字的材料作为报批的必备材料归档上报。

第四步：拟订“一书四方案”组卷上报审批

由县或市级国土资源局根据征询、听证、调查、登记情况，按照审批机关对报批材料的要求拟订“一书四方案”，即建设用地说明书、农用地转用方案、补充耕地方案、征收土地方案、供应土地方案，并组卷向有批准权的机关报批。

第五步：征用土地公告

征用土地的市、县人民政府应当在收到省或国务院征用土地批准文件之日起10个工作

日内在被征地所在村发布征用土地公告。征用土地公告的内容包括：征地批准机关、批准文号、批准时间和批准用途；征用土地的所有权人、位置、地类和面积；征地补偿标准和农业人员安置办法；办理征地补偿登记的期限、地点。

第六步：征地补偿安置方案公告

县或市级国土资源局根据省或国务院征用土地批准文件批准的《征用土地方案》在征用土地公告之日起45日内以村为单位拟订征地补偿、安置方案并予以公告。征地补偿、安置方案公告内容包括：被征用土地的位置、地类、面积；地上附着物和青苗的种类、数量；需要安置的农业人口的数量；土地补偿费的标准、数额、支付对象和支付方式；安置补助费的标准、数额、支付对象和支付方式；地上附着物和青苗的补偿标准和支付方式；农业人员的具体安置途径；其他有关征地补偿、安置的具体措施。被征地农村集体经济组织、农村村民或者其他权利人对征地补偿、安置方案有不同意见的或者要求举行听证会的，应当在征地补偿、安置方案公告之日起10个工作日内向县或市级国土资源局提出。

县或市级国土资源局应当研究被征地农村集体经济组织、农村村民或者其他权利人对征地补偿、安置方案的不同意见。对当事人要求听证的，应当举行听证会。确需修改征地补偿、安置方案的，应当依照有关法律、法规和批准的征用土地方案进行修改。

第七步：报批征地补偿安置方案

县或市级国土资源局将公告后的土地补偿、安置方案，连同被征地农村集体经济组织、农村村民或者其他权利人的意见及采纳情况报市、县人民政府审批。

第八步：批准征地补偿安置方案

市、县政府将征求意见后的征地补偿安置方案批准后，报省国土资源厅备案，并交由市、县国土资源行政主管部门组织实施。

第九步：土地补偿登记

被征地农村集体经济组织、农村村民或者其他权利人应当在征用土地公告规定的期限内持土地权属证书（土地承包合同）到指定地点办理征地补偿登记手续。

被征地农村集体经济组织、农村村民或者其他权利人未如期办理征地补偿登记手续的，其补偿内容以市、县国土资源行政主管部门的调查结果为准。

第十步：实施补偿安置方案和交付土地

按规定支付征地补偿安置费，被征地单位和个人按期交付土地。

三、土地征收的补偿及安置标准

（一）土地补偿的含义

土地补偿制度是指国家为了公共利益的需要按照法定的制度将农民或集体的土地强制

性的收归国有，并给予农民一定补偿的制度，我国《宪法》和《土地管理法》均对此作了明确的规定。《宪法》第十条第三款规定：“国家为了公共利益的需要，可以依照法律的规定对土地实行征收或征用并给予补偿。”《土地管理法》第二条第四款也规定，“国家为了公共利益的需要可以依法对土地进行征收或征用并给予补偿。”

（二）土地补偿原则

国发[2006]31号文件明确规定如下。

（1）征地补偿安置必须以确保被征地农民原有生活水平不降低、长远生计有保障为原则。

（2）做好被征地农民就业培训和社会保障工作。

（3）被征地农民的社会保障费用，按有关规定纳入征地补偿安置费用，不足部分由当地政府从国有土地有偿使用收入中解决。

（4）社会保障费用不落实的不得批准征地。社会保障所需资金的补偿由批准提高的安置补助费和用于被征地农户的土地补偿费中统一安排，两项费用尚不足以支付的，当地政府从国有土地有偿使用收入中解决。从2006年4月10日起，政府征收农民土地必须将失地农民的社保资金列入补偿范围，社保资金不落实的不得批准征收土地。补偿标准必须采取社保标准，不得采用低保标准。

（三）土地补偿范围

《土地管理法》第四十七条规定：“征收耕地的补偿费用包括土地补偿费、安置补助费以及地上附着物和青苗的补偿费。”《土地管理法实施条例》第二十六条规定：“土地补偿费归农村集体经济组织所有；地上附着物及青苗补偿费归地上附着物及青苗的所有者所有。”

（四）土地补偿标准

1. 土地补偿费

土地补偿费的补偿对象为农村集体经济组织，而非直接支付给农民个人。土地补偿费按照国家政策的有关规定，由被征地单位用于恢复和发展生产。根据我国有关法律法规规定，国家征收农村集体经济组织土地用于一般建设的，其土地补助费具体标准如下。

（1）征收耕地的，按该耕地被征收前3年平均年产值的6～10倍计算。至于具体为多少倍，由各省、自治区、直辖市人民政府在上述法定的范围内根据当地情况予以确定。

（2）征收耕地之外的其他土地，土地补偿费由各省、自治区、直辖市参照上述对耕地的土地补偿费标准予以确定。

2. 安置补助费

安置补助费是国家征收农民集体土地后，为了解决以土地为主要生产资料并取得生活来源的农业人口因失去土地造成的生活困难，而给予的补助费用。根据我国有关法律法规规定，征收土地安置补助费具体标准如下。

（1）征收耕地的，安置补助费按照需要安置的农业人口数计算。需要安置的人口数，按照被征收的耕地数量除以征地前被征收单位平均每人占有耕地的数量计算。每一个需要安置的农业人口的安置补助费标准，为该耕地被征收前 3 年平均年产值的 4～6 倍。但是，每公顷被征收耕地的安置补助费，最高不得超过被征收前 3 年平均年产值的 15 倍。

（2）征收其他土地的，安置补助费的标准由各省、自治区、直辖市参照耕地的土地安置补助费标准规定。

确定的土地补偿费和安置补助费不能使需要安置的农民保持原有生活水平的，经省、自治区、直辖市人民政府批准，可以增加安置补助费。但是，土地补偿费和安置补助费的总和不得超过土地被征收前 3 年平均年产值的 30 倍。

3. 地上附着物补偿费

地上附着物补偿费是指地上的各种建筑物、构筑物，如房地产、水井、道路、管线、水渠等物的拆迁费用和恢复费用及被征收土地上林木的补偿费用或砍伐费用等费用的综合。计算地上附着物补偿费，以拆什么补偿什么，拆多少补偿多少，并且不低于原有水平为原则。根据《土地管理法》第四十七条规定："地上附着物补偿费的具体标准由各省、自治区、直辖市规定。"因此，各省、自治区、直辖市根据当地建筑材料、劳动力和运输等费用，按各类建筑物和构筑物的等级和结构进行测算，相应地制定符合当地物价水平的地上附着物补偿标准。所以，对于地上附着物补偿费，各地规定不尽相同。林木补偿费按树木大小进行补偿，如已成材的，可以由原所有者砍伐，但不再支付林木补偿费而发给砍伐费。果树、经济林等则根据投入情况予以补偿。

4. 青苗补偿费

青苗补偿费是针对青苗所有权人的一项补偿。因土地承包可以转让、转包，因此，青苗的实际所有人与承包土地经营权人可能不一致。依据所有权归属原则，青苗属于一种财产权利，所以其补偿应由所有权人获得。青苗包括农作物、蔬菜、苗木、鱼苗等财产，所有权人凭土地征收时的登记材料领取补偿费用。一般按一季产值补偿。实际青苗补偿的多少代表了该耕地的年产值，年产值对补偿费的高低有着决定性的作用。

5. 临时用地补偿

临时用地是指建设用地单位和个人在短期内使用的、与生产生活或建设工程相关联的各种不宜办理征地与农用地转用手续的临时性用地。临时用地实行“谁使用、谁复垦”的原则，用地单位和个人应当依照法律、法规和本办法规定，履行土地复垦义务。临时用地单位和个人应当注意保护生态环境，防止水土流失和诱发地质灾害。临时占用土地同样要进行补偿。其补偿标准，根据该土地被占用前3年的年平均产值逐年给予补偿。使用期满，用地单位应负责恢复土地的原有生产条件，若用地单位无力直接采取复垦措施，须按恢复土地原生产条件物工作量向当地村组支付土地复垦费。

技能提高 2-2　某市区征收集体土地（农转用）报批

报批流程：预审→通知勘测定界→征转用地调查、勘测→规划审查→听证告知→组织报批材料、报区政府审查→上报市国土资源局→上报省国土资源厅→审批→组织征地方案公告，进行补偿安置登记→组织征地补偿安置方案公告→实施征地补偿安置→办理保障→交地。

1. 预审

根据预审报告和年度农转用计划落实情况，安排办理征收农转用手续，进入征转用程序。

2. 通知勘测定界

规划耕保科向国土资源信息中心开具征转用土地测绘通知单，提供用地范围图和征转用地面积等有关资料。

3. 征转用地调查、勘测

规划耕保科牵头，会同区公安部门、地籍科信息中心、被征地镇（街道）和村组、国土资源所现场调查被征地范围内土地权属、面积、性质、地类、人口劳力等情况，国土资源信息中心组织勘测定界。

4. 规划审查

规划耕保科对拟征转用地块进行土地利用规划审查，对拟征转用地块下达年度农转用计划，向建设用地单位开具预征规费通知单。占用林地的，提供占用林地批准通知书。

5. 听证告知

规划耕保科会同所在镇（街道）向拟征收土地权属单位发布征地面积、补偿方案、标

准等听证信息，接受听证申请。公告期7日。

6. 组织报批材料，报区政府审查

规划耕保科牵头组织编制呈报材料，完成“一书四方案”等，经相关科室审核，报分管局长、局长签字后报区政府审查。

7. 上报市国土资源局

区政府审核签署意见后上报市国土资源局。

8. 上报省国土资源厅

市国土资源局规划处、耕保处、地籍处按程序分别审查征转用地申报材料，会审后形成意见，报市政府签署意见后上报省国土资源厅。

9. 审批

经省窗口办、规划处、耕保处、地籍处、利用处分别审查，缴纳规定费用后报省政府审批。占用基本农田，占用耕地35公顷以上、其他土地70公顷以上的，上报国务院审批。

10. 组织征地方案公告，进行补偿安置登记

规划耕保科根据国务院、省征转用批文，编制征用土地方案公告，并在规定期限内在被征收土地所在镇（街道）、村实行公告，组织补偿安置登记。公告期10日。

11. 组织征地补偿安置方案公告

规划耕保科根据征地方案和补偿安置登记情况，拟订征地补偿安置方案，并在规定期限内在被征地所在镇（街道）、村实行公告，公告时间不少于7天。

12. 实施征地补偿安置

根据“二公告、一登记”情况，与土地所有权单位签订征地补偿安置协议，分局与镇（街）共同组织实施补偿安置。被征地镇（街道）、村（社区）按规定推荐产生征地补偿安置人员名单，并进行公证，组织选档，发放补偿安置资金。

13. 办理保障

区国土分局将征地补偿安置台账及花名册移交区劳动部门办理被征地人员基本生活保障手续。

14. 交地

补偿安置结束后，被征地所有权人在10个工作日内按期交地。

练　中　学

一、关键词与重点概念

物权、所有权、原始取得、继受取得、私人所有权、法人所有权、国家土地所有权、集体土地所有权、按份共有、共同共有、业主建筑物区分所有权、土地征收、土地补偿、临时用地

二、练习与讨论

1. 财产权所有权的类型有哪些？
2. 国有土地和集体土地包括哪些土地？
3. 国家土地所有权的行使要求是什么？
4. 土地所有权行使的要求是什么？
5. 业主的建筑物区分所有权主要内容是什么？
6. 征收土地有哪些主要法律规定？
7. 各级政府土地征收的批准权限是多少？
8. 简述征收土地的工作程序。
9. 土地征收的补偿费包括哪些？标准如何？

三、案例分析

2004年12月，甲村村委会以每亩每年2000元的价格，擅自将本村382.87亩集体土地出租给乙公司进行生产经营活动，租期为30年，并已收取两年租金169.65万元。乙公司在租赁的土地上建成办公楼1栋和仓储用房10余间，占地5.1亩，其余地面已用灰渣和水泥硬化用于堆放钢管。所占土地中有基本农田372亩、一般耕地6.6亩、居民点及工矿用地4.27亩。指出本案违法之处，对于此案的应当如何处理。

本案系非法占地行为，应责令乙公司退还非法占用的土地、拆除地上建筑物、恢复土地原貌；对甲村村委会非法出租土地行为，没收违法所得169.65万元、并处罚款，同时，将案件移送公安机关追究相关人员刑事责任。

四、技能训练

训练项目：住宅小区项目用地手续办理。

到当地国土资源部门的土地服务大厅了解征地程序、征地申报材料、征地的实施过程。

第三章　建设用地法律制度

概　要

建设用地使用权分为国有土地建设用地使用权和集体土地建设用地使用权，国有土地使用权可分为划拨土地使用权和出让土地使用权；划拨土地使用权范围、审批权限、流转有严格的法律规定；出让土地使用权使用范围较为广泛，出让土地使用权的取得方式有拍卖、招标、挂牌出让和协议四种。集体土地建设用地只用于兴办乡镇企业、乡(镇)村公共设施和公益事业建设、农村村民住宅，并要依法履行审批手续。闲置土地依法管理，及时处置闲置土地。

知识重点

1. 了解建设用地使用权的性质
2. 掌握国有土地使用权出让方式
3. 熟悉划拨土地使用的范围与程序
4. 理解最严格的农地管理制度的内容
5. 熟悉乡镇企业建设用地使用权主要规定
6. 熟悉闲置土地的范围与处置

技能必备

1. 掌握拍卖、招标、挂牌出让和协议四种出让方式的具体操作程序与内容。
2. 划拨土地使用权的申请、审批实务操作。

第一节　建设用地概述

一、建设用地概念

建设用地做出建造建筑物、构筑物的土地，包括城乡住宅和公共设施用地、工矿用地、交通水利设施用地、旅游用地、军事设施用地等。

建设用地按其使用土地性质的不同，可分为国有土地建设用地和集体土地建设用地；按其土地权属、建设内容不同，又分为国家建设用地、乡（镇）建设用地、外商投资企业用地和其他建设用地；按其工程投资和用地规模不同，还分为大型建设项目用地、中型建设项目用地和小型建设项目用地。

《土地管理法》第四十三条规定："任何单位和个人进行建设，需要使用土地的，必须依法申请使用国有土地；但是，兴办乡镇企业和村民建设住宅经依法批准使用本集体经济组织农民集体所有的土地的，或者乡（镇）村公共设施和公益事业建设经依法批准使用农民集体所有的土地的除外。"因此建设主体要进行建设必须申请使用国有土地并取得建设用地使用权。

二、建设用地使用权

《物权法》、《土地管理法》、《城市房地产管理法》等法律分别对建设用地使用权进行了规定。《物权法》中使用建设用地使用权概念，《土地管理法》和《城市房地产管理法》采用土地使用权概念，二者含义是相同的。建设用地使用权做出利用土地营造建筑物、构筑物和其他设施的权利。建设用地使用权分为国有土地建设用地使用权和集体土地建设用地使用权。国有土地建设用地使用权做出建设用地使用权人依法对国家所有的土地享有占有、使用和收益的权利，有权利用该土地建造建筑物、构筑物及其附属设施。集体土地建设用地使用权做出农民集体和个人进行非农业生产建设依法使用集体所有的土地的权利。集体土地建设用地使用权的主体法律对其有较为严格的限制，只有乡镇企业、乡（镇）村公共设施和公益事业建设、农村村民住宅等三类乡（镇）村建设可以使用农民集体所有土地。全民所有制单位、城市集体所有制单位和其他经济组织进行建设，需要使用集体土地，必须经过征收，使之转为国有土地后才能取得使用权，即国有土地使用权。

三、建设用地使用权性质

建设用地使用权是用益物权。用益物权是物权的一种，做出非所有人对他人所有的不

动产或者动产，依法享有占有、使用和收益的权利。如土地承包经营权、建设用地使用权、宅基地使用权、地役权。用益物权的特点如下。

（1）用益物权是权利范围受到限制的物权。不包括处分权能。

（2）用益物权是优先于所有权的物权。在他人之财产上设定用益物权后，所有人权利受到限制。

（3）用益物权是有期限的物权，用益物权的期限既可以是法定的，也可能是约定的。

（4）用益物权的支配内容是物的使用价值，目的在于通过使用他人之物，来满足自己的生活、生产等需要。

（5）用益物权的标的物通常限于不动产。虽然用益物权客体包括了动产，但物权法以及其他现行法律中都没有规定以动产为客体的用益物权类型，由于物权法定，动产用益物权只能在将来通过特别立法设立。

四、建设用地使用权的设立

建设用地使用权可以在土地的地表、地上或者地下分别设立。新设立的建设用地使用权，不得损害已设立的用益物权。设立建设用地使用权的，应当向登记机构申请建设用地使用权登记。建设用地使用权自登记时设立。登记机构应当向建设用地使用权人发放建设用地使用权证书。设立国有土地建设用地使用权形式如下。

（1）采取出让或者划拨等方式。工业、商业、旅游、娱乐、商品住宅等经营性用地以及同一土地有两个以上意向用地者的，应当采取招标、拍卖等公开竞价的方式出让。严格限制以划拨方式设立建设用地使用权。采取划拨方式的，应当遵守法律、行政法规关于土地用途的规定。

（2）通过转让、互换、出资、赠与或者抵押方式。建设用地使用权转让、互换、出资、赠与或者抵押的，当事人应当采取书面形式订立相应的合同。使用期限由当事人约定，但不得超过建设用地使用权的剩余期限。住宅建设用地使用权期间届满的，自动续期。非住宅建设用地使用权期间届满后的续期，依照法律规定办理。

（3）乡镇企业、乡（镇）村公共设施、公益事业、农村村民住宅等乡（镇）村建设用地，应当符合乡（镇）土地利用总体规划和土地利用年度计划，并依法办理审批手续。

五、建设用地使用权的消灭

建设用地使用权有下列情形之一的，由有关人民政府土地主管部门报经原批准用地的人民政府或者有批准权的人民政府批准，可以收回国有土地使用权：

（1）为公共利益需要使用土地的；

（2）为实施城市规划进行旧城区改建，需要调整使用土地的；

(3) 土地出让等有偿使用合同约定的使用期限届满，土地使用者未申请续期或者申请续期未获批准的；

(4) 因单位撤销、迁移等原因，停止使用原划拨的国有土地的；

(5) 公路、铁路、机场、矿场等经核准报废的。

依照前述第 (1) 项、第 (2) 项的规定收回国有土地使用权的，对土地使用权人应当给予适当补偿，并退还相应的出让金。

《土地管理法》规定土地使用权出让合同约定的使用年限届满，土地使用者需要继续使用土地的，应当至迟于届满前一年申请续期，除根据社会公共利益需要收回该幅土地的，应当予以批准。经批准准予续期的，应当重新签订土地使用权出让合同，依照规定支付土地使用权出让金。土地使用权出让合同约定的使用年限届满，土地使用者未申请续期或者虽申请续期但依照前款规定未获批准的，土地使用权由国家无偿收回。

《物权法》规定："住宅建设用地使用权期间届满的，自动续期。非住宅建设用地使用权期间届满后的续期，依照法律规定办理。该土地上的房屋及其他不动产的归属，有约定的，按照约定；没有约定或者约定不明确的，依照法律、行政法规的规定办理。"

建设用地使用权消灭的，出让人应当及时办理注销登记。登记机构应当收回建设用地使用权证书。

建设土地使用权消灭后，国家土地所有权的全部权能回归国家。

第二节 建设用地使用权出让

一、建设用地使用权出让概念与特点

这里的建设用地使用权，特指国有土地的建设用地使用权，简称土地使用权，做出国家将国有土地使用权在一定年限内出让给土地使用者，由土地使用者向国家支付土地使用权出让金的行为。土地使用权受让方为取得土地使用权，按照出让合同或其他土地使用权出让文件的规定支付给国家土地使用权价款。土地使用权出让金由国家收取，实质上是土地使用权价值的货币表现。土地使用权出让金包括地租、征地费及其利息、投资开发费以及其利息。国有土地使用权出让的法律特征是：

(1) 土地使用权出让是一种民事法律行为，具有平等、自愿、有偿、有期限等特征；

(2) 土地使用权出让是一种设权行为，土地使用权是用益物权，出让的国有土地使用权在存续期间内其权能近似于所有权；

(3) 土地使用权出让是一种有偿行为，国家垄断的一级土地市场，只有缴纳全部土地

出让金后才能领取权利证书，获得权利；

（4）土地使用权的出让附随着特殊义务，必须严格按照土地批准用途及相关法律规定利用。

二、国有土地使用权出让范围和批准权限

1. 国有土地使用权出让范围

土地使用权出让范围包括以下两个层次的内容。

（1）土地使用权出让的土地仅限于国有土地，且是城镇国有土地。城市规划区内的集体所有的土地，只有经依法征收转为国有土地后，该幅国有土地的使用权方可有偿出让。

（2）土地使用权出让，必须符合土地利用总体规划、城市规划和年度建设用地计划。土地使用权出让的土地一般是具有商业性利益的土地，即具有房地产交易性质的土地。

2. 土地使用权出让的批准权限

土地使用权出让的批准，是一种政府行为、行政行为，是政府对土地使用权出让活动进行管理的一种行政措施。土地使用权出让，由市、县人民政府有计划、有步骤地进行。出让的每幅地块及其用途、年限和其他条件，由市、县人民政府土地管理部门会同城市规划、建设、房产管理部门共同拟订方案，按照国务院规定，报经有批准权的人民政府批准后，由市、县人民政府土地管理部门实施。县级以上地方人民政府出让土地使用权用于房地产开发的，须根据省级以上人民政府下达的控制指标拟订年度出让土地使用权总面积方案，按照国务院规定，报国务院或者省级人民政府批准。直辖市的县人民政府及其有关部门行使上述规定的权限，由直辖市人民政府规定。

三、国有土地使用权出让方式

（一）出让方式

土地使用权出让方式，做出国家通过民事法律行为将国有土地使用权出让给土地使用者，其中最重要的方式是合同。国有土地使用权出让最基本的缔约方式是招标、拍卖、挂牌出让和协议四种。工业、商业、旅游、娱乐和商品住宅等经营性用地以及同一土地有两个以上意向用地者的，应当采取招标、拍卖等公开竞价的方式出让，没有条件，不能采取拍卖、招标方式的，可以采取双方协议的方式。

1. 协议出让

协议出让，做出国家以协议方式将国有土地使用权在一定年限内出让给土地使用者，

由土地使用者向国家支付土地使用权出让金的行为。出让国有土地使用权，除非无法依照法律、法规和规章的规定采用招标、拍卖或者挂牌方式，方可采取协议方式。协议出让主要规定如下。

（1）以协议方式出让国有土地使用权的出让金不得低于按国家规定所确定的最低价。协议出让最低价不得低于新增建设用地的土地有偿使用费、征地（拆迁）补偿费用以及按照国家规定应当缴纳的有关税费之和。有基准地价的地区，协议出让最低价不得低于出让地块所在级别基准地价的70%。

（2）国有土地使用权出让计划公布后，在公布的地段上，同一地块只有一个意向用地者的，市、县人民政府国土资源行政主管部门方可按照本规定采取协议方式出让；但商业、旅游、娱乐、商品住宅等经营性用地除外。

（3）对符合协议出让条件的，市、县人民政府国土资源行政主管部门会同城市规划等有关部门，依据国有土地使用权出让计划、城市规划和意向用地者申请的用地项目类型、规模等，制订协议出让土地方案。协议出让土地方案应当包括拟出让地块的具体位置、界址、用途、面积、年限、土地使用条件、规划设计条件、供地时间等。

（4）市、县人民政府国土资源行政主管部门应当根据协议结果，与意向用地者签订《国有土地使用权出让合同》。《国有土地使用权出让合同》签订后7日内，市、县人民政府国土资源行政主管部门应当将协议出让结果在土地有形市场等指定场所，或者通过报纸、互联网等媒介向社会公布，接受社会监督。公布协议出让结果的时间不得少于15日。土地使用者按照《国有土地使用权出让合同》的约定，付清土地使用权出让金、依法办理土地登记手续后，取得国有土地使用权。

（5）以协议出让方式取得国有土地使用权的土地使用者，需要将土地使用权出让合同约定的土地用途改变为商业、旅游、娱乐、商品住宅等经营性用途的，应当取得出让方和市、县人民政府城市规划部门的同意，签订土地使用权出让合同变更协议或者重新签订土地使用权出让合同，按变更后的土地用途，以变更时的土地市场价格补交相应的土地使用权出让金，并依法办理土地使用权变更登记手续。

2. 招标出让

招标出让国有建设用地使用权，做出市、县人民政府国土资源行政主管部门（以下简称出让人）发布招标公告，邀请特定或者不特定的自然人、法人和其他组织参加国有建设用地使用权投标，根据投标结果确定国有建设用地使用权人的行为。投标、开标依照下列程序进行。

（1）投标人在投标截止时间前将标书投入标箱。

（2）出让人按照招标公告规定的时间、地点开标，邀请所有投标人参加。由投标人或者其推选的代表检查标箱的密封情况，当众开启标箱，点算标书。投标人少于三人的，出让人应当终止招标活动。投标人不少于三人的，应当逐一宣布投标人名称、投标价格和投标文件的主要内容。

（3）评标小组进行评标。评标小组由出让人代表、有关专家组成，成员人数为五人以上的单数。

（4）招标人根据评标结果，确定中标人。按照价高者得的原则确定中标人的，可以不成立评标小组，由招标主持人根据开标结果，确定中标人。对能够最大限度地满足招标文件中规定的各项综合评价标准，或者能够满足招标文件的实质性要求且价格最高的投标人，应当确定为中标人。

3. 拍卖出让

拍卖出让国有建设用地使用权，做出出让人发布拍卖公告，由竞买人在指定时间、地点进行公开竞价，根据出价结果确定国有建设用地使用权人的行为。拍卖会依照下列程序进行。

（1）主持人点算竞买人。

（2）主持人介绍拍卖宗地的面积、界址、空间范围、现状、用途、使用年限、规划指标要求、开工和竣工时间以及其他有关事项。

（3）主持人宣布起叫价和增价规则及增价幅度。没有底价的，应当明确提示。

（4）主持人报出起叫价。

（5）竞买人举牌应价或者报价。

（6）主持人确认该应价或者报价后继续竞价。

（7）主持人连续三次宣布同一应价或者报价而没有再应价或者报价的，主持人落槌表示拍卖成交。

（8）主持人宣布最高应价或者报价者为竞得人。另外，拍卖主持人在拍卖中可以根据竞买人竞价情况调整拍卖增价幅度。竞买人的最高应价或者报价未达到底价时，主持人应当终止拍卖。

4. 挂牌出让

挂牌出让国有建设用地使用权，做出出让人发布挂牌公告，按公告规定的期限将拟出让宗地的交易条件在指定的土地交易场所挂牌公布，接受竞买人的报价申请并更新挂牌价格，根据挂牌期限截止时的出价结果或者现场竞价结果确定国有建设用地使用权人的行为。

挂牌出让的主要程序是：在挂牌公告规定的挂牌起始日，出让人将挂牌宗地的面积、界址、空间范围、现状、用途、使用年限、规划指标要求、开工时间和竣工时间、起始价、

增价规则及增价幅度等，在挂牌公告规定的土地交易场所挂牌公布；符合条件的竞买人填写报价单报价；挂牌主持人确认该报价后，更新显示挂牌价格；挂牌主持人在挂牌公告规定的挂牌截止时间确定竞得人。挂牌时间不得少于10日。挂牌期间可根据竞买人竞价情况调整增价幅度。挂牌截止应当由挂牌主持人主持确定。挂牌期限届满，挂牌主持人现场宣布最高报价及其报价者，并询问竞买人是否愿意继续竞价。有竞买人表示愿意继续竞价的，挂牌出让转入现场竞价，通过现场竞价确定竞得人。挂牌主持人连续三次报出最高挂牌价格，没有竞买人表示愿意继续竞价的，按照下列规则确定是否成交：

（1）在挂牌期限内只有一个竞买人报价，且报价不低于底价，并符合其他条件的，挂牌成交；

（2）在挂牌期限内有两个或者两个以上的竞买人报价的，出价最高者为竞得人；报价相同的，先提交报价单者为竞得人，但报价低于底价者除外；

（3）在挂牌期限内无应价者或者竞买人的报价均低于底价或者均不符合其他条件的，挂牌不成交。

（二）招标、拍卖或者挂牌出让（简称“招、拍、挂”）的要求

（1）招标、拍卖或者挂牌出让国有建设用地使用权，应当遵循公开、公平、公正和诚信的原则。出让人在招标拍卖挂牌出让公告中不得设定影响公平、公正竞争的限制条件。

（2）国有建设用地使用权招标、拍卖或者挂牌出让活动，应当有计划地进行。市、县人民政府国土资源行政主管部门根据经济社会发展计划、产业政策、土地利用总体规划、土地利用年度计划、城市规划和土地市场状况，编制国有建设用地使用权出让年度计划，报经同级人民政府批准后，及时向社会公开发布。

（3）出让人应当根据招标拍卖挂牌出让地块的情况，编制招标拍卖挂牌出让文件。招标拍卖挂牌出让文件应当包括出让公告、投标或者竞买须知、土地使用条件、标书或者竞买申请书、报价单、中标通知书或者成交确认书、国有建设用地使用权出让合同文本。

（4）出让人应当至少在投标、拍卖或者挂牌开始日前20日，在土地有形市场或者指定的场所、媒介发布招标、拍卖或者挂牌公告，公布招标拍卖挂牌出让宗地的基本情况和招标拍卖挂牌的时间、地点。

（5）市、县人民政府国土资源行政主管部门应当根据土地估价结果和政府产业政策综合确定标底或者底价。标底或者底价不得低于国家规定的最低价标准。确定招标标底，拍卖和挂牌的起叫价、起始价、底价，投标、竞买保证金，应当实行集体决策。招标标底和拍卖挂牌的底价，在招标开标前和拍卖挂牌出让活动结束之前应当保密。

技能提高 3-1

《招标拍卖挂牌出让国有建设用地使用权规定》第九条：招标拍卖挂牌公告应当包括下列内容：① 出让人的名称和地址；② 出让宗地的面积、界址、空间范围、现状、使用年限、用途、规划指标要求；③ 投标人、竞买人的资格要求以及申请取得投标、竞买资格的办法；④ 索取招标拍卖挂牌出让文件的时间、地点和方式；⑤ 招标拍卖挂牌时间、地点、投标挂牌期限、投标、竞价方式等；⑥ 确定中标人、竞得人的标准和方法；⑦ 投标、竞买保证金；⑧其他需要公告的事项。

四、出让合同

土地使用权出让合同是土地行政主管部门与土地使用人协商，对出让土地的权利、义务所进行的约定。出让合同的主要内容如下。

（1）标的状况，即所出让土地的地理位置、面积、界限等土地自然状况以及市政设施状况、建筑容积率、密度、园林绿化比率等规划状况。

（2）土地使用期限，也就是土地出让期限。国家一般都以立法形式规定了最高使用期限，土地所有者或其代表在确定具体某地块土地的出让期限时不得突破。

（3）出让金的数额、支付方式和支付期限。

（4）出让土地的使用条件。在土地出让前，土地所有者或其代表一般都在城市总体规划的前提下编制所出让土地的建设规划条件和方案，作为土地出让的一个条件，并在出让合同文本中加以规定，因此，土地使用者必须遵守。

（5）定金担保及违约责任。

案例分析 3-1

挂牌出让土地

某市国土资源局向社会发出公告，对一地块进行出让。公告规定：竞买人范围只限在本市注册、具有房地产开发资质，近两年未违法违规的企业。接受报名时间：7 月 4 日至 7 月 23 日。挂牌期限：7 月 14 日至 7 月 28 日。接受报价时间：7 月 14 日上午 8 点半至 7 月 28 日下午 3 点整。并附有“该地块挂牌出让底价为人民币 1580 万元，每次加价幅度为人民币 15 万元或其整数倍，竞买保证金为人民币 200 万元”的内容公告发出后，A 公司按公告要求当场缴纳了 200 万元竞买保证金。7 月 23 日，也就是报名截止时间的最后一天，另一家房地产开发公司 B 建设工程有限公司（有四级开发资质，三级资质证书经市建设局审定合格已报省建设厅审查待发）报名参与竞买，当场未缴纳保证金，次日（即 7 月 24 日）

将200万元保证金汇入银行。报名截止后，7月26日上午8时，市土地储备中心电话通知A公司，说该公司资料不全，没有办好房地产三级资质，竞买资格被取消（公司的三级资质材料经市建设局审定合格已报省建设厅审查待发，储备中心当时未提出异议，并接受了报名）。最后，B建设工程有限公司以1580万元的最低价取得了地块的使用权。

分析：

（1）违规缩短公告时间，从7月4日公告发布至7月14日挂牌开始，时间仅隔10天，不利于公告信息广泛传播。

（2）违规在出让公告中公开发布挂牌宗地的底价。《招标拍卖挂牌出让国有土地使　用权规定》第十条明确规定："招标标底和拍卖挂牌的底价，在招标拍卖挂牌出让活动结束之前应当保密。"

（3）违背公开、公平、公正和诚实信用的原则。B公司不能在规定时间内缴纳保证金，按照规定，出让人应不接受该竞买人的报名。A、B两公司都只有四级开发资质，三级资质证书一同都在省建设厅审批之中，排除A公司竞买资格明显不公平。

第三节　国有土地使用权划拨

一、土地使用权划拨的概念和特征

土地使用权划拨，做出县级以上人民政府依法批准，在土地使用者缴纳补偿、安置等费用后将该幅土地交付其使用，或者将国有土地使用权无偿交付给土地使用者的行为。这里所指的补偿、安置费用做出用地单位在征用集体土地或者通过行政划拨取得其他单位已经使用的划拨土地的基础上取得国有土地使用权时支付给农民或原用地单位的，不是付给国家的。划拨土地使用权具有以下法律特征。

（1）划拨土地使用权的标的限于国有土地。

（2）划拨土地使用权的取得具有行政性。

（3）划拨国有土地使用权没有向国家支付土地使用费，属于无偿取得国有土地使用权。

（4）划拨国有土地使用权除有法定期限的情形外，一般没有使用期限。

（5）权利的交易受限制，划拨国有土地使用权不得单独转让、出租、抵押，如果土地使用者需要将划拨土地用于交易，一是要经过国家土地管理部门批准，二是要取得出让国有土地使用权。划拨国有土地使用权随地上建筑物、附着物转让或以其他方式交易的，其土地收益应当上交国家。

二、划拨土地使用的范围

可以依法取得划拨国有土地使用权的用地包括：① 国家机关用地和军事用地；② 城市基础设施用地和公益事业用地；③ 国家重点扶持的能源、交通、水利等项目用地；④ 法律、行政法规规定的其他符合条件的用地。

三、划拨土地使用的内容

土地使用权划拨是行政划拨，行政划拨土地是计划经济的产物。其划拨土地使用权的权能受到限制，使用人对划拨土地只享有占有和使用权，而无收益权和处分权。

四、土地使用权划拨的程序

申请以划拨方式取得土地使用权，一般按下列程序办理。

（1）用地单位向土地行政主管部门提出用地预申请，填写《建设项目用地预审申请表》。

（2）土地行政主管部门根据用地单位的预申请，进行建设项目用地预审，以文件形式向申请单位出具预审报告。

（3）土地行政主管部门根据规划部门的选址定点意见和地块规划设计要点，建设项目立项批准文件以及项目用地定额指标，核定用地面积，提出用地使用要求，报政府审批。

（4）经政府批准后，由土地行政主管部门与用地单位签订《国有土地使用权划拨协议书》。

（5）用地单位缴交有关补偿费和税费后，土地行政主管部门下发建设用地划拨批准文件，发出《建设用地批准书》。

五、划拨土地使用权的流转

以划拨方式取得的土地使用权，经土地行政主管部门审核同意并报政府批准，应依法签订土地使用权出让合同，向政府补交土地使用权出让金后，土地使用权方可转让、出租或用于其他经营活动，才可以改变原批准用途。在我国现有的法律框架下，划拨土地流转的途径有以下几种。

（1）出让并办理出让手续。以划拨方式取得的土地使用权，经有批准权的人民政府批准，准予转让的，受让方应到土地所在地的市、县人民政府土地管理部门办理土地使用权出让手续，并按规定缴纳土地使用权出让金。

（2）出让不办理出让手续。以划拨方式取得的土地使用权，经批准转让但按国务院规定不办理土地使用权出让手续的，转让方应当按规定缴纳转让房地产所获收益中的土地收益。国务院另有规定的，从其规定。

（3）出租。将以划拨方式取得的土地使用权，以营利为目的出租，地上建有房屋的或地上没有房屋的，按租金的一定比例缴纳土地收益。

（4）抵押。设定房地产抵押权的土地使用权是以划拨方式取得的，依法拍卖该房地产后，应当从拍卖所得的价款中缴纳相当于应缴纳的土地使用权出让金。

第四节 集体建设用地使用权

一、集体建设用地使用权含义

集体土地建设用地使用权（即农村建设用地）做出农民集体和个人进行非农业生产建设依法使用集体所有的土地的权利。农村建设用地包括村民宅基地、乡镇企业用地和乡（镇）村公共设施及公益事业用地。其主要特征如下。

（1）农村建设用地使用权是一种用益物权，是建立在土地集体所有的基础上的，农民对其土地享有占有、使用、收益和依照法律规定享有处分的权利。

（2）农村建设用地使用权是一种限制物权，其使用主体只能依其申请的内容使用土地，而不能任意改变土地的用途。

（3）农村建设用地使用权的种类和主体是固定的。作为一种物权，农村建设用地使用权必须遵循物权法定的原则。即只有法律上规定的村民宅基地使用权、乡镇企业建设用地使用权以及乡（镇）村公共设施用地和公益事业用地使用权三种。同时法律对集体土地建设用地使用权的主体有较为严格的限制，一般只能由本集体及其所属成员拥有使用权。

二、集体建设用地使用制度

我国耕地已经成为紧缺的资源。为了确保十八亿亩耕地，国家对农用地采用最严格的管理制度。主要内容是如下。

（1）严格执行土地用途管制制度。使用土地的单位和个人必须严格按照土地利用总体规划确定的用途使用土地。土地利用规划和管理是国家权力，违反规划和不经批准改变土地用途都是违法行为。

（2）严格规范使用农民集体所有土地进行建设。兴办乡镇企业、乡（镇）村公共设施和公益事业建设、农村村民住宅，可以使用农民集体所有土地，并要依法履行审批手续。农村住宅用地只能分配给本村村民，城镇居民不得到农村购买宅基地、农民住宅或“小产

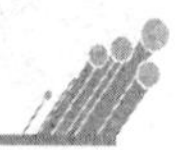

权房”。

（3）严格控制农村集体建设用地规模。严禁以各种名义擅自扩大集体建设用地规模，并重点对集体建设用地使用权流转、土地整理折抵和城乡建设用地增减挂钩试点做出了明确的限制。

（4）严格禁止和严肃查处“以租代征”转用农用地的违法违规行为。“以租代征”是当前农村土地违规违法问题的主要表现形式。为了遏制这一违法势头，有关政策明确规定国家机关工作人员批准“以租代征”占地建设的，要追究其非法批地的法律责任；单位和个人擅自通过“以租代征”占地建设的，要追究其非法占地的法律责任。

（5）严格土地执法监管。国土资源部要会同发展改革、监察、农业、建设等部门，依据土地管理的法律法规和有关规定，严格土地执法监管，坚决制止乱占农用地进行非农业建设的违法违规行为。

三、农村宅基地使用权

农村宅基地使用权做出宅基地使用权人依法对集体所有的土地享有占有和使用的权利，有权依法利用该土地建造住宅及其附属设施。我国的村民宅基地使用权是一种特殊的权利，具有以下特点。

（1）村民宅基地使用权的身份性。在我国只有集体经济组织成员才能申请宅基地，非本集体经济组织成员不享有此权利。

（2）宅基地取得的无偿性。宅基地取得的无偿性基于土地的集体所有。

（3）宅基地的自用性。村民申请的宅基地只能用做建造房屋供自己使用，不能供他人使用。

（4）宅基地使用权的永久性。村民申请宅基地一旦被批准，将永久的享有，可以继承，任何人都不得无故收回他人的宅基地。

（5）宅基地使用权的限制性。宅基地只能用做居住，而不能做其他用途。也不能以转让、出租、担保等形式流转。

（6）宅基地的唯一性。即“一户一宅”。

四、乡镇企业建设用地使用权

乡镇企业建设用地使用权也有其自身的特点，由于它与宅基地使用权同属于我国农村建设用地使用权，所以它们有许多相似之处。

（1）乡镇企业建设用地使用权具有身份性。我国乡镇企业建设用地的主体有两类，一是农村集体经济组织独资企业，一是农村集体经济组织与其他单位、个人以土地使用权入股、联营等形式共同举办的企业。非本集体经济组织举办的企业（如个体企业、外资企业、

国有企业等）不能享有此权利。

（2）乡镇企业建设用地取得的无偿性。

（3）乡镇企业建设用地使用权的限制性。乡镇企业建设用地只能用于乡镇企业为开展生产经营所需的建设，不能做其他用途。

（4）乡镇企业建设用地存在抵押流转可能性。《物权法》第一百三十八条规定乡镇、村企业的建设用地使用权不得单独抵押。以乡镇、村企业的厂房等建筑物抵押的，其占用范围内的建设用地使用权一并抵押。《土地管理法》第六十三条规定："……符合土地利用总体规划并依法取得建设用地的企业，因破产，兼并等情形致使土地使用权依法发生转移的除外。"这说明虽然我国的乡镇企业建设用地使用权的流转存在着诸多限制，但一定范围内还是可以流转的。

五、农村公共设施的用地

乡（镇）村公共设施、公益事业建设需要使用土地，可以依法申请使用农民集体所有的土地，其主要特点如下。

（1）乡（镇）村公共设施、公益事业建设用地的原则是在符合乡（镇）土地利用总体规划、符合土地利用年度计划、符合村庄、集镇规划前提下，由农村集体经济组织或者建设单位提出，经乡（镇）人民政府审核，向县、市人民政府土地行政主管部门提出建设用地申请。

（2）土地行政主管部门按照国家有关规定对建设用地进行审查后，按照省、自治区、直辖市的规定报有批准权的人民政府批准。涉及占用农用地的，应当先行按照《土地管理法》的规定办理农用地转用手续。

（3）建设用地经依法批准后，由县、市人民政府土地行政主管部门通知申请用地单位，并组织实施。申请用地单位应当按照国家有关规定履行开垦耕地义务、缴纳有关费用等。

（4）工程竣工后，由县、市人民政府土地行政主管部门负责对建设用地、开垦耕地等情况进行验收，并办理土地登记，核发《集体土地使用证》。乡（镇）村公共设施、公益事业建设涉及占用国有土地的，按照使用国有土地的有关规定办理。

第五节　闲 置 土 地

一、闲置土地概念

闲置土地做出土地使用者依法取得土地使用权后，未经原批准用地的人民政府同意，

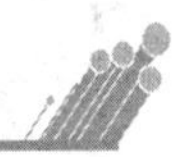

超过规定的期限未动工开发建设的建设用地。闲置土地可分为国有土地闲置土地和集体土地闲置土地。

二、闲置土地范围

《闲置土地处置办法》第二条规定了下列土地可以认定为闲置土地：

（1）国有土地有偿使用合同或者建设用地批准书未规定动工开发日期，自国有土地有偿使用合同生效或者土地行政主管部门建设用地批准书颁发之日起满1年未动工开发建设的；

（2）已动工开发建设但开发建设的面积占应动工开发建设总面积不足1/3或者已投资额不足25%且未经批准中止开发建设连续满1年的；

（3）法律、行政法规规定的其他情形。

《土地管理法》规定："禁止任何单位和个人闲置、荒芜耕地。"

三、闲置土地的处置

市、县人民政府土地行政主管部门对其认定的闲置土地，应当通知土地使用者，拟订该宗闲置土地处置方案，闲置土地上依法设立抵押权的，还应通知抵押权人参与处置方案的拟订工作。处置方案经原批准用地的人民政府批准后，由市、县人民政府土地行政主管部门组织实施。处置方案可以选择以下方式：

（1）延长开发建设时间，但最长不得超过1年；

（2）改变土地用途，办理有关手续后继续开发建设；

（3）安排临时使用，待原项目开发建设条件具备后，重新批准开发，土地增值的，由政府收取增值地价；

（4）政府为土地使用者置换其他等价闲置土地或者现有建设用地进行开发建设；

（5）政府采取招标、拍卖等方式确定新的土地使用者，对原建设项目继续开发建设，并对原土地使用者给予补偿；

（6）土地使用者与政府签订土地使用权交还协议等文书，将土地使用权交还给政府。原土地使用者需要使用土地时，政府应当依照土地使用权交还协议等文书的约定供应与其交还土地等价的土地。

对因政府、政府有关部门行为造成的闲置土地，土地使用者已支付部分土地有偿使用费或者征地费的，除选择前款规定的方式以外，可以按照实际交款额占应交款额的比例折算，确定相应土地给原土地使用者使用，其余部分由政府收回。

已经办理审批手续的非农业建设占用耕地，1年内不用而又可以耕种并收获的，应当由原耕种该幅耕地的集体或者个人恢复耕种，也可以由用地单位组织耕种；1年以上未动工建设的，应当按照省、自治区、直辖市的规定缴纳闲置费；连续2年未使用的，经原批

准机关批准，由县级以上人民政府无偿收回土地使用者的土地使用权；该幅土地原为农民集体所有的，应当交由原农村集体经济组织恢复耕种。

在城市规划区范围内，以出让等有偿使用方式取得土地使用权进行房地产开发的闲置土地，超过出让合同约定的动工开发日期满 1 年未动工开发的，可以征收相当于土地使用权出让金 20%以下的土地闲置费；满 2 年未动工开发时，可以无偿收回土地使用权；但是，因不可抗力或者政府、政府有关部门的行为或者动工开发必需的前期工作造成动工开发迟延的除外。

依照规定收回国有土地使用权的，由市、县人民政府土地行政主管部门报经原批准用地的人民政府批准后予以公告，下达《收回国有土地使用权决定书》，终止土地有偿使用合同或者撤销建设用地批准书，注销土地登记和土地证书。

四、闲置土地的利用

市、县人民政府土地行政主管部门应当根据本行政区域内闲置土地的状况，依据土地利用总体规划、土地利用年度计划及各项建设对土地的需求，优先使用闲置土地。建设用地能使用闲置土地的，必须使用闲置土地，不得批准占用农用地。对闲置土地利用未达到规定标准的地区，应当核减其下一年度农用地转用计划指标。市、县人民政府土地行政主管部门对依法收回的闲置土地，应当重新明确用途、设定使用条件、确定供地方式，并向社会公告。

收回的国有闲置土地，应当采取以下方式利用。

（1）在土地利用总体规划确定的城市建设用地区内，应当按照土地利用总体规划和城市规划确定的用途安排建设项目或者其他临时用途；近期无法安排建设项目，耕种条件未被破坏的可以组织耕种，不适宜耕种的，可采取绿地等方式作为政府土地储备。

（2）规划用途为农用地，耕种条件未被破坏的，应当恢复耕种；不适宜耕种的，应当改为其他农用地。

收回的集体所有的闲置土地，应当采取以下方式利用。

（1）在土地利用总体规划确定的村庄、集镇建设用地区内，应当用于本集体经济组织的其他建设项目；本集体经济组织近期无法安排建设项目的，可以由县级人民政府土地行政主管部门拟订置换方案，报上一级土地行政主管部门批准后，依法安排其他建设项目，并对原集体经济组织给予补偿。

（2）规划用途为农用地，耕种条件未被破坏的，应当恢复耕种；不适宜耕种的，应当改为其他农用地。

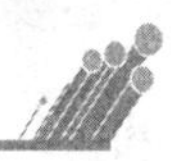

技能提高 3-2　　某市划拨土地使用权取得程序和提交的材料

办理依据：《中华人民共和国土地管理法》、《中华人民共和国土地管理法实施条例》、《中华人民共和国城市房地产管理法》。

受理条件：

（1）符合《国土资源部〈划拨用地目录〉细则的通知》规定的划拨用地范围；

（2）已取得建设项目用地预审意见；

（3）符合土地利用总体规划和城市规划；

（4）建设项目经计划部门审批、核准、备案，并已列入年度建设计划；

（5）其他条件：① 新征建设用地需完成征地补偿及安置工作；② 危旧房改造项目须取得市、区（县）两级危改办立项批准文件；③ 经济适用住房项目须取得市开发办经济适用住房立项批准文件。

办理时应提交的材料如下。

（1）国有建设用地申请书，填写《某市城镇建设用地批准书申请审批表》；申请内容包括：① 项目的基本情况（包括建设用地单位；项目立项、规划等前期情况及拆迁安置情况；建设内容、项目用途及各类用途的建设规模；项目开竣工的计划与进度等）；② 建设用地的基本情况（包括用地位置、四至范围、用地面积、单位与居民的土地利用现状情况）、土地规划等）；③ 申请划拨国有建设用地理由。

（2）建设项目用地预审意见。

（3）主管部门核发的项目审批、核准、备案批准文件；中央单位的建设项目还需提交市建委的《规划设计项目计划通知书》。

（4）规划主管部门核发的《建设用地规划许可证》附件及附图和《审定设计方案意见书》及附图。

（5）与规划主管部门核发的《建设用地规划许可证》附图比例尺相同的蓝图；原规划用地范围内既有调拨用地又有出让用地时，提交与规划主管部门核发的《审定设计方案意见书》附图比例尺相同的蓝图，并标明划拨用地范围（3 份）。

（6）与原产权单位签订的用地协议及相关土地权属证明文件。

（7）建设单位的工商营业执照或法人代码证书。

（8）其他材料：① 新征建设用地提交政府征地批准文件及征地部门出具的征地补偿及安置完成证明文件；② 危旧房改造项目提交市、区（县）两级危改办立项批复件；③经济适用住房项目提交市开发办经济适用住房立项批复件。

办理程序：用地单位（材料）→受理大厅→土地利用科组织材料、审核（属市政府审批职责的报市国土局）→局领导审批→地籍科、权属登记中心确权发证（或建设用地批准书、国有土地划拨决定书）→告知用地单位。办理时限：20 个工作日。

练 中 学

一、关键词与重点概念

建设用地使用权、国有建设用地使用权、集体建设用地使用权、划拨土地使用权、出让土地使用权、拍卖出让、招标出让、挂牌出让、协议出让、宅基地使用权、闲置土地

二、练习与讨论

1. 什么是建设用地使用权，其性质和分类如何？
2. 建设用地使用权消灭的情形有哪些？
3. 土地使用权出让的法律特征是什么？
4. 招标、拍卖、挂牌、协议出让土地使用权的具体要求是什么？
5. “招、拍、挂”具体要求有哪些？
6. 划拨土地使用的范围与程序是什么？
7. 如何理解最严格的农用地管理制度？
8. 什么是闲置土地的范围？如何处置？

三、案例分析

1993 年 11 月，原告甲公司与被告乙市土地管理局经协商一致签订了《国有土地使用权出让合同》将面积为 9 千平方米的国有土地使用权有偿出让给甲公司，使用期为 40 年，土地出让金额为 900 万元。合同约定：合同签订后 30 日内，甲公司缴付出让金总额的 15%作为合同的定金；60 日内支付完全部土地使用权出让金，逾期 30 日仍未全部支付的，市土地局有权解除合同，并可请求公司赔偿；甲公司在支付全部土地使用权出让金后 5 日内，办理土地使用权登记手续，领取《国有土地使用证》，取得土地使用权。合同签订后，原告于 1993 年 12 月 27 日给付被告土地局定金 135 万元及土地出让金 265 万元，两项合计 400 万元。1993 年 12 月 28 日，市土地局给甲公司核发了 9 千平方米土地的土地使用权证书。后甲公司向市土地局提出书面申请，称因资金周转困难和冬季无法施工，请求将余款 500 万元的付款日期延长至 1994 年 4 月 1 日。乙市土地局研究后表示同意。到 1994 年 4 月 1 日，甲公司未将余款交付乙市土地局，乙市土地局多次催促甲公司履行合同，甲公司均未履行。1994 年 9 月 22 日，乙市土地局书面通知公司，限其于 9 月 30 日前全部履行合同，否则将按有关规定处理。甲公司接到通知后，至 9 月 30 日仍未履行合同。1994 年 9

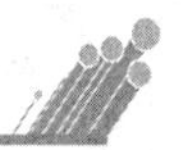

月30日，乙市土地局决定解除合同，收回土地使用权，所发土地使用证注销登记，对甲公司已支付的定金135万元及土地出让金265万元不予退还。乙市土地局将该决定通知书于1994年10月24日送达甲公司。甲公司在接到通知书后，曾于1993年3、4月在向乙市人民政府的有关请求报告中主张过权利，但均无结果。为此，甲公司以乙市土地局单方撕毁合同为理由，于1997年8月20日向乙市中级人民法院提起诉讼，要求被告乙市土地局退还土地使用权出让金定金135万元及土地出让金265万元，并赔偿因此造成的一切经济损失；或者继续履行已签订的《国有土地使用权出让合同》，将约定出让的土地确定由其使用。讨论法院将如何处理？

乙市中级人民法院经审理认为：原告与被告签订的《国有土地使用权出让合同》为有效合同。原告在合同规定的期限内未按约定交清土地出让金，属于违约行为，其所支付的定金依法不予退还。但被告乙市土地局没收原告已经交纳的除定金以外的部分土地出让金，于法无据，依法应予返还。被告乙市土地局辩称以该部分土地出让金赔偿因违约造成的损失，因其不能提供证据证明其损失已超过原告所付定金数额，故法院不予支持。原告甲公司所诉利息一节，因导致解除合同系原告违约所致，亦不予支持。判决被告乙市土地局在本判决生效后10日内退还原告土地出让金265万元。

评析

（1）双方签订的《国有土地使用权出让合同》为有效合同。合同法律效力是合同依法成立后所发生的法律后果。

（2）原告所支付的定金不予退还。原告在合同规定的期限内未按规定交清土地出让金，违反合同约定，其所支付的定金适用定金罚则，甲公司无权要求返还定金。

（3）原告已交纳的部分土地出让金是否应予退还。这是本案争议的焦点所在。乙市土地局不予退还甲公司的部分土地出让金的行为缺乏法律依据，退还甲公司土地出让金是正确的。

（4）本案原告要求被告退还出让金时应承担利息的主张是合理的，此点并不因原告有违约行为而不存在，原告违约可另行承担相应的违约责任，承担的违约赔偿额可与被告应支付的占有出让金期间的利息相抵，不足部分再从出让金中抵扣。定金与违约金之间不具有相抵性。只要违约造成了损失，违约方除了要受到定金罚则的制裁外，还应赔偿该损失，该损失才发生与占有资金的一方应给付的利息相抵的问题。

四、技能训练

1. 在指导老师带领下到当地土地服务大厅实地考察出让招标拍卖挂牌出让土地操作规范。并参加一宗土地招标或拍卖活动，了解相关文件的制定与工作流程。

2. 模拟某单位申请划拨土地使用权需提交的材料和办理程序。

第四章　房地产开发法律制度

概　要

房地产开发是房地产交易、经营和管理的基础，是房地产业的重要组成部分。房地产开发是指在依法取得国有土地使用权的土地上进行基础设施、房屋建设的行为。房地产开发根据不同的标准有不同的分类，房地产开发要遵循一定的原则和要求，要加强房地产开发的管理。房地产开发企业的业务限于房地产开发和经营。无论是房地产开发企业的设立条件、设立程序、资质管理都有其特点。房地产经营管理中要严格项目转让、商品房交付和广告管理制度。

知识重点

1. 了解房地产开发特点与分类
2. 掌握房地产开发的项目管理
3. 熟悉房地产企业的设立和管理
4. 熟悉房地产交付管理的内容
5. 了解房地产广告管理内容

技能必备

1. 通过到相关部门调研，掌握房地产开发企业设立程序和条件，掌握资质管理的内容。

2. 结合现实，掌握商品房交付管理内容和程序。

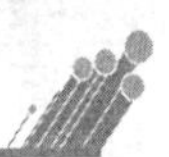

第一节　房地产开发概述

一、房地产开发的概念和特征

（一）房地产开发的概念

《城市房地产管理法》第二条对房地产开发的概念做了如下定义：“房地产开发是指在依据本法取得国有土地使用权的土地上进行基础设施、房屋建设的行为。”

房地产开发包括两种行为：一是土地开发是指在土地上进行基础设施建设的行为，主要是指给水、排水、供电、供热、供气、通信、道路等设施建设和土地的平整；二是进行房屋建设，又称为房屋开发，包括一般民用住宅、工业用房、办公用房、商业楼宇和其他专门用房的开发。

（二）房地产开发的特征

房地产开发作为一种以开发土地和建设房屋为内容的经营活动，与一般的经营活动相比具有以下特征。

1. 房地产开发涉及面广

房地产开发是一项复杂的经济活动，它涉及规划、土地、勘测、设计、施工、市政、供电、通信、商业、园林、环境、教育等众多部门，相关的协作单位众多。同时，房地产开发关系到城市建设和长远规划，也和人民生活水平提高等有密切关系。

2. 工程项目多，工程量大

以住宅区为例，住宅区内的工程项目，小的几十项，大的几百项，包括住宅及各种配套项目、附属工程等。以 2008 年为例，2008 年全国房地产开发企业房屋施工面积 27.4 亿 m^2，同比增长 16.0%；房屋新开工面积 9.8 亿 m^2，增长 2.3%；房屋竣工面积 5.9 亿 m^2。其中，住宅竣工面积 4.8 亿 m^2。

3. 房地产开发投资量大

开发一个小区，少则花费几千万，多则几个亿甚至更多。如 2008 年全年全国完成房地产开发投资 30580 亿元，同比增长 20.9%，其中，商品住宅完成投资 22081 亿元，同比增长 22.6%，由此可见房地产开发投资规模之大。

4. 房地产开发建设周期长

房地产开发要经过多项程序。一个开发项目，从最初立项至交付使用，时间上少的要一两年，一般的要三四年，时间长的要五六年，特大型的则需要更长的时间。建设周期长，面临的不确定性因素就要多，所以房地产开发要充分进行市场调查分析，把握市场需求的发展趋势。

房地产开发的这些特点，决定了国家需要对房地产开发企业及房地产市场从立法及监督管理上进行调控，采取有针对性的策略。

二、房地产开发的分类

按照房地产开发的方式、开发的规模、开发的内容及开发的主体等不同标准，可以把房地产开发划分为不同的种类。

（一）新建开发和旧城改造

这是以房地产开发方式不同为标准所做的分类。

新建开发包括新区土地开发和建设开发，前者指对生地进行基础设施建设，最简单的新区土地开发是实现土地“三通一平”或“七通一平”等。建设开发是指在城市土地开发基础上，进行建筑物与构筑物的开发。包括住宅开发、生产与经营性建筑物的开发等。《城乡规划法》第三十条对城市新区开发做出了基本要求：“城市新区的开发和建设，应当合理确定建设规模和时序，充分利用现有市政基础设施和公共服务设施，严格保护自然资源和生态环境，体现地方特色。在城市总体规划、镇总体规划确定的建设用地范围以外，不得设立各类开发区和城市新区。”

新建开发是在已开发的土地上直接进行房屋等建设的方式，这是目前我国主要的开发方式。新建开发首先需要解决办理土地使用权出让以及建筑规划等方面的相关手续，另外，城市新区开发包括地下工程和地面工程，应坚持先地下后地面的原则，并注意与旧城市的配套和整个城市发展的有机协调，避免由于设施不配套或规划缺乏长期性而带来的频繁改建，以便节约成本、提高效率。

旧城改造也称旧区开发，是对基础设施差、不符合城市规划的地段进行改建扩建，即包括旧房的拆迁改造也包括基础设施的改造及建设。《城乡规划法》第三十一条对城市新区开发做出了基本要求：“旧城区的改建，应当保护历史文化遗产和传统风貌，合理确定拆迁和建设规模，有计划地对危房集中、基础设施落后的地段进行改建。”

由此可见旧城改造应根据城市总体规划，既考虑实际情况又有一定前瞻性，有计划地安排实施。随着我国城市建设的发展，这种形式的房地产开发将越来越多，旧城改造涉及

大量居民安置及拆迁补偿或重新安置住房等问题，是一件非常复杂的系统工程，牵涉面广，有很多复杂的法律关系。

（二）单项开发、小区开发和成片开发

依照房地产开发规模不同可以将房地产分为单项开发、小区开发和成片开发三种。

单项开发是指规模小、占地少、项目功能单一、配套设施简单的开发形式。这种开发往往是新建开发或旧城改造中所形成的一个相对独立的项目，但是在外貌、风格、设施等方面也要与整个开发协调工程总体协调。这类开发可以在较短时间内完成，涉及的法律问题也相对简单。

小区开发有两种形式，一是指新建开发中一个独立小区的综合开发，要求在开发区域范围内做到基础设施和配套项目齐全，功能完善，这是目前房地产开发的主要方式；二是指在旧城改建中一个相对独立的局部区域的更新改造，与城市规划密切相联系。与单项开发比较，小区开发规模大、占地多、资金投入大、周期也较长，一般分期分批开发。

成片开发是比小区开发规模更大、项目数量和类型众多、投入资金巨大、开发周期更长的开发项目，一般很难由单个房地产开发企业完成，多是政府推动下由多个开发商共同参与完成。成片开发的规模大到可以接近开辟一个新城区，如上海浦东新区的开发、天津滨海新区的开发等都属于成片开发的典型项目。

（三）土地开发、房屋开发和综合开发

以房地产开发的内容为标准，可以分为土地开发、房屋开发和综合开发。

土地开发是指只办理征地拆迁安置，搞好“三通一平”（通水、通电、通路和平整土地）、“五通一平”（通水、通电、通路、通气、通信和平整土地）、“七通一平”（通给水、通排水、通电、通讯、通路、通燃气、通热力以及场地平整）等，使之成为能够满足一定用途的建设地段的开发方式。

房屋开发是在土地开发的基础上，在获得土地使用权后，按照城市规划的要求，组织房屋设计、建设、租售等经营的全过程。

土地开发和房屋开发可以分别由不同的主体进行，如果某一主体连续进行土地开发和房屋开发，就是通常说的综合开发。

土地开发与综合开发的区别在于，土地开发不包括房屋建设的过程，一般是土地开发以后，按照当时的市场价格，通过拍卖、招标、挂牌的方式，把已开发的土地转让给有关单位进行房屋建设，并按规定收取相关费用。

三、房地产开发的原则

房地产开发的基本原则是对根据房地产开发这一复杂的社会关系本质和规律所确定的、在整个房地产开发过程中都始终要贯彻的基本原则。

1. 依法在取得土地使用权的城市规划区国有土地范围内从事房地产开发的原则

在我国，通过出让或划拨方式依法取得国有土地使用权是房地产开发的前提条件，房地产开发只能利用国有土地。我国另一类型的土地即农村集体所有土地不能直接用于房地产开发，集体土地必须经依法征用转为国有土地后，才能成为房地产开发用地。

2. 必须严格执行城市规划的原则

城市规划是城市人民政府对建设进行宏观调控和微观管理的重要措施，是城市发展的纲领，也是对城市房地产开发进行合理控制，实现土地资源合理配置的有效手段。科学制定和执行城市规划，是合理利用城市土地，合理安排各项建设，指导城市有序、协调发展的保证。

3. 坚持经济效益、社会效益和环境效益相统一的原则

经济效益是房地产所产生的经济利益的大小，是开发企业赖以生存和发展的必要条件。社会效益指房地产开发给社会带来的效果和利益。环境效益是指房地产开发对城市自然环境和人文环境所产生的积极影响。以上三方面是矛盾统一的辩证关系，既有联系，又有区别，还会产生冲突。这就需要政府站在国家和社会整体利益的高度上，进行综合整合和管理。

4. 坚持全面规划、合理布局、综合开发、配套建设的原则，即综合开发原则

综合开发较之以前的分散建设，具有不可比拟的优越性。综合开发有利于实现城市总体规划，加快改变城市的面貌；有利于城市各项建设的协调发展，促进生产，方便生活；有利于缩短建设周期，提高经济效益和社会效益。

5. 符合国家产业政策、国民经济与社会发展计划的原则

国家产业政策、国民经济与社会发展计划是指导国民经济相关产业发展的基本原则和总的战略方针，房地产业作为第三产业应受国家产业政策、国民经济与社会发展计划的制约。

四、房地产开发的项目管理

（一）确定房地产开发项目的要求

（1）房地产开发项目，应当符合土地利用总体规划、年度建设用地计划和城市规划、房地产开发年度计划的要求；按照国家有关规定需要经国家发展改革主管部门批准的，还应当报国家发展改革主管部门批准，并纳入年度固定资产投资计划。

（2）房地产开发项目，应当坚持旧区改建和新区建设相结合的原则，注重开发基础设施薄弱、交通拥挤、环境污染严重以及危旧房集中的区域，保护和改善城市生态环境，保护历史文化遗产。

（二）建设用地使用权的取得

《城市房地产开发经营管理条例》第十二条规定，房地产开发用地应当以出让的方式取得，但法律和国务院规定可以采用划拨方式的除外。采用划拨方式取得建设用地使用权有以下两种情形。

（1）《城市房地产管理法》规定，国家机关用地和军事用地，城市基础设施用地和公益事业用地，国家重点扶持的能源、交通、水利等项目用地，法律、行政法规规定的其他用地确属必需的，可以由县级以上人民政府依法批准划拨。

（2）1998 年 7 月 3 日国务院发布的《国务院关于进一步深化城镇住房制度改革加快住房建设的通知》规定："经济适用住房建设应符合土地利用总体规划和城市总体规划，坚持合理利用土地、节约用地的原则。经济适用住房建设用地应在建设用地年度计划中统筹安排，并采取行政划拨方式供应。"

（三）建设条件书面意见

《城市房地产开发经营管理条例》第十二条规定，土地使用权出让或划拨前，县级以上地方人民政府城乡规划行政主管部门和房地产开发主管部门应当对下列事项提出书面意见，作为土地使用权出让或者划拨的依据之一：① 房地产开发项目的性质、规模和开发期限；② 城市规划设计的条件；③ 基础设施和公共设施的建设要求；④ 基础设施建成后的产权界定；⑤ 项目拆迁补偿与安置要求。

（四）房地产开发项目的资本金制度

房地产开发项目实行资本金制度，就是要房地产开发企业为开发项目必须准备一定比例的资本金。通过资本金制度的实施，可以有效地防止部分不规范的企业的不规范行为，减少楼盘“烂尾”等现象的发生。

《城市房地产开发经营管理条例》第十三条规定：“房地产开发项目应当建立资本金制度，资本金占项目总投资的比例不得低于20%。”2004年4月，为加强宏观调控，调整和优化经济结构，国务院下发了《关于调整部分行业固定资产投资项目资本金比例的通知》（国发[2004]13号），将房地产开发项目（不含经济适用住房项目）资本金最低比例由20%提高到35%。

（五）不按期开发的房地产项目的处理

为促进土地的合理利用，《城市房地产开发经营管理条例》第十五条规定：“房地产开发企业应当按照土地的使用权出让合同约定的土地用途、动工开发期限进行项目开发建设。出让合同约定的动工开发期限1年未动工开发的，可以征收相当于土地使用权出让金20%以下的土地闲置费；满2年未动工开发的，可以无偿收回土地使用权。”

动工开发必须进行实质性投入，开工后必须不间断地进行基础设施、房屋建设。在有拆迁的地段进行拆迁、三通一平，即视为启动。一经启动，无特殊原因则不应当停工，如稍作启动即停工，不应算作开工。

以下三种情况造成的违约和土地闲置，不征收土地闲置费：

（1）因不可抗力造成开工延期的；

（2）因政府或者政府有关部门的行为而不能如期开工的或中断建设一年以上的；

（3）因动工开发必须的前期工做出现不可预见的情况（如发现地下文物等）而延期动工开发的。

2008年7月1日起执行的由国土资源部、国家工商总局发布《国有建设用地使用权出让合同》示范文本规定：“属于商品住宅项目的，原则上开发时间最长不得超过3年。受让人不能按期开工，应提前30天向出让人提出延建申请，经出让人同意延建的，其项目竣工时间相应顺延，但延建期限不得超过1年。受让人未能按照本合同约定日期或同意延建所另行约定日期开、竣工建设的，每延期一日，应向出让人支付相当于国有建设用地使用权出让价款总额一定比例的违约金。”

（六）房地产开发项目质量责任制度

1. 房地产开发企业的质量责任

房地产开发企业作为房地产项目建设的主体，是整个活动的组织者。房地产开发企业必须对其开发的房地产项目承担质量责任。

房地产开发企业开发建设的房地产开发项目，应当符合有关法律、法规的规定和建筑

工程质量、安全标准、建筑工程勘察、设计、施工的技术规范以及合同的约定。房地产开发企业应当对其开发建设的房地产开发项目的质量承担责任。勘察、设计、施工、监理等单位应当依照有关法律、法规的规定或者合同的约定，承担相应的责任。

在房地产开发实务中，因勘察设计、施工等原因造成质量问题时，依照我国现行法律的规定，房地产开发企业应当承担质量责任，如果质量问题是由勘察设计、施工等单位所造成的，那么房地产开发企业可以向相关单位依据法律规定或者合同约定提出追偿请求。

2. 质量不合格的房地产项目的处理

房屋竣工后，必须经验收合格后方可交付使用。商品房交付使用后，买受人认为主体结构质量不合格的，可以向工程质量监督单位申请重新核验。经核验，确属主体结构质量不合格的，买受人有权退房，给买受人造成损失的，房地产开发企业应当依法承担赔偿责任。

2003 年最高人民法院《关于审理商品房买卖合同纠纷案件适用法律若干问题的解释》（以下简称《解释》）中规定，商品房质量问题通常可分为以下三种情形。

（1）房屋主体结构质量不合格的，购房人有权拒收、解除合同和要求赔偿损失。《解释》第十二条规定："因房屋主体结构质量不合格不能交付使用，或者房屋交付使用后，房屋主体结构质量经核验确属不合格，买受人请求解除合同和赔偿损失的，应予支持。"主体结构质量不合格包括两种情况：一是房屋交付前未经验收或经验收不合格；二是房屋交付使用后房屋主体结构质量经核验确属不合格。主体结构质量不合格是指房屋地基基础工程和主体结构工程不合格。房屋地基基础工程和主体结构工程是建筑工程的基础和主体，如果一栋楼房在地基基础工程和主体结构方面出现质量问题，即使其他部分施工质量再好也难以保证整个楼房的质量和安全。

（2）在保修范围内的一般质量问题，购房人有权要求出卖人承担修复责任。《解释》第十三条第二款规定："交付使用的房屋存在质量问题，在保修期内，出卖人应当承担修复责任；出卖人拒绝修复或者在合理期限内拖延修复的，买受人可以自行或者委托他人修复。修复费用及修复期间造成的其他损失由出卖人承担。"这里所说的质量问题指的就是一般质量问题。所谓一般质量问题是指房屋地基基础工程和主体结构工程之外的、未严重影响购房人正常居住使用的质量问题。

（3）因房屋质量严重影响正常居住使用的，购房人可以请求解除合同和赔偿损失。《解释》第十三条第一款规定："因房屋质量问题严重影响正常居住使用，买受人请求解除合同和赔偿损失的，应予支持。"这种情形既不是明显的主体结构质量不合格，又不完全属于保修的一般质量问题，而是介于前面两种情形之间的第三种情形，其中"严重影响正常居住使用"应该由具体情况认定。

（七）房地产开发项目手册

房地产开发《项目手册》是房地产开发企业开发、经营房地产项目的重要资料。房地产开发企业应当将房地产开发项目建设过程中的主要事项记录在房地产开发《项目手册》中，并定期送房地产开发主管部门备案。

《项目手册》的管理应贯穿于项目开发建设管理的全过程。房地产开发项目实行项目手册制度是政府行业管理部门对房地产开发企业是否按照有关法律、法规规定，是否按照合同的约定进行开发建设而建立的一项动态管理制度。其目的主要是为了在项目实施过程中对房地产开发企业的开发活动进行监控，保护消费者的合法权益。

政府行业管理部门的监控主要针对是否按申请预售许可证时承诺的时间表进行开发建设，预售款项是否按期投入，拆迁安置是否按要求进行，工程项目是否发生变化等内容。项目手册制度的实施，可以加强对房地产市场的监测，及时了解和掌握房地产开发项目的进展情况，督促开发企业按城市规划实施开发，按要求分期投入开发所需资金、进行配套建设、完成拆迁安置；可以对工程进度、质量是否符合预售条件等进行审核，有效防止楼盘“烂尾”等现象的发生。

房地产开发企业在领取《项目手册》后，必须如实填写、记录开发项目的建设及经营情况，包括项目基本情况、项目规划、用地审批情况、项目建设（含公建配套设施建设）进度、项目预售、销售、项目转让等情况，并如实记录有关管理部门对项目开发建设经营活动的审批、核准、奖惩等意见。

房地产开发企业办理房地产开发企业资质变更、核验、竣工验收备案以及申办规划、拆迁、施工、预售等各类许可证时都应当出具《项目手册》。

第二节　房地产开发企业

一、房地产开发企业的概念和分类

（一）房地产开发企业的概念

房地产开发企业是房地产开发的主体，在房地产市场上占有重要地位。《城市房地产管理法》第三十条规定：“房地产开发企业是以营利为目的，从事房地产开发和经营的企业。”《房地产开发企业资质管理规定》第二条规定：“本规定所称房地产开发企业是指依法设立，具有企业法人资格的经济实体。”因此房地产开发企业是指依法设立、从事房地产开发和经营的营利性法人组织。房地产开发企业的主要特点是房地产开发企业经营范围的特殊性

——仅限于房地产开发和经营。由此决定了对于房地产开发企业从设立条件、设立程序、资质管理都需要一些特别的法律规定。

（二）房地产开发企业的分类

房地产开发企业的分类主要有两类。

（1）按房地产开发企业的所有制性质划分，可将房地产开发企业分为集体所有制企业、国有独资企业、股份有限公司和有限责任公司、合伙制房地产企业、中外合资经营房地产企业、中外合作经营房地产企业、外资房地产企业等。

（2）按房地产开发企业的经营性质来划分，可将其分为房地产开发专营企业、兼营企业和项目公司。

房地产开发专营企业是指以房地产开发为主的企业，有独立的组织机构及与企业相适应的专职技术人员和管理人员。房地产开发兼营企业是指经批准从事房地产开发经营业务的其他企业。房地产开发项目公司是以房地产开发项目为对象从事单项房地产开发经营的企业。其经营对象只限于批准的项目。被批准的项目开发、经营完毕后，应向工商管理部门办理核减经营范围的变更登记。该类房地产开发专营企业经建设行政主管部门审定，核发一次性《资质等级证书》后，便可申请单项房地产开发经营的开业登记。

二、房地产开发企业资质管理

（一）房地产开发企业设立的条件

1. 专营房地产开发企业设立的条件

设立专门从事房地产开发的企业，应当具备下列条件。

（1）有自己的名称和组织机构。

（2）有固定的经营场所。

（3）有符合法律规定的注册资本。

房地产开发企业是资金密集性企业，对其注册资金的要求高于一般经营性、劳务性、中介性的企业。目前建设部按房地产开发企业的资质等级不同规定了不同的注册资本要求。根据《城市房地产开发经营管理条例》第五条的规定，设立房地产开发企业，除应当符合有关法律、行政法规规定的企业设立条件外，还应当有100万元以上的注册资本。

房地产开发是一项需要巨额资金投入的经营活动，如果房地产开发企业的注册资本过低而投资总额过大，势必造成其投资风险巨大，给投资者、其他经营者及消费者带来巨大风险隐患。因此，《城市房地产管理法》规定：“房地产开发企业的注册资本与投资总额的比例应当符合国家有关规定。房地产开发企业分期开发房地产的，分期投资额应当与项

目规模相适应，并按照土地使用权出让合同的约定，按期投入资金，用于项目建设。”

（4）有足够的专业技术人员。

房地产开发是一项专业性很强的经营活动。开发商拥有足够的专业技术人员是保障开发项目的安全及开发中其他社会效益和环境效益实现的必要条件。目前，建设部按房地产开发企业的资质等级不同规定了不同的专业技术人员要求。设立房地产开发企业，应至少有 4 名以上持有资格证书的房地产专业、建筑工程专业的专职技术人员，2 名以上持有资格证书的专职会计人员。

（5）法律、行政法规规定的其他条件。

2. 兼营房地产开发企业条件

根据现行法律规定，满足一定条件的企业可以兼营房地产开发业务，成为房地产开发兼营公司，对该兼营公司虽然不定资质等级，但是也必须满足以下条件之一。

（1）在工商行政管理局登记注册的非生产型综合公司、信托投资公司，自有资金达 2 亿元以上、其中流动资金达 1 亿元以上的企业。

（2）中央各部属的工程建设公司达到建筑工程资质一级，自有资金达 1 亿元以上、其中流动资金达 5000 万元以上的企业。

（3）地方工程建设公司达到建筑工程资质一级，自有资金达 5000 万元以上、其中流动资金达 3000 万元以上的企业。

（二）房地产开发企业设立的程序

依据《城市房地产管理法》第三十条第二款规定：“设立房地产开发企业，应当向工商行政管理部门申请设立登记。……房地产开发企业在领取营业执照后的一个月内，应当到登记机关所在地的县级以上地方人民政府规定的部门备案。”因此设立房地产开发企业应经过以下程序：① 应当向工商行政管理部门申请设立登记，工商行政管理部门对不符合上述条件的，不予登记；② 房地产开发企业在领取营业执照后的 1 个月内，应当到登记所在地的县级以上地方人民政府规定的部门备案。

房地产开发企业向政府主管部门备案时必须提交的文件有：① 公司的营业执照复印件（加盖登记机关公章）；② 企业章程；③ 验资证明；④ 企业法人代表的身份证明；⑤ 专业技术人员的资格证书和聘用合同；⑥ 房地产开发主管部门认为需要出示的其他文件。房地产开发主管部门应当在收到备案申请后 30 日内向符合条件的企业核发《暂定资质证书》。《暂定资质证书》有效期 1 年。房地产开发主管部门可以视企业经营情况延长《暂定资质证书》有效期，但延长期限不得超过 2 年。自领取《暂定资质证书》之日起 1 年内无开发项目的，《暂定资质证书》有效期不得延长。房地产开发企业应当在《暂定资质证书》有效

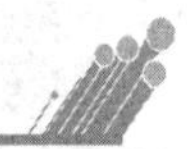

期满前 1 个月内向房地产开发主管部门申请核定资质等级。房地产开发主管部门应当根据其开发经营业绩核定相应的资质等级。申请《暂定资质证书》的条件不得低于四级资质企业的条件。

（三）房地产开发企业的资质管理

为规范房地产市场，保证房地产业的健康发展，国家对房地产开发企业实行特别监管。房地产业主管部门必须对房地产开发企业的资质进行审查，对已办理备案手续的房地产开发企业，主管部门和行业协会应加强行业管理，根据企业的资金、人员素质、管理水平等条件，对房地产开发企业进行等级管理，并颁发相应的证书。《房地产开发企业资质管理规定》对房地产开发企业资质管理进行了详细的规定。

1. 房地产开发企业实行资质等级划分

房地产开发专营公司按资质条件划分为一、二、三、四四个等级，各级公司的资质标准均有严格规定。资质标准的内容包括：自有流动资金和注册资本的数额、专业技术人员的数额和相应的职称要求，从事房地产开发的经历和业绩等。

2. 房地产开发企业资质的分级审批

房地产开发企业资质等级实行分级审批。一级资质由省、自治区、直辖市人民政府建设行政主管部门初审，报国务院建设行政主管部门审批。二级资质及二级资质以下企业的审批办法由省、自治区、直辖市人民政府建设行政主管部门制定。经资质审查合格的企业，由资质审批部门发给相应等级的资质证书。

3. 房地产开发企业的资质年检

房地产开发企业的资质实行年检制度。对于不符合原定资质条件或者有不良经营行为的企业，由原资质审批部门予以降级或者注销资质证书。一级资质房地产开发企业的资质年检由国务院建设行政主管部门或者其委托的机构负责。二级资质及二级资质以下房地产开发企业的资质年检由省、自治区、直辖市人民政府建设行政主管部门制定办法。房地产开发企业无正当理由不参加资质年检的，视为年检不合格，由原资质审批部门注销资质证书。

为了强化社会监督，也方便广大消费者了解开发商实力，《房地产开发企业资质管理规定》要求房地产开发主管部门应当将房地产开发企业资质年检结果向社会公布。

4. 按资质确定开发经营范围

房地产公司必须按照《房地产开发企业资质等级证书》确定的业务范围从事房地产开

发，公司不得越级承接房地产开发业务。

《房地产开发企业资质管理规定》第十八条规定：“一级资质的房地产开发企业承担房地产项目的建设规模不受限制，可以在全国范围承揽房地产开发项目。二级资质及二级资质以下的房地产开发企业可以承担建筑面积25万平方米以下的开发建设项目，承担业务的具体范围由省、自治区、直辖市人民政府建设行政主管部门确定。”

各资质等级企业应当在规定的业务范围内从事房地产开发经营业务，不得越级承担任务。

同时，《房地产开发企业资质管理规定》还规定了超业务范围经营的法律责任。其中，未取得资质证书从事房地产开发经营的，由县级以上地方人民政府房地产开发主管部门责令限期改正，处5万元以上10万元以下的罚款；逾期不改正的，由房地产开发主管部门提请工商行政管理部门吊销营业执照；企业超越资质等级从事房地产开发经营的，由县级以上的地方人民政府房地产开发主管部门责令限期改正，处5万元以上10万元以下的罚款；逾期不改正的，由原资质审批部门吊销资质证书，并提请工商行政管理部门吊销营业执照。

技能提高 4-1　　房地产开发企业各资质等级企业的条件

一级资质：

（1）注册资本不低于5000万元；

（2）从事房地产开发经营5年以上；

（3）近3年房屋建筑面积累计竣工30万平方米以上，或者累计完成与此相当的房地产开发投资额；

（4）连续5年建筑工程质量合格率达100%；

（5）上一年房屋建筑施工面积15万平方米以上，或者完成与此相当的房地产开发投资额；

（6）有职称的建筑、结构、财务、房地产及有关经济类的专业管理人员不少于40人，其中具有中级以上职称的管理人员不少于20人，持有资格证书的专职会计人员不少于4人；

（7）工程技术、财务、统计等业务负责人具有相应专业中级以上职称；

（8）具有完善的质量保证体系，商品住宅销售中实行了《住宅质量保证书》和《住宅使用说明书》制度；

（9）未发生过重大工程质量事故。

二级资质：

（1）注册资本不低于2000万元；

（2）从事房地产开发经营3年以上；

（3）近3年房屋建筑面积累计竣工15万平方米以上，或者累计完成与此相当的房地产

产开发投资额；

（4）连续 3 年建筑工程质量合格率达 100%；

（5）上一年房屋建筑施工面积 10 万平方米以上，或者完成与此相当的房地产开发投资额；

（6）有职称的建筑、结构、财务、房地产及有关经济类的专业管理人员不少于 20 人，其中具有中级以上职称的管理人员不少于 10 人，持有资格证书的专职会计人员不少于 3 人；

（7）工程技术、财务、统计等业务负责人具有相应专业中级以上职称；

（8）具有完善的质量保证体系，商品住宅销售中实行了《住宅质量保证书》和《住宅使用说明书》制度；

（9）未发生过重大工程质量事故。

三级资质：

（1）注册资本不低于 800 万元；

（2）从事房地产开发经营 2 年以上；

（3）房屋建筑面积累计竣工 5 万平方米以上，或者累计完成与此相当的房地产开发投资额；

（4）连续 2 年建筑工程质量合格率达 100%；

（5）有职称的建筑、结构、财务、房地产及有关经济类的专业管理人员不少于 10 人，其中具有中级以上职称的管理人员不少于 5 人，持有资格证书的专职会计人员不少于 2 人；

（6）工程技术、财务等业务负责人具有相应专业中级以上职称，统计等其他业务负责人具有相应专业初级以上职称；

（7）具有完善的质量保证体系，商品住宅销售中实行了《住宅质量保证书》和《住宅使用说明书》制度；

（8）未发生过重大工程质量事故。

四级资质：

（1）注册资本不低于 100 万元；

（2）从事房地产开发经营 1 年以上；

（3）已竣工的建筑工程质量合格率达 100%；

（4）有职称的建筑、结构、财务、房地产及有关经济类的专业管理人员不少于 5 人，持有资格证书的专职会计人员不少于 2 人；

（5）工程技术负责人具有相应专业中级以上职称，财务负责人具有相应专业初级以上职称，配有专业统计人员；

（6）商品住宅销售中实行了《住宅质量保证书》和《住宅使用说明书》制度；

（7）未发生过重大工程质量事故。

第三节 房地产经营管理

一、房地产项目转让

房地产项目转让是指房地产开发企业在开发过程中，将具备一定条件的整个房地产项目转让给他人的行为。这里的项目是指已经具备开工条件或已经开工但尚未开始预售的建设工程。所谓具备开工条件是指建设工程已经立项，取得土地使用权证，土地已经完成“三通一平”和勘探、设计工作，设计方案已获得规划部门批准并已经取得施工许可证。所谓已经开工但尚未开始房屋预售是指建设工程已经开始基础施工，但尚不具备法律规定的预售条件，未领取《商品房预售许可证》。

由于房地产开发往往投资数额巨大、开发周期较长，房地产市场变化不定，为规避、转移经营风险，房地产开发企业有时通过转让项目来实现项目收益。

（一）房地产开发项目转让条件

1. 以出让方式取得的土地使用权

《城市房地产管理法》第三十九条规定：“以出让方式取得土地使用权的，转让房地产时，应当符合下列条件：

（1）按照出让合同约定已经支付全部土地使用权出让金，并取得土地使用权证书；

（2）按照出让合同约定进行投资开发，属于房屋建设工程的，完成开发投资总额的百分之二十五以上；属于成片开发土地的，形成工业用地或者其他建设用地条件。

转让房地产时房屋已经建成的，还应当持有房屋所有权证书。”

因此，未同时具备上述两个条件而进行转让的，其转让合同无效。另根据最高人民法院的有关司法解释规定，以出让方式取得土地使用权后转让房地产的，转让方已经支付全部土地使用权出让金，并且转让方和受让方前后投资达到完成开发投资总额的百分之二十五以上，已经办理了登记手续，或者虽然没有办理登记手续，但当地有关主管部门同意补办土地使用权转让手续的，转让合同可以认定有效。

以出让方式取得土地使用权的，转让房地产后，其土地使用权的使用年限为原土地使用权出让合同约定的使用年限减去原土地使用者已经使用年限后的剩余年限。

2. 以划拨方式取得的土地使用权

《城市房地产管理法》第四十条规定：“以划拨方式取得土地使用权的，转让房地产时，

应当按照国务院规定，报有批准权的人民政府审批。有批准权的人民政府准予转让的，应当由受让方办理土地使用权出让手续，并依照国家有关规定缴纳土地使用权出让金。”

经审查除不允许转让外，对准予转让的项目有两种处理方式：

（1）由受让方先补办土地使用权出让手续，并依照国家有关规定缴纳土地使用权出让金后，才能进行转让；

（2）可以不办理土地使用权出让手续而转让房地产，但转让方应将转让房地产所获收益中的土地收益上缴国家或做其他处理。

（二）转让程序

《城市房地产开发经营管理条例》第二十一条规定：“转让房地产开发项目，转让人和受让人应当自土地使用权变更登记手续办理完毕之日起30日内，持房地产开发项目转让合同到房地产开发主管部门备案。”

二、商品房交付管理

商品房交付是指商品房买卖合同的履行。因商品房买卖合同标的物的特殊性以及该类合同主体双方地位的不对等，我国的法律以及行政法规都对其做出强制性的规定，以保障该类合同的公平及购房者合法权益的保护。

（一）商品房交付的强制性规定

《城市房地产管理法》第二十七条规定：“房地产开发项目竣工，经验收合格后，方可交付使用。”《城市房地产开发经营管理条例》第十七条规定：“房地产开发项目竣工，经验收合格后，方可交付使用；未经验收或者验收不合格的，不得交付使用。”

根据上述法律及行政法规的规定，商品房的交付必须符合国家法律行政法规的强制性的规定，否则不得交付。即实施交付的商品房必须经竣工验收合格，未经竣工验收的商品房或经竣工验收但不合格的商品房不得交付使用。

上述规定是基于商品房本身的特殊性决定的。商品房不同于一般的商品，商品房买卖合同也不同于一般的民事法律合同，商品房的质量涉及消费者的人身财产重大安全，所以国家对商品房的交付使用做出强制性的规定。

（二）商品房验收合格的认定

商品房交付必须是以验收合格为前提。《城市房地产开发经营管理条例》第十七条规定：“房地产开发项目竣工后，房地产开发企业应当向项目所在地的县级以上地方人民政府房地产开发主管部门提出竣工验收申请。房地产开发主管部门应当自收到竣工验收申请之日起30日内，对涉及公共安全的内容，组织工程质量监督、规划、消防、人防等有关部门或者单位进行验收。”

商品房项目的竣工验收一般为“五方验收”，主体多为与该商品房有一定利害关系的单位，即施工单位、建设单位、监理单位、设计单位以及勘察单位实施竣工验收。房地产开发主管部门就商品房竣工验收实施监督，并出具建设工程竣工验收报告，形成建设工程竣工验收备案表。对此验收的要求是工程完工，施工、监理、勘察、设计等单位提出相应报告；有完整的技术档案和施工管理资料；工程款支付完毕；专项验收（规划、消防、环保）完成等，由建设单位组织竣工验收。工程竣工验收合格后，由建设单位提出《工程竣工验收报告》。同时，建设单位自工程竣工验收合格之日起15日内，向建设银行行政主管部门备案。并依此向购房者出具“交房通知书”，完成商品房的交付。

综合验收。根据《城市房地产开发经营管理条例》第十八条规定：“住宅小区等群体房地产开发项目竣工，应当进行综合验收。”验收合格必须做到以下几点。

（1）所有建设项目按批准的小区规划和有关专业管理及设计要求全部建成，并满足使用要求。

（2）住宅及公共配套设施、市政公用基础设施等单项工程全部验收合格，验收资料齐全。

（3）各类建筑物的平面位置、立面造型、装修色调等符合批准的规划设计要求。

（4）施工机具、暂设工程、建筑残土、剩余构件全部拆除清运完毕，达到场清地平。

（5）拆迁居民已合理安置。

（三）商品房交付程序

《商品房买卖合同》示范文本第十一条规定：“商品房达到交付使用条件后，出卖人应当书面通知买受人办理交付手续。双方进行验收交接时，出卖人应当出示本合同第八条规定的证明文件，并签署房屋交接单。所购商品房为住宅的，出卖人还需提供《住宅质量保证书》和《住宅使用说明书》。出卖人不出示证明文件或出示证明文件不齐全，买受人有权拒绝交接，由此产生的延期交房责任由出卖人承担。”这一条对商品房交付的程序作了一些大概的规定，也明确了交付时必须书面通知买受人。

（四）《住宅质量保证书》和《住宅使用说明书》制度

《城市房地产开发经营管理条例》第三十一条规定：“房地产开发企业应当在商品房交付使用时，向购买人提供《住宅质量保证书》和《住宅使用说明书》。住宅质量保证书应当列明工程质量监督部门核验的质量等级、保修范围、保修期、保修单位等内容。房地产

开发企业应当按照住宅质量保证书的约定，承担商品房保修责任。保修期内，因房地产开发企业对商品房进行维修，致使房屋原使用功能受到影响，给购买人造成损失的，应当依法承担赔偿责任。”

房地产开发企业应当按照住宅质量保证书的约定，承担商品房保修责任。商品房的保修期从商品住宅交付之日起计算。商品住宅的保修期不得低于建设工程承包单位向建设单位出具的质量保修书约定保修的存续期。非住宅商品房的保修期不得低于建筑工程承包单位向建设单位出具的质量保修书约定保修的存续期。在保修期限内发生的属于保修范围的质量问题，房地产开发企业应当履行保修义务，并对造成的损失承担赔偿责任。因不可抗力或者使用不当造成的损失，房地产开发企业不承担责任。保修期内，因房地产开发企业对商品房住房进行维修，致使房屋使用功能受到影响，给购买人造成损失的，房地产开发企业应当承担赔偿责任。

技能提高 4-2　　《住宅使用说明书》的内容

《住宅使用说明书》应当对住宅的结构、性能和各部位（部件）的类型、性能、标准等做出说明，并提出使用注意事项，一般应当包含以下内容：① 开发单位、设计单位、施工单位，委托监理的应注明监理单位；② 结构类型；③ 装修、装饰注意事项；④ 上水、下水、电、燃气、热力、通信、消防等设施配置的说明；⑤ 有关设备、设施安装预留位置的说明和安装注意事项；⑥ 门、窗类型，使用注意事项；⑦ 配电负荷；⑧承重墙、保温墙、防水层、阳台等部位注意事项的说明；⑨ 其他需说明的问题。住宅中配置的设备、设施，生产厂家另有使用说明书的，应附于《住宅使用说明书》中。

三、房地产广告管理

房地产广告，指房地产开发企业、房地产权利人、房地产中介服务机构发布的房地产项目预售、预租、出售、出租、项目转让以及其他房地产项目介绍的广告。为了加强房地产广告管理，规范房地产广告制作单位、发布单位以及房地产广告用语等行为，国家工商行政管理局发布了《房地产广告发布暂行规定》（国家工商局令第 86 号），对房地产广告作了规范性的规定。《城市房地产开发经营管理条例》第二十六条也规定：“房地产开发企业不得进行虚假广告宣传，商品房预售广告中应当载明商品房预售许可证明的文号。”房地产广告的主要规定如下。

1. 广告符合法律规定

房地产广告应当遵守《广告法》、《城市房地产管理法》、《土地管理法》及国家有关广告监督管理和房地产管理的规定。房地产广告必须真实、合法、科学、准确，符合社会主义精神文明建设要求，不得欺骗和误导公众。房地产广告不得含有风水、占卜等封建迷信内容，对项目情况进行的说明、渲染，不得有悖社会良好风尚。

2. 房地产禁止发布广告的情形

凡下列情况的房地产，不得发布广告：

（1）在未经依法取得国有土地使用权的土地上开发建设的；

（2）在未经国家征收的集体所有的土地上开发建设的；

（3）司法机关和行政机关依法规定、决定查封或者以其他形式限制房地产权利的；

（4）预售房地产，但未取得该项目预售许可证的；

（5）权属有争议的；

（6）违反国家有关规定建设的；

（7）不符合工程质量标准，经验收不合格的；

（8）法律、行政法规规定禁止的其他情形。

3. 发布广告必备的文件

发布房地产广告，应当具有或者提供下列相应真实、合法、有效的证明文件，主要包括以下几种。① 房地产开发企业的营业执照或者其他主体资格证明。② 建设主管部门颁发的房地产开发企业资质证书。③ 土地主管部门颁发的项目土地使用权证明。④ 工程竣工验收合格证明。⑤ 发布房地产项目预售、出售广告，应当具有地方政府建设主管部门颁发的预售许可证证明。出租、项目转让广告，应当具有相应的产权证明。⑥ 中介机构发布所代理的房地产项目广告，应当提供业主委托证明。⑦ 工商行政管理机关规定的其他证明。

4. 房地产预售、销售广告

房地产预售、销售广告，必须载明以下事项：①开发企业名称；②中介服务机构代理销售的，载明该机构名称；③预售或者销售许可证明的文号。广告中仅介绍房地产项目名称的，可以不必载明上述事项。

5. 房地产广告的其他规定

根据国家工商总局发布的《房地产广告发布暂行规定》，房地产广告的其他主要规定如下。

（1）房地产广告中涉及所有权或者使用权的，所有或者使用的基本单位应当是有实际意义的完整的生产、生活空间。

（2）房地产广告中对价格有表示的，应当清楚表示为实际的销售价格，明示价格的有效期限。

（3）房地产广告中表现项目位置，应从该项目到达某一具体参照物的现有交通干道的实际距离表示，不得以所需时间来表示距离；房地产广告中涉及的交通示意图，应当准确、清楚，比例恰当。

（4）房地产广告中涉及的交通、商业、文化教育设施及其他市政条件等，如在规划或者建设中，应当在广告中注明。

（5）房地产广告中涉及面积的，应当表明是建筑面积或使用面积。

（6）房地产广告涉及内部结构、装修装饰的，应当真实、准确；预售、预租商品房广告，不得涉及装饰装修内容。

（7）房地产广告中不得利用其他自然项目的形象、环境作为本项目的效果。

（8）房地产广告中使用建筑设计效果图或者模型照片的，应当在广告中注明。

（9）房地产广告中不得出现融资或者变相融资的内容，不得含有升值或者投资回报的承诺。

（10）房地产广告中涉及贷款服务的，应当载明提供贷款的银行名称及贷款额度、年期。

（11）房地产广告中不得含有能够为入住者办理户口、就业、升学等事项的承诺。

（12）房地产广告中涉及物业管理内容的，应当符合国家有关规定；涉及尚未实现的物业管理内容，应当在广告中注明；

（13）房地产广告中涉及资产评估的，应当表明评估单位、估价师和评估时间；使用其他数据、统计资料、文摘、引用语的，应当真实、准确，标明出处。

技能提高 4-3　　商品房交付程序

根据实务操作，商品房交付大致按如下的程序进行。

（1）房地产开发企业向买受人发出书面的入住通知，这一通知一般表现为《交房通知书》。

（2）买受人持入住通知要求的证件及其他相关资料，在入住通知要求的期限内到房地产开发企业指定的地点，查验房地产开发企业依法应当取得的书面文件。

（3）买受人在房地产开发企业相关工作人员的陪同下实地查验所购买商品房并填写验房单。

如果商品房存在法定或约定的可以退房的质量问题或存在解除购房合同的其他情形，买受人应决定是否退房，并在约定的期限内书面通知房地产开发企业；若商品房存在未达退房条件的质量问题或未达到约定标准，买受人可将商品房存在的质量问题或未达到约定标准的内容书面递交房地产开发企业，由房地产开发企业在一定期限内逐项予以修复或赔偿。

（4）房地产开发企业对商品房存在的质量问题逐项予以修复或做出修复书面承诺并经买受人查验同意后，双方根据商品房面积实测技术报告结算房款。

（5）买受人向房地产开发企业交纳商品房买卖合同或商品房预售合同约定的其他费用。

（6）买受人从房地产开发企业或房地产开发企业指定的第三方处领取房屋钥匙。

（7）买受人向房地产开发企业依法选定的前期物业管理企业交纳物业管理费，并办理物业管理的相关手续。

练 中 学

一、关键词与重点概念

房地产开发企业、开发企业资质管理、项目资本金制度、质量责任制度、商品房交付管理、项目手册制度、住宅质量保证书、住宅使用说明书、房地产广告

二、练习与讨论

1. 房地产开发企业设立的条件和程序是什么？
2. 房地产开发项目资本金制度主要内容有哪些？
3. 简述房地产开发项目质量责任的主要内容。
4. 房地产项目转让的条件是什么？
5. 发布房地产广告应当提供哪些文件？禁止发布房地产广告的有哪几种情形？

三、案例分析

某房地产开发公司（以下简称开发公司）征用X省Y市Z县基本农田以外的耕地360亩开发建设一综合小区，该项目预计总投资为5.88亿元。其中征地补偿费及土地出让金共1.08亿元已全部支付。工程分三期建设（用地规模相同），每期投资均为1.96亿元。一期工程于2001年4月动工，2001年8月底，开发公司已投入5000万元，9月1日拟向银行申请在建工程抵押，2002年6月一期工程竣工依法交付使用，同时某住房置业担保公司（以下简称担保公司）提供住房置业担保。担保公司实有资本3000万元，此前已对外提供担保6亿元。2002年2月H公司与开发公司订立住房买卖合同，约定按建筑面积计价，产权登记面积与约定面积误差不得超过2%，否则有权退房。H公司在接收住宅时又另购开发公司写字楼（现房）。H公司总购房款为800万元，其中写字楼价款为200万元。当地契税税

率为 4%。按月缴纳公积金的在职工李某于 2002 年 7 月将已购公有住房转让后，购买该小区中一套住宅，购买里申请了公积金抵押贷款，担保公司提供了担保，李某委托施工单位装修住宅，同年 9 月底交付使用。假设在正常使用的情况下，职工李某于一年后即 2003 年 10 月发现装修质量问题，而施工单位以过装修合同约定的一年保修期为由拒绝保修，最终由物业公司进行了维修。

1. 有关李某房屋装修质量保修，下列说法正确的有（　　）。
   A. 施工单位不负保修责任
   B. 施工单位应对物业公司的维修支出进行补偿
   C. 维修费用应当由李某支付
   D. 物业公司可从住宅共用维修基金中支维修费用
2. 有关开发公司的开发行为说法正确的有（　　）。
   A. 须领取建设工程规划许可证
   B. 须领取国有土地使用权证书
   C. 须领取施工许可证
   D. 须领取广告许可证
3. 该项目竣工后，做法不正确的有（　　）。
   A. 竣工验收后即可以交付使用
   B. 提倡采用招标方式来选择物业管理公司
   C. 小区特约性物业管理服务费实行政府定价
   D. 业主委员会应由业主选举产生
4. 李某购买新房并入住，做法正确的有（　　）。
   A. 李某应向物业管理公司出具《住宅质量保证书》和《住宅使用说明书》
   B. 因李某房改购房时已经缴纳了住宅共用维修基金，此次购房不需全额缴纳住宅共用维修基金，只需补缴差额部分即可
   C. 因李某住房问题已解决，今后无须再缴纳住房公积金
   D. 李某有义务缴纳公共性物业管理费用

参考答案：1. B　　2. ABC　　3. AC　　4. D

四、技能训练

训练项目：参与某项目交房过程，掌握交房程序和工作内容。

第五章　城乡规划与建设管理制度

概　要

城乡规划对房地产业有着重要的调控作用。2008 年 1 月 1 日起实施的《城乡规划法》体现了科学发展和城乡统筹思想，是提高统筹城乡发展水平，规范城乡规划行为，保护公共利益的重要法律。建设招投标是项目建设前的重要环节，通过招标选择中标单位，有助于市场竞争，提高效率；而监理制度的推行有助于增强建筑生产环节管理，提高效益。施工企业是建筑市场主体之一，施工企业管理与质量管理是建筑管理重要内容。

知识重点

1. 掌握城乡规划的实施管理
2. 熟悉招投标与建设工程监理
3. 熟悉建筑工程施工与质量管理

技能必备

1. 通过学习城乡规划，掌握房地产开发中城市规划的实施管理。

2. 通过模拟开发过程，熟悉建设工程招投标程序，熟悉施工许可制度，掌握房屋质量保修制度。

第一节　城乡规划管理

一、城乡规划概述

（一）城乡含义

1. 城市

所谓城市是指以非农业产业和非农业人口集聚为主要的居民点。一般而言，人口较稠密的地区称为城市，一般包括了住宅区、工业区和商业区并且具备行政管辖功能。城市的行政管辖功能可能涉及较其本身更广泛的区域。城市中有楼房、街道、公园等公共设施。中国的城市为行政建制，分为直辖市、省辖市（地级市与副省级城市）和县级市。我国根据市区非农业人口的数量把城市分为四等：人口少于20万的为小城市，20万至50万人口的为中等城市，50万人口以上的为大城市，其中又把人口达100万以上的大城市称为特大型城市。

2. 乡、镇

乡与镇是由县一级地方政府管辖的基层行政单位。乡和镇的主要区别是设立时所依据国民生产总值中工农业的比重以及居民数量等指标。一般来说镇比乡发达，但是二者的行政级别是相同的。镇一般为县级政府所在地或以工商业贸易活动为主的小城镇居民点。乡村是指县级区域内行政划定的城镇以外的其他区域。城乡规划中的城乡包含乡与镇。

（二）城乡规划

1. 城乡规划的相关概念

城乡规划是指为了实现一定时期内城乡的经济和社会发展目标，促进城乡经济社会全面协调可持续发展，确定城乡性质、规模和发展方向，合理利用城乡土地，改善人居环境，协调城乡空间布局和各项建设的综合部署和具体安排。

规划区是指城市、镇和村庄的建成区以及因城乡建设和发展需要，必须实行规划控制的区域。规划区的具体范围由有关人民政府在组织编制的城市总体规划、镇总体规划、乡规划和村庄规划中，根据城乡经济社会发展水平和统筹城乡发展的需要划定。

城市分区规划是指在总体规划的基础上，对城市土地利用、人口分布和公共设施、城市基础设施的配置做出进一步的安排，以便与详细规划更好地衔接。

2. 城乡规划的分类

城乡规划，包括城镇体系规划、城市规划、镇规划、乡规划和村庄规划。城市规划、镇规划分为总体规划和详细规划。城市详细规划分为控制性详细规划和修建性详细规划。控制性详细规划的主要任务是以总体规划或者分区规划为依据，详细规定建设用地的各项控制指标和其他规划管理要求，控制和引导各项用地的开发和投资建设。修建性详细规划的主要任务是以总体规划、分区规划或者控制性详细规划为依据，直接对建设做出具体的修建安排及其规划设计，指导建筑设计和工程施工图设计。

（三）城乡规划的范围

《城乡规划法》对城乡规划的范围有如下规定。

城市和镇应当依照《城乡规划法》制定城市规划和镇规划。城市、镇规划区内的建设活动应当符合规划要求。

县级以上地方人民政府根据本地农村经济社会发展水平，按照因地制宜、切实可行的原则，确定应当制定乡规划、村庄规划的区域。在确定区域内的乡、村庄，应当依法制定规划，规划区内的乡、村庄建设应当符合规划要求。

县级以上地方人民政府鼓励、指导以上规定以外的区域的乡、村庄制定和实施乡规划、村庄规划。

（四）城乡规划的原则

1. 统筹兼顾原则

制定和实施城乡规划，应当遵循城乡统筹、合理布局、节约土地、集约发展和先规划后建设的原则，改善生态环境，促进资源、能源节约和综合利用，保护耕地等自然资源和历史文化遗产，保持地方特色、民族特色和传统风貌，防止污染和其他公害，并符合区域人口发展、国防建设、防灾减灾和公共卫生、公共安全的需要。

2. 法治原则

在规划区内进行建设活动，应当遵守土地管理、自然资源、环境保护等法律、法规的规定。经依法批准的城乡规划，是城乡建设和规划管理的依据，未经法定程序不得修改。任何单位和个人都应当遵守经依法批准并公布的城乡规划，服从规划管理，并有权就涉及其利害关系的建设活动是否符合规划的要求向城乡规划主管部门查询。任何单位和个人都有权向城乡规划主管部门或者其他有关部门举报或者控告违反城乡规划的行为。城乡规划主管部门或者其他有关部门对举报或者控告，应当及时受理并组织核查、处理。

3. 协调原则

县级以上地方人民政府应当根据当地经济社会发展的实际，在城市总体规划、镇总体规划中合理确定城市、镇的发展规模、步骤和建设标准。城市总体规划、镇总体规划以及乡规划和村庄规划的编制，应当依据国民经济和社会发展规划，并与土地利用总体规划相衔接。城乡规划组织编制机关应当及时公布经依法批准的城乡规划。但是，法律、行政法规规定不得公开的内容除外。

4. 国家支持原则

国家鼓励采用先进的科学技术，增强城乡规划的科学性，提高城乡规划实施及监督管理的效能。各级人民政府应当将城乡规划的编制和管理经费纳入本级财政预算。

5. 统一管理原则

国务院城乡规划主管部门负责全国的城乡规划管理工作。县级以上地方人民政府城乡规划主管部门负责本行政区域内的城乡规划管理工作。

二、城乡规划的制定

(一) 城乡规划的编制、审批与审议

1. 规划的编制与审批

城乡规划的编制与审批有下列程序。

（1）国务院城乡规划主管部门会同国务院有关部门组织编制全国城镇体系规划，用于指导省域城镇体系规划、城市总体规划的编制。全国城镇体系规划由国务院城乡规划主管部门报国务院审批。

（2）省、自治区人民政府组织编制省域城镇体系规划，报国务院审批。

（3）城市人民政府组织编制城市总体规划。直辖市的城市总体规划由直辖市人民政府报国务院审批。省、自治区人民政府所在地的城市以及国务院确定的城市的总体规划，由省、自治区人民政府审查同意后，报国务院审批。其他城市的总体规划，由城市人民政府报省、自治区人民政府审批。

（4）县人民政府组织编制县人民政府所在地镇的总体规划，报上一级人民政府审批。其他镇的总体规划由镇人民政府组织编制，报上一级人民政府审批。

（5）乡、镇人民政府组织编制乡规划、村庄规划，报上一级人民政府审批。村庄规划在报送审批前，应当经村民会议或者村民代表会议讨论同意。

2. 详细规划的编制、审批与备案

详细规划的编制、审批与备案的程序如下。

（1）城市人民政府城乡规划主管部门根据城市总体规划的要求，组织编制城市的控制性详细规划，经本级人民政府批准后，报本级人民代表大会常务委员会和上一级人民政府备案。

（2）镇人民政府根据镇总体规划的要求，组织编制镇的控制性详细规划，报上一级人民政府审批。县人民政府所在地镇的控制性详细规划，由县人民政府城乡规划主管部门根据镇总体规划的要求组织编制，经县人民政府批准后，报本级人民代表大会常务委员会和上一级人民政府备案。

（3）城市、县人民政府城乡规划主管部门和镇人民政府可以组织编制重要地块的修建性详细规划。修建性详细规划应当符合控制性详细规划。

3. 规划的审议

规划的审议程序如下。

（1）省、自治区人民政府组织编制的省域城镇体系规划，城市、县人民政府组织编制的总体规划，在报上一级人民政府审批前，应当先经本级人民代表大会常务委员会审议，常务委员会组成人员的审议意见交由本级人民政府研究处理。

（2）镇人民政府组织编制的镇总体规划，在报上一级人民政府审批前，应当先经镇人民代表大会审议，代表的审议意见交由本级人民政府研究处理。

（3）规划的组织编制机关报送审批省域城镇体系规划、城市总体规划或者镇总体规划，应当将本级人民代表大会常务委员会组成人员或者镇人民代表大会代表的审议意见和根据审议意见修改规划的情况一并报送。

（二）城乡规划的内容

1. 省域城镇体系规划的内容

省域城镇体系规划的内容应当包括：城镇空间布局和规模控制，重大基础设施的布局，为保护生态环境、资源等需要严格控制的区域。

2. 城市总体规划、镇总体规划的内容

城市总体规划、镇总体规划的内容应当包括：城市、镇的发展布局，功能分区，用地布局，综合交通体系，禁止、限制和适宜建设的地域范围，各类专项规划等。

规划区范围、规划区内建设用地规模、基础设施和公共服务设施用地、水源地和水系、

基本农田和绿化用地、环境保护、自然与历史文化遗产保护以及防灾减灾等内容，应当作为城市总体规划、镇总体规划的强制性内容。

城市总体规划、镇总体规划的规划期限一般为20年。城市总体规划还应当对城市更长远的发展做出预测性安排。

3. 乡规划、村庄规划的内容

乡规划、村庄规划应当从农村实际出发，尊重村民意愿，体现地方和农村特色。

乡规划、村庄规划的内容应当包括：规划区范围，住宅、道路、供水、排水、供电、垃圾收集、畜禽养殖场所等农村生产、生活服务设施、公益事业等各项建设的用地布局、建设要求，以及对耕地等自然资源和历史文化遗产保护、防灾减灾等的具体安排。乡规划还应当包括本行政区域内的村庄发展布局。

（三）城乡规划编制单位

城乡规划组织编制机关应当委托具有相应资质等级的单位承担城乡规划的具体编制工作。从事城乡规划编制工作应当具备下列条件，并经国务院城乡规划主管部门或者省、自治区、直辖市人民政府城乡规划主管部门依法审查合格，取得相应等级的资质证书后，方可在资质等级许可的范围内从事城乡规划编制工作：① 有法人资格；② 有规定数量的经国务院城乡规划主管部门注册的规划师；③ 有规定数量的相关专业技术人员；④ 有相应的技术装备；⑤ 有健全的技术、质量、财务管理制度。

编制城乡规划，应当具备国家规定的勘察、测绘、气象、地震、水文、环境等基础资料。县级以上地方人民政府有关主管部门应当根据编制城乡规划的需要，及时提供有关基础资料。

（四）规划的公告与审查

城乡规划报送审批前，组织编制机关应当依法将城乡规划草案予以公告，并采取论证会、听证会或者其他方式征求专家和公众的意见。公告的时间不得少于30日。组织编制机关应当充分考虑专家和公众的意见，并在报送审批的材料中附具意见采纳情况及理由。

省域城镇体系规划、城市总体规划、镇总体规划批准前，审批机关应当组织专家和有关部门进行审查。

三、城乡规划的实施

（一）实施总体要求

（1）地方各级人民政府应当根据当地经济社会发展水平，量力而行，尊重群众意愿，有计划、分步骤地组织实施城乡规划。

（2）城市的建设和发展，应当优先安排基础设施以及公共服务设施的建设，妥善处理新区开发与旧区改建的关系，统筹兼顾进城务工人员生活和周边农村经济社会发展、村民生产与生活的需要。镇的建设和发展，应当结合农村经济社会发展和产业结构调整，优先安排供水、排水、供电、供气、道路、通信、广播电视等基础设施和学校、卫生院、文化站、幼儿园、福利院等公共服务设施的建设，为周边农村提供服务。乡、村庄的建设和发展，应当因地制宜、节约用地，发挥村民自治组织的作用，引导村民合理进行建设，改善农村生产、生活条件。

（3）城市新区的开发和建设，应当合理确定建设规模和时序，充分利用现有市政基础设施和公共服务设施，严格保护自然资源和生态环境，体现地方特色。在城市总体规划、镇总体规划确定的建设用地范围以外，不得设立各类开发区和城市新区。

（4）旧城区的改建，应当保护历史文化遗产和传统风貌，合理确定拆迁和建设规模，有计划地对危房集中、基础设施落后等地段进行改建。历史文化名城、名镇、名村的保护以及受保护建筑物的维护和使用，应当遵守有关法律、行政法规和国务院的规定。

（5）城乡建设和发展，应当依法保护和合理利用风景名胜资源，统筹安排风景名胜区及周边乡、镇、村庄的建设。风景名胜区的规划、建设和管理，应当遵守有关法律、行政法规和国务院的规定。

（6）城市地下空间的开发和利用，应当与经济和技术发展水平相适应，遵循统筹安排、综合开发、合理利用的原则，充分考虑防灾减灾、人民防空和通信等需要，并符合城市规划，履行规划审批手续。

（7）城市、县、镇人民政府应当根据城市总体规划、镇总体规划、土地利用总体规划和年度计划以及国民经济和社会发展规划，制定近期建设规划，报总体规划审批机关备案。近期建设规划应当以重要基础设施、公共服务设施和中低收入居民住房建设以及生态环境保护为重点内容，明确近期建设的时序、发展方向和空间布局。近期建设规划的规划期限为5年。

（8）城乡规划确定的铁路、公路、港口、机场、道路、绿地、输配电设施及输电线路走廊、通信设施、广播电视设施、管道设施、河道、水库、水源地、自然保护区、防汛通道、消防通道、核电站、垃圾填埋场及焚烧厂、污水处理厂和公共服务设施的用地以及其他需要依法保护的用地，禁止擅自改变用途。

（二）建设用地实施管理

土地利用是规划的核心内容，建设用地的规划管理是规划实施管理的首要任务和极其重要的内容。主要管理措施有申请选址意见书和建设用地规划许可证办理。

1. 申请选址意见书

按照国家规定需要有关部门批准或者核准的建设项目，以划拨方式提供国有土地使用权的，建设单位在报送有关部门批准或者核准前，应当向城乡规划主管部门申请核发选址意见书。规定以外的建设项目不需要申请选址意见书。

2. 建设用地规划许可证办理

（1）在城市、镇规划区内以划拨方式提供国有土地使用权的建设项目，经有关部门批准、核准、备案后，建设单位应当向城市、县人民政府城乡规划主管部门提出建设用地规划许可申请，由城市、县人民政府城乡规划主管部门依据控制性详细规划核定建设用地的位置、面积、允许建设的范围，核发建设用地规划许可证。建设单位在取得建设用地规划许可证后，方可向县级以上地方人民政府土地主管部门申请用地，经县级以上人民政府审批后，由土地主管部门划拨土地。

（2）在城市、镇规划区内以出让方式提供国有土地使用权的，在国有土地使用权出让前，城市、县人民政府城乡规划主管部门应当依据控制性详细规划，提出出让地块的位置、使用性质、开发强度等规划条件，作为国有土地使用权出让合同的组成部分。未确定规划条件的地块，不得出让国有土地使用权。以出让方式取得国有土地使用权的建设项目，在签订国有土地使用权出让合同后，建设单位应当持建设项目的批准、核准、备案文件和国有土地使用权出让合同，向城市、县人民政府城乡规划主管部门领取建设用地规划许可证。

城市、县人民政府城乡规划主管部门不得在建设用地规划许可证中，擅自改变作为国有土地使用权出让合同组成部分的规划条件。规划条件未纳入国有土地使用权出让合同的，该国有土地使用权出让合同无效；对未取得建设用地规划许可证的建设单位批准用地的，由县级以上人民政府撤销有关批准文件；占用土地的，应当及时退回；给当事人造成损失的，应当依法给予赔偿。

（三）建设工程规划许可管理

在城市规划区内进行建设需要申请用地的，由城市规划行政主管部门核定其用地位置和界限，提供规划设计条件，核发建设用地规划许可证。城市、县人民政府城乡规划主管部门或者省、自治区、直辖市人民政府确定的镇人民政府应当依法将经审定的修建性详细规划、建设工程设计方案的总平面图予以公布。城乡规划主管部门不得在城乡规划确定的建设用地范围以外做出规划许可。建设工程规划许可证办理程序如下。

（1）在城市、镇规划区内进行建筑物、构筑物、道路、管线和其他工程建设的，建设单位或者个人应当向城市、县人民政府城乡规划主管部门或者省、自治区、直辖市人民政

府确定的镇人民政府申请办理建设工程规划许可证。

（2）在乡、村庄规划区内进行乡镇企业、乡村公共设施和公益事业建设的，建设单位或者个人应当向乡、镇人民政府提出申请，由乡、镇人民政府报城市、县人民政府城乡规划主管部门核发乡村建设规划许可证。

在乡、村庄规划区内使用原有宅基地进行农村村民住宅建设的规划管理办法，由省、自治区、直辖市制定。

在乡、村庄规划区内进行乡镇企业、乡村公共设施和公益事业建设以及农村村民住宅建设，不得占用农用地；确需占用农用地的，应当依照《中华人民共和国土地管理法》有关规定办理农用地转用审批手续后，由城市、县人民政府城乡规划主管部门核发乡村建设规划许可证。

建设单位或者个人在取得乡村建设规划许可证后，方可办理用地审批手续。

（四）规划条件的变更

建设单位应当按照规划条件进行建设，确需变更的，必须向城市、县人民政府城乡规划主管部门提出申请。变更内容不符合控制性详细规划的，城乡规划主管部门不得批准。城市、县人民政府城乡规划主管部门应当及时将依法变更后的规划条件通报同级土地主管部门并公示。建设单位应当及时将依法变更后的规划条件报有关人民政府土地主管部门备案。

（五）临时建设的审批

在城市、镇规划区内进行临时建设的，应当经城市、县人民政府城乡规划主管部门批准。临时建设影响近期建设规划或者控制性详细规划的实施以及交通、市容、安全等的，不得批准。临时建设应当在批准的使用期限内自行拆除。临时建设和临时用地规划管理的具体办法，由省、自治区、直辖市人民政府制定。

（六）建设工程的规划验收

县级以上地方人民政府城乡规划主管部门按照国务院规定对建设工程是否符合规划条件予以核实。未经核实或者经核实不符合规划条件的，建设单位不得组织竣工验收。建设单位应当在竣工验收后六个月内向城乡规划主管部门报送有关竣工验收资料。

四、城乡规划的修改

（一）修改条件

省域城镇体系规划、城市总体规划、镇总体规划的组织编制机关，应当组织有关部门

和专家定期对规划实施情况进行评估，并采取论证会、听证会或者其他方式征求公众意见。组织编制机关应当向本级人民代表大会常务委员会、镇人民代表大会和原审批机关提出评估报告并附具征求意见的情况。有下列情形之一的，组织编制机关方可按照规定的权限和程序修改省域城镇体系规划、城市总体规划、镇总体规划：

（1）上级人民政府制定的城乡规划发生变更，提出修改规划要求的；

（2）行政区划调整确需修改规划的；

（3）因国务院批准重大建设工程确需修改规划的；

（4）经评估确需修改规划的；

（5）城乡规划的审批机关认为应当修改规划的其他情形。

（二）修改程序

修改省域城镇体系规划、城市总体规划、镇总体规划前，组织编制机关应当对原规划的实施情况进行总结，并向原审批机关报告；修改涉及城市总体规划、镇总体规划强制性内容的，应当先向原审批机关提出专题报告，经同意后，方可编制修改方案。修改后的省域城镇体系规划、城市总体规划、镇总体规划，应当依照审批程序报批。

修改控制性详细规划的，组织编制机关应当对修改的必要性进行论证，征求规划地段内利害关系人的意见，并向原审批机关提出专题报告，经原审批机关同意后，方可编制修改方案。修改后的控制性详细规划，应当依照审批程序报批。控制性详细规划修改涉及城市总体规划、镇总体规划的强制性内容的，应当先修改总体规划。

城市、县、镇人民政府修改近期建设规划的，应当将修改后的近期建设规划报总体规划审批机关备案。

（三）规划修改后的补偿

在选址意见书、建设用地规划许可证、建设工程规划许可证或者乡村建设规划许可证发放后，因依法修改城乡规划给被许可人合法权益造成损失的，应当依法给予补偿。

经依法审定的修建性详细规划、建设工程设计方案的总平面图不得随意修改；确需修改的，城乡规划主管部门应当采取听证会等形式，听取利害关系人的意见；因修改给利害关系人合法权益造成损失的，应当依法给予补偿。

五、监督检查

县级以上人民政府及其城乡规划主管部门应当加强对城乡规划编制、审批、实施、修改的监督检查。地方各级人民政府应当向本级人民代表大会常务委员会或者乡、镇人民代表大会报告城乡规划的实施情况，并接受监督。县级以上人民政府城乡规划主管部门对城

乡规划的实施情况进行监督检查，有权依法采取措施。

第二节　建筑许可与招投标管理

一、房地产建筑的许可制度

按照《建筑法》规定，我国实行建筑工程施工许可制度。建筑工程开工前，建设单位应当按照国家有关规定向工程所在地县级以上人民政府建设行政主管部门申请领取施工许可证；但是，国务院建设行政主管部门确定的限额以下的小型工程除外。对于施工许可制度《建筑工程施工许可管理办法》作了具体规定。

（一）建筑工程施工许可管理的范围

依据《建筑工程施工许可管理办法》，建筑工程施工许可管理的范围是：在中华人民共和国境内从事各类房屋建筑及其附属设施的建造、装修装饰和与其配套的线路、管道、设备的安装，以及城镇市政基础设施工程的施工，建设单位在开工前应当向工程所在地的县级以上人民政府建设行政主管部门（以下简称发证机关）申请领取施工许可证。

工程投资额在30万元以下或者建筑面积在300m^{2}以下的建筑工程，可以不申请办理施工许可证。按照国务院规定的权限和程序批准开工报告的建筑工程，不再领取施工许可证。

必须申请领取施工许可证的建筑工程未取得施工许可证的，一律不得开工。任何单位和个人不得将应该申请领取施工许可证的工程项目分解为若干限额以下的工程项目，规避申请领取施工许可证。

（二）申领施工许可证的条件

建设单位申请领取施工许可证，应当具备下列条件，并提交相应的证明文件。

（1）已经办理该建筑工程用地批准手续。

（2）在城市规划区的建筑工程，已经取得建设工程规划许可证。

（3）施工场地已经基本具备施工条件，需要拆迁的，其拆迁进度符合施工要求。

（4）已经确定施工企业。按照规定应该招标的工程没有招标，应该公开招标的工程没有公开招标，或者肢解发包工程，以及将工程发包给不具备相应资质条件的，所确定的施工企业无效。

（5）满足施工需要的施工图纸及技术资料，施工图设计文件已按规定进行了审查。

（6）有保证工程质量和安全的具体措施。施工企业编制的施工组织设计中有根据建筑工程特点制定的相应质量、安全技术措施，专业性较强的工程项目编制的专项质量、安全

施工组织设计，并按照规定办理了工程质量、安全监督手续。

（7）按照规定应该委托监理的工程已委托监理。

（8）建设资金已经落实。建设工期不足 1 年的到位资金原则上不得少于工程合同价的 50%；建设工期超过 1 年的，到位资金原则上不少于工程合同价的 30%。建设单位应当提供银行出具的到位资金证明，有条件的可以实行银行付款保函或者其他第三方担保。

（9）法律、行政法规规定的其他条件。

（三）建筑施工许可证的办理程序与管理

1. 申请程序

申请办理施工许可证，应当按照下列程序进行：

（1）建设单位向发证机关领取《建筑工程施工许可证申请表》；

（2）建设单位持加盖单位及法定代表人印鉴的《建筑工程施工许可证申请表》，并附《建筑工程施工许可管理办法》第四条规定的证明文件（见本书“申领施工许可证的条件”），向发证机关提出申请；

（3）发证机关在收到建设单位报送的《建筑工程施工许可证申请表》和所附证明文件后，对于符合条件的，应当自收到申请之日起 15 日内颁发施工许可证；对于证明文件不齐全或者失效的，应当限期要求建设单位补证，审批时间可以自证明文件补证齐全后作相应顺延；对于不符合条件的，应当自收到申请之日起 15 日内书面通知建设单位，并说明理由。

2. 许可证管理

（1）建设单位申请领取施工许可证的工程名称、地点、规模，应当与依法签订的施工承包合同一致。施工许可证应当放置在施工现场备查。

（2）建设单位应当自领取施工许可证之日起三个月内开工。因故不能按期开工的，应当向发证机关申请延期；延期以两次为限，每次不超过三个月。既不开工又不申请延期或者超过延期时限的，施工许可证自行废止。

（3）在建的建筑工程因故中止施工的，建设单位应当自中止施工之日起一个月内，向发证机关报告，并按照规定做好建筑工程的维护管理工作。建筑工程恢复施工时，应当向发证机关报告；中止施工满一年的工程恢复施工前，建设单位应当报发证机关核验施工许可证。

（4）按照国务院有关规定批准开工报告的建筑工程，因故不能按期开工或者中止施工的，应当及时向批准机关报告情况；因故不能按期开工超过六个月的，应当重新办理开工报告的批准手续。

（5）施工许可证不得伪造和涂改。建筑工程在施工过程中，建设单位或者施工单位发

生变更的，应当重新申请领取施工许可证。

二、建筑工程的招、投标管理

招标、投标是一种合同行为，是商品经济发展到一定阶段的产物。开发商通过招标方式发包工程，其目的在于选择“最佳”的承建单位。招标与投标的原则如下。

（1）任何单位和个人不得将依法必须进行招标的项目化整为零或者以其他任何方式规避招标。

（2）招标投标活动应当遵循公开、公平、公正和诚实信用的原则。

（3）依法必须进行招标的项目，其招标投标活动不受地区或者部门的限制。任何单位和个人不得违法限制或者排斥本地区、本系统以外的法人或者其他组织参加投标，不得以任何方式非法干涉招标投标活动。

（4）招标投标活动及其当事人应当接受依法实施的监督。有关行政监督部门依法对招标投标活动实施监督，依法查处招标投标活动中的违法行为。

（一）招标投标的范围

依据《招标投标法》，下列工程建设项目包括项目的勘察、设计、施工、监理以及与工程建设有关的重要设备、材料等的采购，必须进行招标：① 大型基础设施、公用事业等关系社会公共利益、公众安全的项目；② 全部或者部分使用国有资金投资或者国家融资的项目；③ 使用国际组织或者外国政府贷款、援助资金的项目。④ 法律或者国务院对必须进行招标的其他项目的范围有规定的，依照其规定。

2000 年经国务院批准，由国家发展计划委员会发布的《工程建设项目招标范围和规模标准规定》对必须进行招标的工程建设项目的具体范围和规模标准，作了更加具体的规定。其中对上述范围内的各类工程建设项目，包括项目的勘察、设计、施工、监理以及与工程建设有关的重要设备、材料等的采购，达到下列标准之一的，必须进行招标：①施工单项合同估算价的 200 万元人民币以上的；②重要设备、材料等货物的采购，单项合同估算价在 100 万元人民币以上的；③勘察、设计、监理等服务的采购，单项合同估算价在 50 万元人民币以上的；④单项合同估算价低于第①、②、③项规定的标准，但项目总投资额在 3000 万元人民币以上的。

（二）招标方式

在国际市场上，招标方式基本上可以分为两种，即公开招标和限制性招标。在我国则存在三种形式，即公开招标、邀请招标和议标三种方式。

1. 公开招标

公开招标是指招标人以招标公告的方式邀请不特定的法人或者其他组织投标。公开招标通常用于项目规模较大、建设周期较长、技术复杂的开发项目建设。此时开发商不易掌握确定的造价和控制工期，因而可以通过公开招标方式，从中选择提供合理标价和较短工期的单位作为承包单位。招标人采用公开招标方式的，应当发布招标公告。依法必须进行招标的项目的招标公告，应当通过国家指定的报刊、信息网络或者其他媒介发布。招标公告应当载明招标人的名称和地址、招标项目的性质、数量、实施地点和时间以及获取招标文件的办法等事项。

2. 邀请招标

邀请招标是指招标人以投标邀请书的方式邀请特定的法人或者其他组织投标。邀请招标也称选择性招标，是由开发商或其委托的招标单位向所信任的、具有相应资格的建设单位发送招标通知书或招标邀请函，被邀请参加竞争的单位有限，限制了竞争范围。招标人采用邀请招标方式的，应当向三个以上具备承担招标项目的能力、资信良好的特定的法人或者其他组织发出投标邀请书。一般适用于那些工程性质比较特殊，要求有专门经验的技术人员和专用技术，只有少数承包商能够胜任的建设项目，或者是公开招标的结果未产生中标单位，以及由于工期的紧迫或保密的要求等原因不宜公开招标的建设工程。

3. 议标

议标也是非公开招标方式的一种。议标主要是通过一对一协商谈判方式确定中标单位。参加议标的单位不得少于两家。议标是由招标单位或投标单位的有关上级主管部门，向招标单位推荐或指定投标单位。议标方式适用于少数保密性较强的工程项目，在房地产开发中很少适用。符合下列条件之一的，可采用议标方式：① 只有少数几家具备资格的投标单位可供选择的；② 涉及专利权保护或受自然地域环境限制的；③ 招标费用与项目价值相比，不值得采用公开招标的；④ 采购规格事先难以确定的；⑤ 国家另有规定的。

（三）招标代理机构

1. 招标代理机构的概念

招标代理机构是依法设立、从事招标代理业务并提供相关服务的社会中介组织。招标代理机构的业务范围包括：从事招标代理业务，即接受招标人委托，组织招标活动；具体业务活动包括帮助招标人或受其委托拟定招标文件，依据招标文件的规定，审查投标人的资质，组织评标、定标等；提供与招标代理业务相关的服务即指提供与招标活动有关的咨询、代书及其他服务性工作。招标代理机构应当在招标人委托的范围内办理招标事宜，并遵守法律关于招标人的规定。

招标代理机构应当具备下列条件：

（1）有从事招标代理业务的营业场所和相应资金；

（2）有能够编制招标文件和组织评标的相应专业力量；

（3）有符合规定条件、可以作为评标委员会成员人选的技术、经济等方面的专家库。

从事工程建设项目招标代理业务的招标代理机构，由 2000 年 6 月 30 日建设部令第 79 号发布的《工程建设项目招标代理机构资格认定办法》规定。从事其他招标代理业务的招标代理机构，其资格认定的主管部门由国务院规定。招标代理机构与行政机关和其他国家机关不得存在隶属关系或者其他利益关系。

2. 招标代理机构的选择

招标人有权自行选择招标代理机构，委托其办理招标事宜。任何单位和个人不得以任何方式为招标人指定招标代理机构。招标人具有编制招标文件和组织评标能力的，可以自行办理招标事宜。任何单位和个人不得强制其委托招标代理机构办理招标事宜。依法必须进行招标的项目，招标人自行办理招标事宜的，应当向有关行政监督部门备案。

3. 工程建设项目招标代理机构

工程招标代理是指对工程的勘察、设计、施工、监理以及与工程建设有关的重要设备（进口机电设备除外）、材料采购招标的代理。工程招标代理机构资格分为甲、乙两级。甲级工程招标代理机构资格按行政区划，由省、自治区、直辖市人民政府建设行政主管部门初审，报国务院建设行政主管部门认定。乙级工程招标代理机构资格由省、自治区、直辖市人民政府建设行政主管部门认定，报国务院建设行政主管部门备案。乙级工程招标代理机构只能承担工程投资额（不含征地费、大市政配套费与拆迁补偿费）3000 万元以下的工程招标代理业务。

（四）招标文件管理

（1）招标人应当根据招标项目的特点和需要编制招标文件。招标文件应当包括招标项目的技术要求、对投标人资格审查的标准、投标报价要求、评标标准等所有实质性要求和条件以及拟签订合同的主要条款。国家对招标项目的技术、标准有规定的，招标人应当按照其规定在招标文件中提出相应要求。招标项目需要划分标段、确定工期的，招标人应当合理划分标段、确定工期，并在招标文件中载明。

（2）招标文件不得要求或者标明特定的生产供应者以及含有倾向或者排斥潜在投标人

的其他内容。招标人不得向他人透露已获取招标文件的潜在投标人的名称、数量以及可能影响公平竞争的有关招标投标的其他情况。招标人设有标底的，标底必须保密。

（3）招标人对已发出的招标文件进行必要的澄清或者修改的，应当在招标文件要求提交投标文件截止时间至少 15 日前，以书面形式通知所有招标文件收受人。该澄清或者修改的内容为招标文件的组成部分。

（4）招标人应当确定投标人编制投标文件所需要的合理时间；但是，依法必须进行招标的项目，自招标文件开始发出之日起至投标人提交投标文件截止之日止，最短不得少于 20 日。

（五）建设工程招标投标的管理

（1）投标人应当具备承担招标项目的能力；国家有关规定对投标人资格条件或者招标文件对投标人资格条件有规定的，投标人应当具备规定的资格条件。

（2）投标人应当按照招标文件的要求编制投标文件。投标文件应当对招标文件提出的实质性要求和条件做出响应。招标项目属于建设施工的，投标文件的内容应当包括拟派出的项目负责人与主要技术人员的简历、业绩、拟用于完成招标项目的机械设备等。

（3）投标人应当在招标文件要求提交投标文件的截止时间前，将投标文件送达投标地点。招标人收到投标文件后，应当签收保存，不得开启。投标人少于三个的，招标人应当依照《招标投标法》重新招标。在招标文件要求提交投标文件的截止时间后送达的投标文件，招标人应当拒收。

（4）投标人在招标文件要求提交投标文件的截止时间前，可以补充、修改或者撤回已提交的投标文件，并书面通知招标人。补充、修改的内容为投标文件的组成部分。

（5）投标人根据招标文件载明的项目实际情况，拟在中标后将中标项目的部分非主体、非关键性工作进行分包的，应当在投标文件中载明。

（6）两个以上法人或者其他组织可以组成一个联合体，以一个投标人的身份共同投标。联合体各方均应当具备承担招标项目的相应能力；国家有关规定或者招标文件对投标人资格条件有规定的，联合体各方均应当具备规定的相应资格条件。由同一专业的单位组成的联合体，按照资质等级较低的单位确定资质等级。联合体各方应当签订共同投标协议，明确约定各方拟承担的工作和责任，并将共同投标协议连同投标文件一并提交招标人。联合体中标的，联合体各方应当共同与招标人签订合同，就中标项目向招标人承担连带责任。招标人不得强制投标人组成联合体共同投标，不得限制投标人之间的竞争。

（7）投标人不得相互串通投标报价，不得排挤其他投标人的公平竞争，损害招标人或者其他投标人的合法权益。投标人不得与招标人串通投标，损害国家利益、社会公共利益或者他人的合法权益。禁止投标人以向招标人或者评标委员会成员行贿的手段谋取中标。

投标人不得以低于成本的报价竞标，也不得以他人名义投标或者以其他方式弄虚作假，骗取中标。

（六）开标、评标和中标

1. 开标

开标应当在招标文件确定的提交投标文件截止时间的同一时间公开进行；开标地点应当为招标文件中预先确定的地点。开标由招标人主持，邀请所有投标人参加。开标时，由投标人或者其推选的代表检查投标文件的密封情况，也可以由招标人委托的公证机构检查并公证；经确认无误后，由工作人员当众拆封，宣读投标人名称、投标价格和投标文件的其他主要内容。招标人在招标文件要求提交投标文件的截止时间前收到的所有投标文件，开标时都应当当众予以拆封、宣读。开标过程应当记录，并存档备查。

2. 评标

评标由招标人依法组建的评标委员会负责。依法必须进行招标的项目，其评标委员会由招标人的代表和有关技术、经济等方面的专家组成，成员人数为五人以上单数，其中技术、经济等方面的专家不得少于成员总数的三分之二。与投标人有利害关系的人不得进入相关项目的评标委员会；已经进入的应当更换。评标委员会成员的名单在中标结果确定前应当保密。

招标人应当采取必要的措施，保证评标在严格保密的情况下进行。任何单位和个人不得非法干预、影响评标的过程和结果。

评标委员会应当按照招标文件确定的评标标准和方法，对投标文件进行评审和比较；设有标底的，应当参考标底。评标委员会完成评标后，应当向招标人提出书面评标报告，并推荐合格的中标候选人。招标人根据评标委员会提出的书面评标报告和推荐的中标候选人确定中标人。招标人也可以授权评标委员会直接确定中标人。国务院对特定招标项目的评标有特别规定的，从其规定。

3. 中标

中标人的投标应当符合下列条件之一：

（1）能够最大限度地满足招标文件中规定的各项综合评价标准；

（2）能够满足招标文件的实质性要求，并且经评审的投标价格最低；但是投标价格低于成本的除外。

中标人确定后，招标人应当向中标人发出中标通知书，并同时将中标结果通知所有未中标的投标人。中标通知书对招标人和中标人具有法律效力。中标通知书发出后，招标人

改变中标结果的，或者中标人放弃中标项目的，应当依法承担法律责任。招标人和中标人应当自中标通知书发出之日起30日内，按照招标文件和中标人的投标文件订立书面合同。招标人和中标人不得再行订立背离合同实质性内容的其他协议。招标文件要求中标人提交履约保证金的，中标人应当提交。依法必须进行招标的项目，招标人应当自确定中标人之日起15日内，向有关行政监督部门提交招标投标情况的书面报告。

中标人应当按照合同约定履行义务，完成中标项目。中标人不得向他人转让中标项目，也不得将中标项目肢解后分别向他人转让。中标人按照合同约定或者经招标人同意，可以将中标项目的部分非主体、非关键性工作分包给他人完成。接受分包的人应当具备相应的资格条件，并不得再次分包。中标人应当就分包项目向招标人负责，接受分包的人就分包项目承担连带责任。

技能提高 5-1　　招标程序

按照一般要求，房地产开发建设项目招标程序大体有以下主要环节。

（1）审查招标单位的资格。

（2）报批招标申请表。招标申请表包括以下主要内容：项目名称、情况、概算；建设单位负责此次招标人员的姓名、年龄、业务经历、职务和职称；资金来源落实情况；图纸、场地等情况是否具备招标条件。

（3）编制招标文件，编制标底，制定评定、定标方法。

（4）发布招标公告或招标邀请书。发布招标公告或招标邀请书可由招标单位根据工程要求和自身条件，研究决定采用招标的具体方式。

（5）审查投标单位的资格。招标人可以根据招标项目本身的要求，在招标公告或者投标邀请书中，要求潜在投标人提供有关资质证明文件和业绩情况，并对潜在投标人进行资格审查；国家对投标人的资格条件有规定的，依照其规定。

（6）发招标文件及有关技术资料、图纸等，组织投标单位现场踏勘和招标文件答疑。

（7）投标单位在提交投标书的同时，必须提交由其开户银行出具的投标保证金证明书。投标单位中标后，如果拒绝承担中标的工程任务，招标单位有权向其出具保函的单位索取投标保证金。

（8）开标。

（9）评标、定标。

（10）发出中标通知书并签订合同。

第三节　建筑工程的施工与质量管理

为规范建筑市场行为，实现建筑工程法定建设程序的制度化、规范化和法制化，确保工程质量和施工安全，《建筑法》、《建设工程质量管理条例》、《建筑工程施工许可管理办法》、《房屋建筑工程和市政基础设施工程竣工验收备案管理暂行办法》等法律法规，对工程的施工监管作了具体规定。新开工的工程，除了依法办理规划许可、质监（安监）登记、施工许可、定点放样、竣工验收备案等相关手续外，在施工过程中，应加强施工企业的企业管理。

一、项目报建制度

建字[1994]482 号《工程建设项目报建管理办法》对工程项目报建有具体的规定，这些规定可归纳如下。

（1）凡在我国境内投资兴建的房地产开发项目，包括外国独资、合资、合作的开发项目都必须实行报建制度，接受当地建设行政主管部门或其授权机构的监督管理。未报建的开发项目不得办理招投标和发放施工许可证，设计、施工单位不得承接该项工程的设计和施工。

（2）报建的程序为：工程建设项目由建设单位或其代理机构在工程项目可行性研究报告或者其他立项文件被批准后，须向当地建设行政主管部门或其授权机构进行报建，交验有关批准文件。领取《工程建设项目报建表》，认真填写后报送，并按要求进行招标准备。

（3）报建内容主要包括：工程名称、建设地点、投资规模、资金来源、当年投资额、工程规模、开工竣工日期、发包方式、工程筹建情况 9 项。

二、建筑安全生产管理

建筑安全生产管理是指建设行政主管部门、建筑安全监督管理机构、建筑施工企业及有关单位对建筑生产过程中的安全工作，进行计划、组织、指挥、控制、监督等一系列的管理活动。其目的在于保证建筑工程安全和建筑职工的人身安全。

根据《安全生产法》、《建筑法》以及《建设工程安全生产管理条例》的要求，建设单位、勘察单位、设计单位、施工单位、工程监理单位及其他与建设工程安全生产有关的单位，在新建、扩建、改建、拆除等各种建设活动中，必须遵守安全生产法律、法规的规定，保证建设工程安全生产，依法承担建设工程安全生产责任。安全管理强调“安全第一、预防为主”，“以人为本、关爱生命”的方针；必须建立健全安全生产的责任制度和群防群治制度。

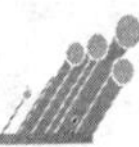

（一）安全生产监管制度

（1）依法批准开工报告的建设工程和拆除工程备案制度。建设单位应当自建设工程开工报告批准之日起15日内，将保证安全施工的措施报送建设工程所在地的县级以上地方人民政府建设行政主管部门或者其他有关部门备案。建设单位应当在拆除工程施工15日前，将施工单位资质等级证明、拟拆除建筑物、构筑物及可能危及毗邻建筑的说明、拆除施工组织方案，以及堆放、清除废弃物的措施报送建设行政主管部门或其他有关部门备案。

（2）三类人员考核任职制度。施工单位的主要负责人、项目负责人、专职安全生产管理人员应当经建设行政主管部门或者其他有关部门考核合格后方可任职，考核内容主要是安全生产知识和安全管理能力。

（3）特种作业人员持证上岗制度。垂直运输机械作业人员、起重机械安装拆卸工、爆破作业人员、起重信号工、登高架设作业人员等特种作业人员，必须按照国家有关规定经过专门的安全作业培训，并取得特种作业操作资格证书后，方可上岗作业。

（4）施工起重机械使用登记制度。施工单位应当自施工起重机械和整体提升脚手架、模板等自升式架设设施验收合格之日起 30 日内，向建设行政主管部门或者其他有关部门登记。

（5）政府安全监督检查制度。县级以上人民政府负有建设工程安全生产监督管理职责的部门在各自的职责范围内履行安全监督检查职责时，有权纠正施工中违反安全生产要求的行为，责令立即排除检查中发现的安全事故隐患，对重大隐患可以责令暂时停止施工。建设行政主管部门或者其他有关部门可以将施工现场的安全监督检查委托给建设工程安全监督机构具体实施。

（6）危及施工安全的工艺、设备、材料淘汰制度。国家对严重危及施工安全的工艺、设备和材料实行淘汰制度。

（7）生产安全事故报告制度。施工单位发生生产安全事故，要及时、如实向当地安全生产监督部门和建设行政管理部门报告。实行总承包的由总包单位负责上报。

（二）安全生产责任制度

（1）建设单位的安全责任。建设单位在工程建设中居主导地位，对建设工程的安全生产负有重要的责任。建设单位应当在工程概算中确定并提供安全作业环境和安全施工措施费用；不得要求勘察、设计、监理、施工企业违反国家法律法规和强制性标准规定，不得任意压缩合同约定的工期；有义务向施工单位提供工程所需的有关资料，有责任将安全施工措施报送有关主管部门备案；应当将拆除工程发包给有施工资质的单位等。

（2）工程监理单位的安全责任。监理单位是建设工程安全生产的重要保障，监理单位应当审查施工组织设计中的安全技术措施或专项施工方案是否符合工程建设强制性标准；发现存在安全事故隐患时应当要求施工单位整改或暂停施工并报告建设单位；应当按照法律、法规和工程建设强制性标准实施监理，并对建设工程安全生产承担监理责任。

（3）施工单位的安全责任。施工单位在建设工程安全生产中处于核心地位，包括施工单位主要负责人和项目负责人的安全责任、施工总承包和分包单位的安全生产责任等。施工单位必须建立企业安全生产管理机构和配备专职安全管理人员；应当在施工前向作业班组和人员做出安全施工技术要求的详细说明；应当对因施工可能造成损害的毗邻建筑物、构筑物和地下管线采取专项防护措施；应当向作业人员提供安全防护用具和安全防护服装并书面告知危险岗位操作规程。施工现场安全警示标志使用应当规范，作业和生活环境要符合标准。

施工企业的安全生产制度除上述制度外，还有安全生产教育培训制度、专项施工方案专家论证审查制度、施工现场消防安全责任制度、意外伤害保险制度和生产安全事故应急救援制度。

三、建设工程监理

2000 年 12 月通过的《建筑法》明确规定：“国家推行建筑工程监理制度。”《建设工程监理规范》（GB50319-2000）对建设工程监理作了详细规定。

（一）建设监理相关概念

建设监理，国外统称工程咨询，是对包括建设前期的工程咨询，建设实施阶段的招标投标、勘察设计、施工验收，直至建设后期的运转保修在内的各个阶段的管理与监督。

建设工程监理也称工程建设监理是指针对工程项目建设，社会化、专业化的工程建设监理单位接受业主的委托和授权，根据国家批准的工程项目建设文件、有关工程建设的法律、法规和工程建设监理合同以及其他工程建设合同所进行的旨在实现项目投资目的的微观监督管理活动。

建设监理机构，指符合规定条件而经批准成立、取得资格证书和营业执照的监理单位，受业主委托，依据国家法律、法规、规范、批准的设计文件和合同条款，对工程建设实施的监理。建设监理是委托性的，业主可以委托一个单位监理，也可同时委托几个单位监理；监理范围可以是工程建设的全过程监理，也可以是阶段监理。监理的目的是对工程建设参与者的行为进行监督管理，约束其行为，使之符合国家的法律、法规、技术标准，达到建设单位对该项目的投资、进度和质量的预定目标。

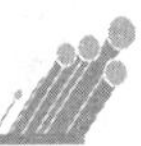

（二）工程建设监理的主要工作任务和内容

监理的基本方法就是控制，基本工作是“三控”、“两管”、“一协调”。“三控”是指监理工程师在工程建设全过程中的工程进度控制、工程质量控制和工程投资控制；“两管”是指监理活动中的合同管理和信息管理；“一协调”是指全面的组织协调。

（1）工程进度控制是指项目实施阶段（包括设计准备、设计、施工、使用前准备各阶段）的进度控制。其控制的目的是通过采用控制措施，确保项目交付使用时间目标的实现。

（2）工程质量的控制，实际上是指监理工程师组织参加施工的承包商，按合同标准进行建设，并对形成质量的诸因素进行检测、核验，对差异提出调整、纠正措施的监督管理过程。

（3）工程投资控制，不是指投资越省越好，而是指在工程项目投资范围内得到合理控制。项目投资控制的目标是使该项目的实际投资小于或等于该项目的计划投资（业主所确定的投资目标值）。

（4）建设项目监理的合同管理贯穿于合同的签订、履行、变更或终止等活动的全过程，目的是保证合同得到全面认真的履行。

（5）建设项目的监理工作是围绕着动态目标控制展开的，而信息则是目标控制的基础。信息管理就是以电子计算机为辅助手段对有关信息的收集、储存、处理等。

（6）协调是建设监理能否成功的关键。协调的范围可分为内部的协调和外部的协调。内部的协调主要是工程项目系统内部人员、组织关系、各种需求关系的协调。外部的协调包括与业主有合同关系的施工单位、设计单位的协调和与业主没有合同关系的政府有关部门、社会团体及人员的协调。

（三）建设工程的监理

实行监理的建设工程，建设单位应当委托具有相应资质等级的工程监理单位进行监理，也可以委托具有工程监理相应资质等级并与被监理工程的施工承包单位没有隶属关系或者其他利害关系的该工程的设计单位进行监理。

1. 建设工程监理范围

下列建设工程必须实行监理：① 国家重点建设工程；② 大、中型公用事业工程；③ 成片开发建设的住宅小区工程；④ 利用外国政府或者国际组织贷款、援助资金的工程；⑤ 国家规定必须实行监理的其他工程。

2. 建设工程监理单位的质量责任和义务

（1）工程监理单位应当依法取得相应等级的资质证书，并在其资质等级许可的范围内承担工程监理业务。

（2）工程监理单位与被监理工程的施工承包单位以及建设材料、建筑构配件和设备供应单位有隶属关系或者其他利害关系的，不得承担该项建设工程的监理业务。

（3）工程监理单位应当依照法律、法规以及有关技术标准、设计文件和建设工程承包合同，代表建设单位对施工质量实施监理，并对施工质量承担监理责任。

（4）工程监理单位应当选择具备相应资格的总监理工程师和监理工程师进驻施工现场。未经监理工程师签字，建筑材料、建筑构配件和设备不得在工程上使用或者安装，施工单位不得进行下一道工序的施工；未经总监理工程师签字，建设单位不拨付工程款，不进行竣工验收。

（5）监理工程师应当按照工程监理规范的要求，采取旁站、巡视、平行检验等形式，对建设工程实施监理。

3. 工程建设监理程序

工程建设监理一般按下列程序进行：

（1）编制工程建设监理规划；

（2）按工程建设进度，分专业编制工程建设监理细则；

（3）按照建设监理细则进行工程建设监理；

（4）参与工程竣工预验收，签署工程建设监理意见；

（5）工程建设监理业务完成后，向项目法人提交工程建设监理档案资料。

（四）建设监理管理

1. 监理企业实行资质审批制度

监理企业实行资质审批制度。具体制度内容已由《工程监理企业资质管理规定》进行了详细的规定。监理企业的资质根据其人员素质、专业技能、管理水平、资金数量及实际业绩分为甲、乙、丙三级。监理企业经工商行政管理部门登记注册并取得企业法人营业执照后，方可到建设行政主管部门办理资质申请手续，经资质审查后取得《监理申请批准书》，才可从事监理活动。

2. 监理工程师的考试、注册与管理

注册监理工程师是指经考试取得资格证书、并按照《注册监理工程师管理规定》注册、

取得注册监理工程师注册执业证书和执业印章的专业技术人员。注册监理工程师按专业注册。每人最多可以申请两个专业注册。注册监理工程师可以从事工程监理、工程经济与技术咨询、工程招标与采购咨询、工程项目管理服务以及国务院有关部门规定的其他业务。工程监理活动中形成的监理文件由注册监理工程师按照规定签字盖章后方可生效。修改经注册监理工程师签字盖章的工程监理文件，应当由该注册监理工程师进行；因特殊情况，该注册监理工程师不能进行修改的，应当由其他注册监理工程师修改，并签字、加盖执业印章，对修改部分承担责任。

3. 涉外监理的管理规定

凡外资在中国境内独资的建设项目，在委托外国监理单位承担监理时，应聘请中国监理单位参加，进行合作监理。中外合资的建设项目，不应委托外国监理单位承担监理，但可向外国监理单位进行技术、经济咨询。外国贷款项目原则上由中国监理单位负责监理，如因贷款方要求外国监理单位参加，应与中国监理单位进行合作监理。外国赠款、捐款建设的工程项目，一般由中国监理单位承担监理。

四、建筑工程的质量监督

国家实行建设工程质量监督管理制度。为了加强对建设工程质量的管理，保证建设工程质量，保护人民生命财产安全，凡在中华人民共和国境内从事建设工程的新建、扩建、改建等有关活动及实施对建设工程质量监督管理的，必须遵守《建筑法》、《建筑工程质量管理条例》。

（一）建设工程质量监督管理机构

国务院建设行政主管部门对全国的建设工程质量实施统一监督管理。国务院铁路、交通、水利等有关部门按照国务院规定的职责分工，负责对全国的有关专业建设工程质量的监督管理。

县级以上地方人民政府建设行政主管部门对本行政区域内的建设工程质量实施监督管理。县级以上地方人民政府交通、水利等有关部门在各自的职责范围内，负责对本行政区域内的专业建设工程质量的监督管理。

国务院建设行政主管部门和国务院铁路、交通、水利等有关部门应当加强对有关建设工程质量的法律、法规和强制性标准执行情况的监督检查。国务院发展计划部门按照国务院规定的职责，组织稽查特派员，对国家出资的重大建设项目实施监督检查。国务院经济贸易主管部门按照国务院规定的职责，对国家重大技术改造项目实施监督检查。

（二）建设工程质量管理的原则

建设工程质量管理要遵循以下原则：

（1）从事建设工程活动，必须严格执行基本建设程序，坚持先勘察、后设计、再施工的原则；

（2）县级以上人民政府及其有关部门不得超越权限审批建设项目或者擅自简化基本建设程序；

（3）国家鼓励采用先进的科学技术和管理方法，提高建设工程质量。

（三）建设工程质量监督管理的实施

建设工程质量监督管理，可以由建设行政主管部门或者其他有关部门委托的建设工程质量监督机构具体实施。从事房屋建筑工程和市政基础设施工程质量监督的机构，必须按照国家有关规定经国务院建设行政主管部门或者省、自治区、直辖市人民政府建设行政主管部门考核；从事专业建设工程质量监督的机构，必须按照国家有关规定经国务院有关部门或者省、自治区、直辖市人民政府有关部门考核。经考核合格后，方可实施质量监督。

县级以上地方人民政府建设行政主管部门和其他有关部门应当加强对有关建设工程质量的法律、法规和强制性标准执行情况的监督检查。有关单位和个人对县级以上人民政府建设行政主管部门和其他有关部门进行的监督检查应当支持与配合，不得拒绝或者阻碍建设工程质量监督检查人员依法履行公务。供水、供电、供气、公安消防等部门或者单位不得明示或者暗示建设单位、施工单位购买其指定的生产供应单位的建筑材料、建筑构配件和设备。

建设工程发生质量事故，有关单位应当在24小时内向当地建设行政主管部门和其他有关部门报告。对重大质量事故，事故发生地的建设行政主管部门和其他有关部门应当按照事故类别和等级向当地人民政府和上级建设行政主管部门和其他有关部门报告。特别重大质量事故的调查程序按照国务院有关规定办理。任何单位和个人对建设工程的质量事故、质量缺陷都有权检举、控告、投诉。

（四）建设单位的质量责任和义务

建设单位的质量责任和义务是：

（1）建设单位应当将工程发包给具有相应资质等级的单位，不得将工程肢解发包；

（2）建设单位应当依法对工程建设项目的勘察、设计、施工、监理以及与工程建设有关的重要设备、材料等的采购进行招标；

（3）建设单位不得对承包单位的建设活动进行不合理干预；

（4）施工图设计文件未经审查批准的，建设单位不得使用；

（5）对必须实行监理的工程，建设单位应当委托具有相应资质等级的工程监理单位进行监理；

（6）建设单位在领取施工许可证或者开工报告之前，应当按照国家有关规定办理工程质量监督手续；

（7）涉及建筑主体和承重结构变动的装修工程，建设单位要有设计方案；

（8）建设单位应按照国家有关规定组织竣工验收，建设工程验收合格的，方可交付使用。

（五）勘察、设计单位的质量责任和义务

勘察、设计单位的质量责任和义务有以下几点。

（1）从事建设工程勘察、设计的单位应当依法取得相应等级的资质证书，并在其资质等级许可的范围内承揽工程。禁止勘察、设计单位超越其资质等级许可的范围或者以其他勘察、设计单位的名义承揽工程。禁止勘察、设计单位允许其他单位或者个人以本单位的名义承揽工程。勘察、设计单位不得转包或者违法分包所承揽的工程。

（2）勘察、设计单位必须按照工程建设强制性标准进行勘察、设计，并对其勘察、设计的质量负责。注册建筑师、注册结构工程师等注册执业人员应当在设计文件上签字，对设计文件负责。

（3）勘察单位提供的地质、测量、水文等勘察成果必须真实、准确。

（4）设计单位应当根据勘察成果文件进行建设工程设计。设计文件应当符合国家规定的设计深度要求，注明工程合理使用年限。

（5）设计单位在设计文件中选用的建筑材料、建筑构配件和设备，应当注明规格、型号、性能等技术指标，其质量要求必须符合国家规定的标准。除有特殊要求的建筑材料、专用设备、工艺生产线等外，设计单位不得指定生产厂、供应商。

（6）设计单位应当就审查合格的施工图设计文件向施工单位做出详细说明。

（7）设计单位应当参与建设工程质量事故分析，并对因设计造成的质量事故，提出相应的技术处理方案。

（六）施工单位的质量责任和义务

施工单位的质量责任和义务主要如下。

（1）施工单位应当依法取得相应等级的资质证书，并在其资质等级许可的范围内承揽工程。

（2）禁止施工单位超越本单位资质等级许可的业务范围或者以其他施工单位的名义承揽工程。禁止施工单位允许其他单位或者个人以本单位的名义承揽工程。施工单位不得转包或者违法分包工程。

（3）施工单位对建设工程的施工质量负责。施工单位应当建立质量责任制，确定工程项目的项目经理、技术负责人和施工管理负责人。建设工程实行总承包的，总承包单位应当对全部建设工程质量负责；建设工程勘察、设计、施工、设备采购的一项或者多项实行总承包的，总承包单位应当对其承包的建设工程或者采购的设备的质量负责。

（4）总承包单位依法将建设工程分包给其他单位的，分包单位应当按照分包合同的约定对其分包工程的质量向总承包单位负责，总承包单位与分包单位对分包工程的质量承担连带责任。

（5）施工单位必须按照工程设计图纸和施工技术标准施工，不得擅自修改工程设计，不得偷工减料。施工单位在施工过程中发现设计文件和图纸有差错的，应当及时提出意见和建议。

（6）施工单位必须按照工程设计要求、施工技术标准和合同约定，对建筑材料、建筑构配件、设备和商品混凝土进行检验，检验应当有书面记录和专人签字；未经检验或者检验不合格的，不得使用。

（7）施工单位必须建立、健全施工质量的检验制度，严格工序管理，作好隐蔽工程的质量检查和记录。隐蔽工程在隐蔽前，施工单位应当通知建设单位和建设工程质量监督机构。

（8）施工人员对涉及结构安全的试块、试件以及有关材料，应当在建设单位或者工程监理单位监督下现场取样，并送具有相应资质等级的质量检测单位进行检测。

（9）施工单位对施工中出现质量问题的建设工程或者竣工验收不合格的建设工程，应当负责返修。

（10）施工单位应当建立、健全教育培训制度，加强对职工的教育培训；未经教育培训或者考核不合格的人员，不得上岗作业。

五、建筑工程的竣工验收

（一）竣工验收的概念

竣工是工程项目经过建筑施工和设备安装以后，达到了该工程项目设计文件所规定的要求，具备了使用或投产的条件，是工程完结的标志。验收由专门组织的验收委员会对竣工项目进行查验，认为工程合格后办理工程交付手续，建筑商把物业交给开发商，这一交接过程称之为验收。所以，竣工验收阶段的工作分工，对施工建设者是竣工的实现；对建设单位是竣工的认可与查验、接收待用；对政府管理者，是监督竣工、验收的运行程序。

凡未经过竣工验收或验收不合格的建设项目和开发项目，不准交付使用。

（二）竣工验收的种类

建筑工程项目的验收不仅有竣工验收，而且还有隐蔽工程验收、单项工程验收、分期验收和全部工程验收。

1. 隐蔽工程验收

隐蔽工程验收是指将被其他工序施工所隐蔽的分部分项工程，在隐蔽之前所进行的检查验收，它是保证工程质量、防止留有质量隐患的重要措施。隐蔽工程验收的标准为施工图设计和现行技术规范。验收是由开发商和建筑商共同进行的，验收后要办理签证手续，双方均要在隐蔽工程检查签证上签字，并列入工程档案。对于检查中提出不符合质量要求的问题要认真进行处理，处理后进行复核并写明处理情况，未经检验合格不能进入下道工序施工。

2. 单项工程验收

单项工程验收是指某个单项工程已按设计要求施工完毕，具备使用条件，能满足投产要求时，建筑企业便可向开发商发出交工验收通知。开发商在接到建筑企业的交工通知后，应先自行检查工程质量、隐蔽工程验收资料、工程关键部分施工记录以及工程有否漏项等情况，然后再组织设计单位、建筑企业等共同进行交工验收。

3. 分期验收

分期验收是指在一个群体工程中分期分批进行建设的工程项目，或个别单位工程在达到使用条件、需要提前动用时所进行的验收。如住宅小区，当第一期房屋建成后，即可验收，以使建筑产品能提前投入使用，提前发挥投资效益。

4. 全部工程验收

全部工程验收是指工程项目按设计要求全部落成并达到竣工验收标准即可进行全部工程竣工验收。全部工程竣工验收应在做好验收准备工作的基础上，按预先验收再正式验收的顺序进行。

物业管理企业均应在物业前期管理中参与上述各种建筑工程项目的验收。物业管理企业应代表业主，从今后管理和使用的角度，根据专业经验提供意见。这样既便于避免建筑后遗症的发生，又便于掌握第一手资料，为日后的管理打好基础。

（三）建设工程竣工验收的监督管理机构

为贯彻《建设工程质量管理条例》，规范房屋建筑工程和市政基础设施工程的竣工验收，保证工程质量，建设部于2000年6月发布的《房屋建筑工程和市政基础设施工程竣工验收暂行规定》规定了新建、扩建、改建的各类房屋建筑工程和市政基础设施工程要进行竣工验收。

国务院建设行政主管部门负责全国工程竣工验收的监督管理工作。县级以上地方人民政府建设行政主管部门负责本行政区域内工程竣工验收的监督管理工作。

工程竣工验收工作，由建设单位负责组织实施。县级以上地方人民政府建设行政主管部门应当委托工程质量监督机构对工程竣工验收实施监督。

（四）竣工验收的条件

建设工程符合下列要求方可进行竣工验收。

（1）完成工程设计和合同约定的各项内容。

（2）施工单位在工程完工后对工程质量进行了检查，确认工程质量符合有关法律、法规和工程建设强制性标准，符合设计文件及合同要求，并提出工程竣工报告。工程竣工报告应经项目经理和施工单位有关负责人审核签字。

（3）对于委托监理的工程项目，监理单位对工程进行了质量评估，具有完整的监理资料，并提出工程质量评估报告。工程质量评估报告应经总监理工程师和监理单位有关负责人审核签字。

（4）勘察、设计单位对勘察、设计文件及施工过程中由设计单位签署的设计变更通知书进行了检查，并提出质量检查报告。质量检查报告应经该项目勘察、设计负责人和勘察、设计单位有关负责人审核签字。

（5）有完整的技术档案和施工管理资料。

（6）有工程使用的主要建筑材料、建筑构配件和设备的进场试验报告。

（7）建设单位已按合同约定支付工程款。

（8）有施工单位签署的工程质量保修书。

（9）城乡规划行政主管部门对工程是否符合规划设计要求进行检查，并出具认可文件。

（10）有公安消防、环保等部门出具的认可文件或者准许使用文件。

（11）建设行政主管部门及其委托的工程质量监督机构等有关部门责令整改的问题全部整改完毕。

（五）竣工验收的程序

工程竣工验收应当按以下程序进行。

（1）工程完工后，施工单位向建设单位提交工程竣工报告，申请工程竣工验收。实行监理的工程，工程竣工报告须经总监理工程师签署意见。

（2）建设单位收到工程竣工报告后，对符合竣工验收要求的工程，组织勘察、设计、施工、监理等单位和其他有关方面的专家组成验收组，制订验收方案。

（3）建设单位应当在工程竣工验收 7 个工作日前将验收的时间、地点及验收组名单书面通知负责监督该工程的工程质量监督机构。

（4）建设单位组织工程竣工验收。①建设、勘察、设计、施工、监理单位分别汇报工程合同履约情况和在工程建设各个环节执行法律、法规和工程建设强制性标准的情况；②审阅建设、勘察、设计、施工、监理单位的工程档案资料；③实地查验工程质量；④对工程勘察、设计、施工、设备安装质量、各管理环节等方面做出全面评价，形成经验收组人员签署的工程竣工验收意见。参与工程竣工验收的建设、勘察、设计、施工、监理等各方不能形成一致意见时，应当协商提出解决的方法，待意见一致后，重新组织工程竣工验收。

（5）工程竣工验收合格后，建设单位应当及时提出工程竣工验收报告。工程竣工验收报告主要包括工程概况，建设单位执行基本建设程序情况，对工程勘察、设计、施工、监理等方面的评价，工程竣工验收时间、程序、内容和组织形式，工程竣工验收意见等内容。

负责监督该工程的工程质量监督机构应当对工程竣工验收的组织形式、验收程序、执行验收标准等情况进行现场监督，发现有违反建设工程质量管理规定行为的，责令改正，并将对工程竣工验收的监督情况作为工程质量监督报告的重要内容。

六、建筑工程质量保修制度

建筑工程质量保修制度是一项重要制度。所谓建筑工程质量保修制度是指建设工程在办理竣工验收手续后，在规定的保修期限内，因勘察、设计、施工、材料等原因造成的质量缺陷，应当由施工承包单位负责维修、返工或更换，由责任单位负责赔偿损失。建设工程实行质量保修制度是落实建设工程质量责任的重要措施。《建筑法》、《建设工程质量管理条例》、《房屋建筑工程质量保修办法》对该项制度分别作了规定。

（一）建筑工程保修责任

建筑工程保修责任是指建设单位有对物业竣工验收后在保修期内出现不符合工程建筑强制性标准和合同约定的质量缺陷，予以保证修复的责任。质量缺陷是指房屋建筑工程的质量不符合工程建设强制性标准以及合同的约定。

保修责任应当按照国家规定的保修期限和保修范围承担。

（二）建筑工程质量保修办法

国家实施建筑工程实行质量保修制度。建设工程承包单位在向建设单位提交工程竣工验收报告时，应当向建设单位出具质量保修书。质量保修书中应当明确建设工程的保修范围、保修期限、保修责任等。《建设工程质量管理条例》第三条规定了建设单位、勘察单位、设计单位、施工单位、工程监理单位依法对建设工程质量负责。鉴于业主是与建设单位订立房屋销售合同，因此建设单位应当承担房屋质量保修的首要责任，如果是因为勘察单位、设计单位、施工单位、工程监理单位的原因造成的房屋质量问题，可以依法要求勘察单位、设计单位、施工单位、工程监理单位承担责任。

根据原建设部颁发的《商品住宅实行住宅质量保证书和住宅使用说明书制度的规定》，房地产开发企业在交付销售的新建商品住宅时，必须提供《住宅质量保证书》和《住宅使用说明书》。房地产开发企业应当按《住宅质量保证书》的记载，承担住宅的保修责任。住宅的保修期从开发企业交付用户使用之日起计算。但是如果是用户违反《住宅使用说明书》的提示，使用不当或者擅自改动物业的结构以及装修不当，由此而造成的质量问题房地产开发企业不承担保修责任。

1. 建筑工程质量保修期限

建设单位和施工单位应当在工程质量保修书中约定保修范围、保修期限、保修责任等，双方约定的保修范围、保修期限必须符合国家有关规定。

根据《建设工程质量管理条例》第四十条的规定，在正常使用条件下，建设工程的最低保修期限为：

（1）基础设施工程、房屋建筑的地基基础工程和主体结构工程，为设计文件规定的该工程的合理使用年限；

（2）屋面防水工程、有防水要求的卫生间、房间和外墙面的防渗漏，为 5 年；

（3）供热与供冷系统，为 2 个采暖期、供冷期；

（4）电气管线、给排水管道、设备安装和装修工程，为 2 年。其他项目的保修期限由发包方与承包方约定。建设工程的保修期，自竣工验收合格之日起计算。

2. 建筑工程质量保修责任

建筑工程的保修范围包括地基基础工程、主体结构工程、屋面防水工程和其他土建工程，以及电气管线、上下水管线的安装工程，供热、供冷系统工程等项目。地基基础工程或主体结构工程发现存在质量问题的，如果能够通过加固等确保建筑物安全的技术措施予以修复的，应当负责修复；不能修复造成建筑物无法继续使用的，有关责任者应当依法承担赔偿责任。保修的范围还包括屋面防水工程以及地面与楼面工程、门窗工程等。此外，电线管线、上下水管线的安装工程，包括电气线路、开关、电表的安装，电气照明器具的安装，给水管道、排水管道的安装，以及供热、供冷系统工程，包括暖气设备、中央空调设备等的安装工程也应给予保修。

在建设单位、勘察单位、设计单位、施工单位、工程监理单位之间，应根据造成质量问题的不同原因由不同单位分别承担责任。

（1）施工单位未按国家有关规范、标准和设计要求施工，造成的质量缺陷，由施工单位负责返修并承担经济责任。质量缺陷是指工程不符合国家或行业现行的有关技术标准、设计文件以及合同中对质量的要求。

（2）由于设计方面的原因造成的质量缺陷，由设计单位承担经济责任。

（3）因建筑材料、构配件和设备质量不合格引起的质量缺陷，属于施工单位采购的或经其验收同意的，由施工单位承担经济责任；属于建设单位采购的，由建设单位承担经济责任。

（4）因使用单位使用不当造成的质量缺陷，由使用单位自行负责。

（5）因地震、洪水、台风等不可抗力造成的质量问题，施工单位、设计单位不承担经济责任。

施工单位接到保修通知书之日起，必须及时到达现场与建设单位共同明确责任方，商议返修内容。属施工单位责任的，如施工单位未能按期到达现场，建设单位应再次通知施工单位；施工单位接到再次通知书后仍然不能按时到达的，建设单位有权自行返修，所发生的费用由原施工单位承担。

七、施工企业资质管理制度

按照《建筑法》、《建设工程质量管理条例》、《建筑业企业资质管理规定》、《在中国境内承包工程的外国企业资质管理暂行办法》的规定，建筑企业应当按照其拥有的注册资本、净资产、专业技术人员、已完成的业绩等资质条件申请资质，经审查合格，取得相应的资质证书后，方可在其资质等级许可的范围内从事建筑活动。

（一）施工企业的资质分类

建筑施工企业可分为工程施工总承包企业、专业承包企业和劳务分包企业三类。获得施工总承包资质的企业，可以对工程实行施工总承包或者对主体工程实行施工承包。承担施工总承包的企业可以对所承接的工程全部自行施工，也可以将非主体工程或者劳务作业

分包给具有相应专业承包资质或者劳务分包资质的其他建筑业企业。获得专业承包资质的企业，可以承接施工总承包企业分包的专业工程或者建设单位按照规定发包的专业工程。专业承包企业可以对所承接的工程全部自行施工，也可以将劳务作业分包给具有相应劳务分包资质的劳务分包企业。获得劳务分包资质的企业，可以承接施工总承包企业或者专业承包企业分包的劳务作业。

（二）建筑业企业的资质管理

新设立的建筑业企业，到工商行政管理部门办理登记注册手续并取得企业法人营业执照后，方可到建设行政主管部门办理资质申请手续。

按企业的建设业绩、人员素质、管理水平、资金数量、技术装备等，将工程总承包企业资质登记为一至三级，施工承包企业资质登记分为一至四级。各资质登记标准及承包工程范围由建设部统一制定、发布。目前，施工企业资质登记标准按1989年建设部《施工企业资质等级标准》执行。一级企业由建设部审批，二至四级根据隶属关系由国务院和有关部门和省、自治区、直辖市建设行政主管部门批准，经审查合格的企业由自治管理部门颁发《建筑业企业资质证书》。

（三）施工企业资质的动态管理

企业资质的动态管理是指由于情况变化，当构成及影响企业资质的条件已经高于或低于原定资质标准时，由资质管理部门对其资质等级或承包工程范围作相应调整的管理。动态管理通过资质年度检查和其他形式的监督检查进行。对企业资质的升级、降级实行公告制度。实行动态管理，主要是为了突出在市场竞争机制中内在素质的作用和用户对其资质的评价作用。

通过对企业的资质审查确定资质等级，由资质等级确定企业承接施工任务的范围与规模，通过对企业经营效益及工作业绩的考核来重新评定资质等级。这种双向的动态的资质管理就是我国对施工企业进行行业管理的主要手段和发展方向。

（四）工程总承包企业的资质管理

随着改革的不断深入，出现了以实现工程项目总承包为宗旨的企业集团。这种对工程从立项到交付使用全过程承包的企业，称为工程项目总承包企业。为加强对工程项目总承包企业的资质管理，1992年4月原建设部发布了《工程总承包企业资质管理暂行规定》。

工程项目总承包企业的资质分为三级。《暂行规定》从企业曾承担过总承包的工程数量、自有资金、人员素质、专业人员数量、企业承包总产值等方面规定了各资质等级须具备的具体条件。

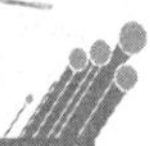

技能提高 5-2　　城市建设工程规划管理的具体内容

任何单位和个人在城市规划区新建、扩建和改建建筑物、构筑物、道路、管线和其他工程设施，必须持按照国家规定的有关批准文件，向城市规划行政主管部门提出建设申请。城市规划行政主管部门根据城市规划提出具体的规划设计要求，并审查有关规划设计文件和图纸，核发建设工程规划许可证，确定其建设活动的合法性。

按照建设项目的类型和期限不同，城市建设工程规划管理可以分为以下几大类。

（1）建筑管理。主要是按照城市规划要求对各项建筑工程（包括各类建筑物、构筑物）的性质、规模、位置、标高、高度、体量、体形、朝向、间距、建筑密度、容积率、建筑色彩、风格等进行审查和规划控制。

（2）道路管理。主要是按照城市规划要求对各类道路的走向、坐标和标高、道路宽度、道路等级、交叉口设计、横断面设计、道路附属设施等进行审查和规划控制。

（3）管线管理。主要按照城市规划要求对各项管线工程（包括地下埋设和地上架设的给水、雨水、污水、电力、通信、燃气、热力及其他管线）的性质、断面、走向、坐标、标高，架埋方式、架设高度、埋置深度、管线相互间的水平距离与垂直距离及交叉点的处理等进行审查和规划控制。

（4）审定设计方案。城市规划行政主管部门对于建设工程的初步设计方案进行审查，并确认其符合规划设计要点的要求后，建设单位就可以进行建设工程的施工图设计。

（5）核发建设工程规划许可证。建设工程规划许可证是有关建设工程符合城市规划要求的法律凭证。在城市规划区内新建、扩建和改建建筑物、构筑物、道路、管线和其他工程设施，必须持有关批准文件向城市规划行政主管部门提出申请，由城市规划行政主管部门根据城市规划提出的规划设计要求，核发建设工程规划许可证。在核发建设工程规划许可证前，城市规划行政主管部门应对建设工程施工图进行审查。建设单位或者个人在取得建设工程规划许可证件和其他有关批准文件后，方可申请办理开工手续。

（6）放线、验线制度。为了确保建设单位能够按照建设工程许可证的规定组织施工，建设工程的坐标、标高确认无误，城市规划行政主管部门应派专门人员或认可的勘测单位到施工现场进行放线，建设工程经城市规划行政主管部门验线后，方可破土动工。

各地城市规划行政主管部门要根据不同类型的建设项目的特点和城市的具体情况，制定相应不同的规划技术要求和审批办法。临时建设工程必须经城市规划行政主管部门批准并核发临时建设工程许可证后，方可施工。

练 中 学

一、关键词与重点概念

城乡规划、建设用地规划管理、建设工程规划管理、招标、建筑施工许可制度、工程监理、安全管理、竣工验收、保修责任、施工企业资质管理

二、练习与讨论

1. 城乡规划的编制分为哪几个阶段？城乡规划的审批权限是如何确定的？
2. 工程建设监理的范围是如何确定的？建设监理工作的主要内容是什么？
3. 办理施工许可证需要具备哪些条件？
4. 如何对建设工程质量实施质量监督？
5. 我国对房屋建筑工程的质量保修有哪些具体规定？
6. 工程竣工验收的条件和程序是什么？

三、案例分析

在一项目建设中，装修材料由建设单位供应，在保修期限内由于装修材料原因产生质量问题，责任如何确定？

本案涉及的是建筑工程的质量保修责任与质量赔偿责任界定问题。

建筑工程的质量保修责任与质量赔偿责任两者是既有联系，又有区别的。两者都是因工程质量产生的相应责任，都涉及施工的企业。但两者在需承担责任时，援引的依据不同，承担的责任亦不相同。根据建筑法以及相关行政法规的规定，我国的建筑工程实行质量保修制度，即施工单位在建筑工程竣工验收后对保修期限内出现的质量缺陷（包括因勘察设计、施工、材料等原因造成的质量缺陷），有义务予以修复。保修范围、保修期限和保修责任等应由建设单位和施工单位在工程质量保修书中明确约定，但双方所作约定的内容必须符合国家的规定。

必须予以明确的是，施工单位承担质量保修义务并不必然导致承担质量赔偿责任。根据建筑法、合同法等的规定，施工单位对工程的施工质量负责。施工单位在保修期内对工程缺陷进行维修，维修的经济责任由造成质量缺陷的责任方承担。因此，虽然施工单位在保修期内负有进行维修的义务，但维修所产生的经济等责任应由相关的责任方承担。

本案在建设中所用的装修材料为建设单位供应的情况下，由于装修材料本身的问题，导致质量问题，施工方可以予以维修，但该经济责任应由建设方承担。

四、技能训练

训练项目：参与一个开发项目建筑施工招标。

通过训练了解招标管理、招标组织和招标程序。

第六章　房地产交易法律制度

概　要

房地产交易包括房地产转让、房地产抵押和房屋租赁三种形式。为了维护房地产交易秩序，严格房地产交易规则，《物权法》、《城市房地产管理法》、《城市房地产转让管理规定》分别作了规定。房地产转让是权利人通过买卖、赠与、交换或者其他合法方式将其房地产转移给他人的行为，转让的房地产要符合条件，经登记取得物权效力。商品房买卖属房地产转让的主要形式，分预售和现售，是有偿转让。房地产抵押促进了房地产交易，抵押的房地产范围必须符合要求，房地产抵押权具有优先受偿权、追及力、物上请求权。房屋租赁是指租赁双方协商各自权利与义务，将房屋交由承租人使用，并向出租人支付租金的行为。

知识重点

1. 掌握房地产交易的概念与原则
2. 了解房地产交易的一般规定
3. 熟悉房地产转让条件
4. 掌握房地产预售制度内容
5. 掌握商品房买卖合同中内容变更的处理
6. 熟悉房地产抵押的主要法律规定
7. 了解房屋租赁的主要规定

技能必备

1. 会拟定房地产转让合同，并按全部程序完成交易。
2. 学会办理商品房预售许可证。
3. 掌握买卖商品房注意事项。
4. 掌握房地产抵押实务内容。

第一节　房地产交易概述

一、房地产交易

（一）房地产交易概念

房地产交易概念的界定最早规定在1988年建设部、国家物价局、国家工商行政管理局发布的《关于加强房地产交易市场管理的通知》中："城镇房地产交易，包括各种所有制房屋的买卖、租赁、转让、抵押，城市土地使用权的转让以及其他在房地产流通过程中的各种经营活动，均属房地产交易活动管理的范围，其交易活动应通过交易所进行。"1994年7月5日颁布的《城市房地产管理法》则对房地产交易进行了立法界定：房地产交易包括房地产转让、房地产抵押和房屋租赁三种形式。从以上内容可以看出，房地产交易是指城市各类房屋及其附属设施连同相关土地使用权依法转让、租赁、抵押的行为。无地上建筑物的土地使用权出让、转让，属土地使用权转让，也称地产交易。《城市房地产管理法》将土地使用权转让与房产转让合二为一，统称房地产转让。

（二）房地产交易的原则

房地产交易行为是平等的民事主体之间的民事行为，除应当遵循自愿、公平、诚实信用等原则外，还应当遵循房地产交易的特殊原则。

（1）房产权与地产权一同交易原则。房地产转让、抵押时，房屋的所有权和该房屋占用范围内的土地使用权同时转让、抵押。即土地使用权随地上建筑物所有权的转移而转移。我国不允许房屋所有权与土地使用权分离转让的做法。

（2）权利与义务承接转移原则。房地产转让时，土地使用权出让合同载明的权利、义务随之转移。作为原权利人，转让人应当如实告知受让人所转让房地产的权属、抵押、租赁等相关情况。

（3）房地产价格申报评估原则。国家对房产交易价格实行直接管理与间接管理相结合的原则，建立主要由市场形成价格的机制。实行市场调节价的房产交易，交易双方或其中一方可委托有关评估机构进行房产价格评估，双方可依据评估的价格协商议定成交价格。房地产行政主管部门发现交易双方的成交价格明显低于市场正常价格时，尽管不要求交易双方当事人更改成交价格，但要通知交易双方应当按市场评估价格交纳有关税费。

（4）房地产成交价格申报原则。国家实行房产交易成交价格申报制度。房产权利人应当向县级以上人民政府如实申报成交价格，不得瞒报或者作不实申报。房地产转让应当以申报的房地产成交价格作为缴纳税费的依据。成交价格明显低于正常市场价格的，以评估价格作为缴纳税费的依据。只要交易双方按照不低于正常市场价格交纳了税费，无论其合同价格为多少，都不影响办理房地产交易和权属登记的有关手续。

（5）依法登记原则。《物权法》规定："不动产物权的设立、变更、转让和消灭，经依法登记，发生效力；未经登记，不发生效力。"国家实行土地使用权和房屋所有权登记发证制度，房地产转让、抵押，当事人应当依法办理权属登记。《城市房地产转让管理规定》中也规定："房地产转让当事人在房地产转让合同签订后90日内持房地产权属证书、当事人的合法证明、转让合同等有关文件向房地产所在地的房地产管理部门提出申请，并申报成交价格"。

二、房地产交易的一般规定

为了规范城市房地产转让行为，保障当事人的合法权益，促进房地产市场健康发展，《城市房地产管理法》、《城市房地产开发经营管理条例》和《城市房地产转让管理规定》都对房地产交易进行了规定，主要有如下几条。

（1）从事房地产交易活动、办理房地产交易手续，当事人应当持有相应的房地产权利证书等合法证件。

（2）房地产交易应当使用书面合同。房地产开发企业、房地产中介机构，不得强制使用其制作的格式合同。

（3）办理房地产交易手续，交易当事人应当如实申报房地产交易价格，并按国家有关规定缴纳税费。

（4）房产交易应连同建筑物及其坐落地块范围的土地使用权同时作价交易。

（5）凡经过改建、扩建的房屋，产权人应向房产登记部门办妥房产变更手续，才能出售。

（6）继承人要出售继承的房屋，应先取得合法的继承权证书，方能申请出售。

（7）单位出售自筹资金兴建的房屋，应有主管部门审查同意的批文；属国家或地方财政拨款兴建、购买的房屋需出售时，应有主管部门或原拨款单位审查同意的批文，方能办理交易。

（8）出售共有或出租的房屋，卖方应提前三个月通知其共有人或承租人，共有人或承租人在同等条件下，可优先购买。

（9）私人享受国家、单位津贴或以优惠价购买建造的房屋需出售时，原则上出售给原津贴单位或房管部门，确实需要出售给其他单位或个人的，须经原津贴单位同意。

（10）法律规定禁止交易的房地产，不得进行交易。

三、房地产交易的管理

为了加强房地产交易管理，维护房地产交易秩序，负责房地产交易管理工作的房地产管理机关应当建立房地产交易的监督管理制度、投诉受理制度、信息披露制度等。规划、工商、价格等行政主管部门应按照各自职责，做好房地产交易的相关管理工作。房地产交易主管部门的主要职责是：① 验证交易标的物的权属；② 办理房地产交易登记手续；③ 确认交易标的物的价值；④ 依法查处房地产交易活动中的违法行为；⑤ 提供房地产交易咨询服务，并指导交易活动；⑥ 负责对房地产交易的咨询、评估、经纪等中介服务机构的管理；⑦ 贯彻执行国家法律、法规和政策，并制定房地产交易的具体制度和办法。

第二节　房地产转让

一、房地产转让概念与条件

（一）房地产转让概念与方式

房地产转让是指房地产权利人通过买卖、赠与、交换或者其他合法方式将其房地产转移给他人的行为。其他合法方式，主要包括下列行为：① 以房地产作价入股、与他人成立企业法人，房地产权属发生变更的；② 一方提供土地使用权，另一方或者多方提供资金，合资、合作开发经营房地产，而使房地产权属发生变更的；③ 因企业被收购、兼并或合并，房地产权属随之转移的；④ 以房地产抵债的；⑤ 法律、法规规定的其他情形。

（二）房地产转让的条件

房地产转让是一种要式法律行为，作为房地产转让的主体，自然人应当具有完全民事行为能力；房地产企业转让房地产，应当具有房地产经营资格；对于企业、事业单位、机关、团体、部队购买城市私房，必须持经县级以上政府主管部门的批准文件；还应当遵守以下一些特殊规定。

（1）以出让方式取得土地使用权的，转让房地产时，应当符合下列条件。① 按照出让合同约定已经支付全部土地使用权出让金，并取得土地使用权证书。② 按照出让合同约定进行投资开发，属于房屋建设工程的，完成开发投资总额的25%以上。③ 属于成片开发土地的，形成工业用地或者其他建设用地条件；转让房地产时房屋已经建成的，还应当持有房屋所有权证书。

（2）以出让方式取得土地使用权的，转让房地产后，其土地使用权的使用年限为原土地使用权出让合同约定的使用年限减去原土地使用者已经使用年限后的剩余年限。

（3）以出让方式取得土地使用权的，转让房地产后，受让人改变原土地使用权出让合同约定的土地用途的，必须取得原出让方和市、县人民政府城市规划行政主管部门的同意，签订土地使用权出让合同变更协议或者重新签订土地使用权出让合同，相应调整土地使用权出让金。

（4）以划拨方式取得土地使用权的，转让房地产时，应当按照国务院规定，报有批准权的人民政府审批。有批准权的人民政府准予转让的，应当由受让方办理土地使用权出让手续，并依照国家有关规定缴纳土地使用权出让金。

（5）以划拨方式取得土地使用权的，转让房地产报批时，有批准权的人民政府按照国务院规定决定可以不办理土地使用权出让手续的，转让方应当按照国务院规定将转让房地产所获收益中的土地收益上缴国家或者作其他处理。

房地产转让不得违反国家政策、法律与法规。下列房地产，不得转让。① 以出让方式取得土地使用权，但未取得土地使用权证书，或未完成开发投资总额的25%；或未形成建设用地条件；或现房转让未持有房屋所有权证书。② 被司法机关查封或以其他方式限制房地产登记的。③ 依法收回土地使用权的。④ 共有房地产未经其他共有人书面同意的。⑤ 权属有争议的。⑥ 未依法登记领取权属证书的。⑦ 法律、法规规定禁止转让的其他情形。

二、房地产转让的程序

房地产转让，应当按照下列程序办理：

（1）房地产转让当事人签订书面转让合同；

（2）房地产转让当事人在房地产转让合同签订后90日内持房地产权属证书、当事人的合法证明、转让合同等有关文件向房地产所在地的房地产管理部门提出申请，并申报成交价格；

（3）房地产管理部门对提供的有关文件进行审查，并在7日内做出是否受理申请的书面答复，7日内未作书面答复的，视为同意受理；

（4）房地产管理部门核实申报的成交价格，并根据需要对转让的房地产进行现场查勘和评估；

（5）房地产转让当事人按照规定缴纳有关税费；

（6）房地产管理部门办理房屋权属登记手续，核发房地产权属证书。

三、房地产转让合同

房地产转让，应当签订书面转让合同。房地产转让合同是指房地产的转让人与受让人为明确双方在房地产转让过程中各自的权利和义务而达成的书面一致意见。房地产转让合

同的主体须是房产所有人，客体是土地使用权和房屋所有权。在房地产转让合同中转让的房地产交付给受让方，并将土地使用权或房屋所有权经以合法形式转给受让方，受让方的主要义务是接受房地产并向转让方支付有关费用。

房地产转让合同应当载明下列主要内容：① 双方当事人的姓名或者名称、住所；② 房地产权属证书名称和编号；③ 房地产坐落位置、面积、四至界限；④ 土地宗地号、土地使用权取得的方式及年限；⑤ 房地产的用途或使用性质；⑥ 成交价格及支付方式；⑦ 房地产交付使用的时间；⑧ 违约责任；⑨ 双方约定的其他事项。

依据合同法的规定，房地产转让的合同自成立起生效。物权法规定："不动产物权的设立、变更、转让和消灭，经依法登记，发生效力；未经登记，不发生效力。""当事人之间订立有关设立、变更、转让和消灭不动产物权的合同，除法律另有规定或者合同另有约定外，自合同成立时生效；未办理物权登记的，不影响合同效力。"合同效力与房地产是否办理登记没有关系，却关系到受让方能否取得物权。在我国，物权变动时，须有物权变动的意思表示及履行登记之法定形式，方能发生物权变动的法律效力。物权变动不经登记不仅不能对抗第三人，在当事人之间也不能发生物权变动的效力。

案例分析 6-1

甲与乙签订房屋买卖合同，将房屋交付给乙，但没有进行登记。这时，丙听说甲要卖房子，于是提出更好的条件购买甲的房屋，甲与丙签订了房屋买卖合同，并且进行了房屋过户登记。试分析上述行为。

分析：甲乙签订的是房屋买卖合同，甲丙签订的也是房屋买卖合同，符合法律、行政法规的要求，因此，都是合法有效的。不能以为甲乙的房屋买卖合同没有进行房屋过户登记而认定合同无效。在本案中，两份买卖合同都是有效的，丙因为进行了登记，因此取得房屋所有权，而对于乙来说，只能根据合同请求甲承担违约责任，赔偿其损失。

第三节　商品房买卖

一、商品房买卖含义

商品房买卖是房地产转让的主要形式，属于有偿转让。商品房是指开发商开发建设的供销售的、能办理房屋产权证和国有土地使用权证、可以自定价格出售的产权房。商品房买卖是指房地产开发企业（以下统称为出卖人）将尚未建成或者已竣工的房屋向社会销售并转移房屋所有权于买受人，买受人支付价款的行为。房地产开发企业可以自行销售商品房，也可以委托房地产中介服务机构销售商品房。根据商品房是否竣工分为商品房预售和商品房现售。

二、商品房预售

商品房预售是指房地产开发企业将正在建设中的商品房预先出售给买受人，并由买受人支付定金或者房屋价款的行为。

1. 商品房预售条件

《城市商品房预售管理办法》规定了商品房预售应当符合的几个条件：

（1）已交付全部土地使用权出让金，取得土地使用权证书；

（2）持有建设工程规划许可证和施工许可证；

（3）按提供预售的商品房计算，投入开发建设的资金达到工程建设总投资的 25%以上，并已经确定施工进度和竣工交付日期；

（4）已办理预售登记，取得《商品房预售许可证》。

2. 商品房预售许可制度

商品房预售实行许可制度。开发企业进行商品房预售，应当向房地产管理部门申请预售许可，取得《商品房预售许可证》。未取得《商品房预售许可证》的，不得进行商品房预售。开发企业进行商品房预售，应当向承购人出示《商品房预售许可证》。售楼广告和说明书应当载明《商品房预售许可证》的批准文号。商品房预售人应当按照国家有关规定将预售合同报县级以上人民政府房产管理部门和土地管理部门登记备案。商品房预售所得款项，必须用于有关的工程建设。未取得《商品房预售许可证》的，不得进行商品房预售。

3. 申请预售许可文件

开发企业申请预售许可，应当提交下列证件（复印件）及资料：① 商品房预售许可申请表；② 开发企业的《营业执照》和资质证书；③ 土地使用权证、建设工程规划许可证、施工许可证；④ 投入开发建设的资金占工程建设总投资的比例符合规定条件的证明；⑤ 工程施工合同及关于施工进度的说明；⑥ 商品房预售方案。预售方案应当说明预售商品房的位置、面积、竣工交付日期等内容，并应当附预售商品房分层平面图。

4. 开发企业的义务与责任

在商品房预售时，开发企业应当与买受人签订商品房预售合同。开发企业应当自签约之日起 30 日内，向房地产管理部门和市、县人民政府土地管理部门办理商品房预售合同登记备案手续。如房地产开发企业未取得商品房预售许可证明，则其与买受人订立的商品房

预售合同将被认定无效，除非在起诉前取得商品房预售许可证。

预售的商品房交付使用之日起90日内，买受人应当依法到房地产管理部门和市、县人民政府土地管理部门办理权属登记手续。开发企业应当予以协助，并提供必要的证明文件。由于开发企业的原因，买受人未能在房屋交付使用之日起90日内取得房屋权属证书的，除开发企业和承购人有特殊约定外，开发企业应当承担违约责任。

开发企业未取得《商品房预售许可证》预售商品房的、开发企业不按规定使用商品房预售款项的、开发企业隐瞒有关情况、提供虚假材料，或者采用欺骗、贿赂等不正当手段取得商品房预售许可的，由房地产管理部门进行罚款等处罚。

技能提高6-1　　某市办理商品房预售许可证程序材料

（1）办理程序为：行政审批中心房管局窗口收件→房管局办公室签署意见→物业管理办公室审核物业管理材料→房产交易中心交易市场管理所审核材料，现场查看核实，签署意见→房产交易中心主要领导签署意见→房管局主要领导审批→做出准予预售的行政许可书面决定，颁发《商品房预售许可证》。

（2）所需材料有：商品房预售许可申请书；《国有土地使用证》、《建设工程规划许可证》和《施工许可证》；开发企业的《营业执照》和资质等级证书；按提供预（销）售的商品房计算，投入开发建设的资金达到工程建设总投资的25%以上的书面证明及监理公司出具的施工进度证明；工程施工合同；已签订的前期物业服务合同；商品房预（销）售方案；小区规划总平面图、商品房分层平面图、分户面积图；商品房预售款监管协议及预售款监管银行开户印鉴卡；建筑节能措施说明书；商品房预测绘报告、规范的预售商品房楼盘表和经办人身份证明等。委托办理预售申请的，还应提交书面委托书。

三、商品房现售

商品房现售是指房地产开发企业将竣工验收合格的商品房出售给买受人，并由买受人支付房价款的行为。这就是说商品房要现售，必须已经竣工验收合格，取得竣工验收合格证明，这是国家对商品房现售的基本要求。

（一）商品房现售条件

商品房现售，应当符合以下条件：

（1）现售商品房的房地产开发企业应当具有企业法人营业执照和房地产开发企业资质证书；

（2）开发企业已取得土地使用权证书或者使用土地的批准文件；

（3）开发企业持有建设工程规划许可证和施工许可证；

（4）现售商品房已通过竣工验收；

（5）拆迁安置已经落实；

（6）供水、供电、供热、燃气、通信等配套基础设施具备交付使用条件，其他配套基础设施和公共设施具备交付使用条件或者已确定施工进度和交付日期；

（7）物业管理方案已经落实。

（二）商品房现售要求

（1）房地产开发企业应当在商品房现售前将房地产开发项目手册及符合商品房现售条件的有关证明文件报送房地产开发主管部门备案。

（2）房地产开发企业销售设有抵押权的商品房，其抵押权的处理按照《担保法》、《城市房地产抵押管理办法》的有关规定执行。

（3）房地产开发企业不得在未解除商品房买卖合同前，将作为合同标的物的商品房再行销售给他人。

（4）房地产开发企业不得采取返本销售或者变相返本销售的方式销售商品房。房地产开发企业不得采取售后包租或者变相售后包租的方式销售未竣工商品房。

（5）商品住宅按套销售，不得分割拆零销售。

（6）商品房销售时，房地产开发企业选聘了物业管理企业的，买受人应当在订立商品房买卖合同时与房地产开发企业选聘的物业管理企业订立有关物业管理的协议。

（三）商品房买卖合同

商品房销售时，房地产开发企业和买受人应当订立书面商品房买卖合同。房地产开发企业、房地产中介服务机构发布的商品房销售广告和宣传资料所明示的事项，当事人应当在商品房买卖合同中约定。

1. 合同主要内容

为便于在房地产登记机构登记，商品房买卖可采用相关部门的示范文本。也可以自拟合同文本。自拟合同文本应具备以下主要内容，且在合同订立前，应当将合同文本报工商行政管理部门备案，商品房买卖合同的基本内容有：① 当事人名称或者姓名和住所；② 商品房基本情况；③ 商品房的销售方式；④ 商品房价款的确立方式及总价款、计款方式、付款时间；⑤ 交付使用条件及日期；⑥ 装饰设备标准承诺；⑦ 供水、供电、供热、燃气、通信、道路、绿化等配套基础设施和公共设施的交付承诺和有关权益、责任；⑧ 公共配套建筑的产权归属；⑨ 面积差异的处理方式；⑩ 办理产权登记有关事宜；⑪ 解决争议的方

法；⑫ 违约责任；⑬ 双方约定的其他事项。

2. 房屋面积差异的处理

按套内建筑面积或者建筑面积计价的，当事人应当在合同中载明合同约定面积与产权登记面积发生误差的处理方式。合同没有约定或约定不明确的，按以下原则处理：

（1）面积误差比绝对值在3%以内（含3%）的，据实结算房价款；

（2）面积误差比绝对值超出3%时，买受人有权退房。

买受人退房的，房地产开发企业应当在买受人提出退房之日起30日内将买受人已付房价款退还给买受人，同时支付已付房价款利息。买受人不退房的，产权登记面积大于合同约定面积时，面积误差比在3%以内（含3%）部分的房价款由买受人补足；超出3%部分的房价款由房地产开发企业承担，产权归买受人。产权登记面积小于合同约定面积时，面积误差比绝对值在3%以内（含3%）部分的房价款由房地产开发企业返还买受人；绝对值超出3%部分的房价款由房地产开发企业双倍返还买受人。

3. 商品房的计价方式

商品房销售可以按套（单元）计价，也可以按套内建筑面积或者建筑面积计价。商品房建筑面积由套内建筑面积和分摊的共有建筑面积组成，套内建筑面积部分为独立产权，分摊的共有建筑面积部分为共有产权，买受人按照法律、法规的规定对其享有权利，承担责任。按套（单元）计价或者按套内建筑面积计价的，商品房买卖合同中应当注明建筑面积和分摊的共有建筑面积。并约定建筑面积不变而套内建筑面积发生误差以及建筑面积与套内建筑面积均发生误差时的处理方式。

4. 规划、设计变更的处理

房地产开发企业应当按照批准的规划、设计建设商品房。商品房销售后，房地产开发企业不得擅自变更规划、设计。经规划部门批准的规划变更、设计单位同意的设计变更导致商品房的结构形式、户型、空间尺寸、朝向变化，以及出现合同当事人约定的其他影响商品房质量或者使用功能情形的，房地产开发企业应当在变更确立之日起10日内，书面通知买受人。买受人有权在通知到达之日起15日内做出是否退房的书面答复。买受人在通知到达之日起15日内未作书面答复的，视同接受规划、设计变更以及由此引起的房价款的变更。房地产开发企业未在规定时限内通知买受人的，买受人有权退房；买受人退房的，由房地产开发企业承担违约责任。

（四）商品房的交付使用及其质量保证

1. 商品房交付使用意义

商品房的交付由物的交付和权利的交付组成。物的交付即对房屋的转移占有，权利的交付即房地产权利的转移登记。最高人民法院关于《审理商品房买卖合同纠纷案件适用法律若干问题的解释》第十一条第一款规定：对房屋的转移占有，视为房屋的交付使用，但当事人另有约定的除外。房屋毁损、灭失的风险，在交付使用前由出卖人承担，交付使用后由买受人承担；买受人接到出卖人的书面交房通知，无正当理由拒绝接收的，房屋毁损、灭失的风险自书面交房通知确定的交付使用之日起由买受人承担，但法律另有规定或者当事人另有约定的除外。

根据我国《物权法》以及《城市房地产管理法》规定，我国对于房屋的转让，将登记作为房地产产权变动的必要要件。因此商品房的交付必须以办理产权过户为标准，在办理过户之前，即使买受人实际占有该房屋，该房屋的产权仍属出卖人，而不属于买受人，买受人不能以合同或占有方式来对抗第三人。

2. 商品房违约交付的责任

房地产开发企业应当按照合同约定，将符合交付使用条件的商品房按期交付给买受人。未能按期交付的，房地产开发企业应当承担违约责任。因不可抗力或者当事人在合同中的约定的其他原因，需延期交付的，房地产开发企业应当及时告知买受人。房地产开发企业销售商品房时设置样板房的，应当说明实际交付的商品房质量、设备及装修与样板房是否一样，未作说明的，实际交付的商品房应当与样板房一致。主要违约情形与责任有下列几种。

（1）出卖人迟延交付房屋或者买受人迟延支付购房款，经催告后在三个月的合理期限内仍未履行，当事人一方请求解除合同的，应予支持，但当事人另有约定的除外。法律没有规定或者当事人没有约定，经对方当事人催告后，解除权行使的合理期限为三个月。对方当事人没有催告的，解除权应当在解除权发生之日起一年内行使；逾期不行使的，解除权消灭。

（2）商品房买卖合同约定或者《城市房地产开发经营管理条例》第三十三条规定的办理房屋所有权登记的期限届满后超过一年，由于出卖人的原因，导致买受人无法办理房屋所有权登记，买受人请求解除合同和赔偿损失的，应予支持。

（3）由于出卖人的原因，买受人在下列期限届满未能取得房屋权属证书的，除当事人有特殊约定外，出卖人应当承担违约责任：①商品房买卖合同约定的办理房屋所有权登记的期限；②商品房买卖合同的标的物为尚未建成房屋的，自房屋交付使用之日起 90 日；

③商品房买卖合同的标的物为已竣工房屋的，自合同订立之日起90日。

3. 商品房的相关文件交付义务

销售商品住宅时，房地产开发企业应当根据《商品住宅实行质量保证书和住宅使用说明书制度的规定》，向买受人提供《住宅质量保证书》、《住宅使用说明书》。买受人还可要求房地产开发企业提供实测面积的有关资料。

《住宅质量保证书》应当包括以下内容：

（1）工程质量监督部门核验的质量等级；

（2）基础设施工程、房屋建筑的地基基础工程和主体结构工程，为设计文件规定的该工程的合理使用年限；

（3）屋面防水工程、有防水要求的卫生间、房间和外墙面的防渗漏，保修期为5年；供热与供冷系统，为2个采暖期、供冷期；电气管线、给排水管道、设备安装和装修工程，为2年；

（4）用户报修的单位答复和处理的时限。

《住宅使用说明书》还应当对住宅的结构、性能和各部位（部件）的类型、性能标准等做出说明，并提出使用注意事项。

4. 商品房的保修责任

房地产开发企业应当对所售商品房承担质量保修责任。当事人应当在合同中就保修范围、保修期限、保修责任等内容做出约定。保修期从交付之日起计算。商品住宅的保修期限不得低于建设工程承包单位向建设单位出具的质量保修书约定保修期的存续期；存续期少于《规定》中确定的最低保修期限的，保修期不得低于《规定》中确定的最低保修期限。非住宅商品房的保修期限不得低于建设工程承包单位向建设单位出具的质量保修书约定的保修期的存续期。

在保修期限内发生的属于保修范围的质量问题，房地产开发企业应当履行保修义务，并对造成的损失承担赔偿责任。商品住宅委托物业管理公司等单位维修的，应在《住宅质量保证书》中明示所委托的单位。因不可抗力或者使用不当造成的损坏，房地产开发企业不承担责任。

5. 商品房合同解除条件

商品房交付使用后，买受人认为主体结构不合格的，可以依照有关规定委托工程质量检测机构核验。经核验，确属主体结构质量不合格的，买受人有权退房；给买受人造成损失的，房地产开发企业应当依法承担赔偿责任。因房屋质量问题严重影响正常居住使用，买受人也可要求解除合同和赔偿损失。

第四节　房地产抵押

随着我国房地产市场的快速发展，房地产金融市场越发活跃，国有土地使用权抵押、在建工程抵押、预售与按揭制度、房地产抵押等制度在保障房地产交易安全、增进房地产融资渠道、拉动房地产相关行业发展中都成为重要保障手段。

一、房地产抵押权概述

1. 房地产抵押含义

抵押权是担保物权的一种。担保物权是以保证债的履行为目的，在债务人或第三人的所有物或者权利上设定的限制物权。房地产抵押是指抵押人以其合法的房地产（土地使用权、房屋和房屋期权统称房地产）以不转移占有的方式向抵押权人提供债务履行担保的行为。债务人不履行债务时，债权人有权依法以抵押的房地产拍卖所得的价款优先受偿。抵押人是指将依法取得的房地产提供给抵押权人，作为本人或者第三人履行债务担保的公民、法人或者其他组织。抵押权人是指接受房地产抵押作为债务人履行债务担保的公民、法人或者其他组织。房屋期权是指以建设工程总承包合同、建设工程施工总承包合同或者以商品房预购（售）合同约定将来某一时间获得建成房屋的权利。房屋期权包括房屋建设工程期权和预购商品房期权。债务主要是指平等民事主体之间的债务，尤其是指房地产抵押贷款。房地产抵押贷款以抵押的标的物来区分，可分为房地产抵押、在建工程抵押和预购商品房抵押（按揭）。在建工程抵押是指抵押人为取得在建工程继续建造资金的贷款，以其合法方式取得的土地使用权连同在建工程的投入资产，以不转移占有的方式抵押给贷款银行作为偿还贷款履行担保的行为。预购商品房贷款抵押是指购房人在支付首期规定的房价款后，由贷款银行代其支付其余的购房款，将所购商品房抵押给贷款银行作为偿还贷款履行担保的行为。

2. 住房按揭制度

住房按揭就是购房者以所购住房做抵押并由其所购买住房的房地产企业提供阶段性担保的个人住房贷款业务。楼宇按揭在国外相当普遍，已成为发达国家和地区广为流行的一种融资购楼方式。在国内，中国人民银行颁布的《个人住房贷款管理办法》做了规定。购房者办理楼宇按揭的具体程序如下。

（1）选择房产，确认开发商建设的房产是否获得银行的按揭贷款。

（2）申请办理按揭贷款，填报《按揭贷款申请书》。

（3）签订购房合同，银行经审查确认购房者符合按揭贷款的条件后，发给购房者同意贷款通知或按揭贷款承诺书，购房者即可与开发商或其代理商签订《商品房预售、销售合同》。

（4）签订楼宇按揭合同，明确按揭贷款数额、年期、利率、还款方式及其他权利义务。

（5）办理抵押登记、保险。购房者、开发商和银行持《楼宇按揭抵押贷款合同》及购房合同到房地产管理部门办理抵押登记备案手续。对期房，在竣工后应办理变更抵押登记。在通常情况下，由于按揭贷款期间相对较长，银行为防范贷款风险，要求购房者申请人寿、财产保险。

（6）开立专门还款账户。购房者在签订《楼宇按揭抵押贷款合同》后，按合同约定，在银行指定的金融机构开立专门还款账户，并签订授权书，授权该机构从该账户中支付银行与按揭贷款合同有关的贷款本息和欠款。银行在确认购房者符合按揭贷款条件，履行《楼宇按揭抵押贷款合同》约定义务，并办理相关手续后，一次性将该贷款划入开发商在银行开设的银行监管账户，作为购房者的购房款。

3. 房地产抵押权的效力

房地产抵押权主要有三种效力，即“优先受偿权”、“追及力”和“物上请求权”。

优先受偿权是指房地产抵押以后，债务人不履行到期债务或者发生当事人约定的实现抵押权的情形，抵押权人可以与抵押人协议以抵押财产折价或者以拍卖、变卖该抵押财产所得的价款优先受偿。抵押权人与抵押人未就抵押权实现方式达成协议的，抵押权人可以请求人民法院拍卖、变卖抵押财产。在担保期间，担保财产毁损、灭失或者被征收等，担保物权人可以就获得的保险金、赔偿金或者补偿金等优先受偿。被担保债权的履行期未届满的，也可以提存该保险金、赔偿金或者补偿金等。

追及效力是指抵押人将已抵押的房地产让与他人时，抵押权人可以追及抵押物而行使其权利。抵押期间，抵押人经抵押权人同意转让抵押财产的，应当将转让所得的价款向抵押权人提前清偿债务或者提存。转让的价款超过债权数额的部分归抵押人所有，不足部分由债务人清偿。抵押期间，抵押人未经抵押权人同意，不得转让抵押财产，但受让人代为清偿债务消灭抵押权的除外。

物上请求权是指抵押权人对抵押的房地产享有物上请求权。包括抵押人在内，无论谁非法侵害抵押财产，抵押权人都可以以权利的名义独立请求法律保护。抵押人的行为足以使抵押财产价值减少的，抵押权人有权要求抵押人停止其行为；抵押财产价值减少的，抵押权人有权要求恢复抵押财产的价值，或者提供与减少的价值相应的担保；抵押人不恢复抵押财产的价值也不提供担保的，抵押权人有权要求债务人提前清偿债务。

二、房地产抵押权的设定

1. 抵押的房地产范围

《物权法》规定债务人或者第三人有权处分的下列财产可以抵押：① 建筑物和其他土地附着物；② 建设用地使用权；③ 以招标、拍卖、公开协商等方式取得的荒地等土地承包经营权；④ 正在建造的建筑物。抵押人可以将前款所列财产一并抵押。

2. 房地产充当抵押物的要求

根据不同的抵押物，《物权法》与《城市房地产抵押管理办法》等有关法规作了如下规定。

（1）以建筑物抵押的，该建筑物占用范围内的建设用地使用权一并抵押；以建设用地使用权抵押的，该土地上的建筑物一并抵押；抵押人未依照前款规定一并抵押的，未抵押的财产视为一并抵押。

（2）以已设定抵押权的房地产再次抵押的，抵押人应当将已抵押的事实书面告知接受再抵押者。

（3）以已出租的房地产设定抵押权的，抵押人应当书面告知承租人，原租赁合同继续有效。

（4）以有土地使用年限的房地产设定抵押权的，抵押所担保债务的履行期限不得超过土地使用年限。

（5）以按份共有的房地产设定抵押权的，抵押物以抵押人享有的份额为限。以共同共有的房地产设定抵押权的，必须经全体共有人同意，抵押人为全体共有人。

（6）以两宗以上房地产设定同一抵押权的，视为同一抵押物；在抵押权存续期间，其承担的共同担保义务不可分割。抵押人和抵押权人另有约定的，从其约定。

（7）房屋及其占用范围内的土地使用权应当同时抵押；以部分房屋抵押的，该部分房屋所占相应比例的土地使用权应当同时抵押。

（8）房地产开发企业不得以已预售的商品房设定抵押权。房地产开发企业以已建成商品房设定抵押权的，在抵押权存续期间，不得销售该抵押物。

（9）建设用地使用权抵押后，该土地上新增的建筑物不属于抵押财产。该建设用地使用权实现抵押权时，应当将该土地上新增的建筑物与建设用地使用权一并处分，但新增建筑物所得的价款，抵押权人无权优先受偿。

（10）乡镇、村企业的建设用地使用权不得单独抵押。以乡镇、村企业的厂房等建筑物抵押的，其占用范围内的建设用地使用权一并抵押。

3. 禁止抵押的房地产

下列房地产不得抵押：

（1）以行政划拨方式获得的尚未建有房屋及其他地上定着物的土地使用权；

（2）尚未建有房屋及其他地上定着物的农村集体所有土地使用权；

（3）学校、幼儿园、医院等以公益为目的的事业单位、社会团体的教育设施、医疗卫生设施和其他社会公益设施；

（4）依法列入城市房屋拆迁范围或者集体所有土地征用范围的房屋、土地使用权；

（5）政府代管的房地产；

（6）未依法登记领取权属证书的房屋和土地使用权；

（7）权属不明或者有争议的房地产；

（8）依法被查封、监管的房地产或者依法被以其他形式限制转移的房地产；

（9）已出租的公有居住房屋；

（10）依法不得抵押的其他房地产。

4. 抵押担保的债权范围与期间

抵押担保的债权范围，包括主债权及利息、违约金、损害赔偿金和实现抵押权的费用。抵押合同另有约定的，从其约定。抵押权与其担保的债权同时存在，债权消灭的，抵押权也消灭。

5. 抵押物价值与所担保的债权

设定抵押权时，抵押物的价值由抵押人和抵押权人协商；抵押人和抵押权人协商不成的，可以经双方当事人协商委托房地产评估机构评估确定；但法律、法规另有规定的除外。抵押物所担保的债权不得超出该房地产的价值。其中，出让土地使用权抵押所担保的债权不得超出国有土地使用权出让金的款额；房屋建设工程期权抵押所担保的债权不得超出该建设工程总承包合同或者建设工程施工总承包合同约定的建设工程造价。设定抵押权后，该房地产的价值大于所担保债权的余额部分可以再次抵押，但再次抵押所担保的债权数额不得超出其价值的余额部分。

三、房地产抵押合同

1. 抵押合同

设定房地产抵押应当签订书面的抵押合同。抵押合同可以以在主债权合同中订立抵押条款的方式签订，也可以单独签订。抵押合同一般包括下列条款：① 被担保债权的种类和数额；② 债务人履行债务的期限；③ 抵押财产的名称、数量、质量、状况、所在地、所有权归属或者使用权归属；④ 担保的范围。订立抵押合同时，抵押权人和抵押人在合同中不得约定在债务履行期届满而抵押权人未受清偿时，抵押物的所有权转移为债权人所有。

2. 抵押合同的变更与解除

抵押人和抵押权人协商一致，可以变更抵押合同。变更抵押合同，应当签订书面的抵押变更合同。一宗抵押物上存在两个以上抵押权的，需要变更抵押合同的抵押权人，必须征得所有后顺位抵押权人的同意。抵押人和抵押权人协商一致，可以解除抵押合同。解除抵押合同，应当签订书面的抵押解除合同。

3. 抵押合同的终止

有下列情形之一的，抵押合同终止：

（1）抵押所担保的债务已经履行；

（2）抵押合同被解除；

（3）债权人免除债务；

（4）法律规定终止或者当事人约定终止的其他情形。

4. 房地产抵押合同登记

设定房地产抵押权，应当办理抵押登记，抵押权自登记时设立。抵押合同发生变更的，应当依法变更抵押登记。抵押变更合同自变更抵押登记之日起生效。抵押人和抵押权人应当按照房地产登记的管理权限，向市或者区、县房地产登记机构办理抵押登记。

四、抵押房地产的占用与管理

作抵押的房地产，由抵押人占用与管理。抵押人在抵押房地产占用与管理期间应当维护抵押房地产的安全与完好。抵押权人有权按照抵押合同的规定监督、检查抵押房地产的管理情况。

抵押权可以随债权转让。抵押权转让时，应当签订抵押权转让合同，并办理抵押权变更登记。抵押权转让后，原抵押权人应当告知抵押人。经抵押权人同意，抵押房地产可以转让或者出租。抵押房地产转让或者出租所得价款，应当向抵押权人提前清偿所担保的债权。超过债权数额的部分，归抵押人所有，不足部分由债务人清偿。

因国家建设需要，将已设定抵押权的房地产列入拆迁范围的，抵押人应当及时书面通知抵押权人；抵押双方可以重新设定抵押房地产，也可以依法清理债权债务，解除抵押合同。抵押人占用与管理的房地产发生损毁、灭失的，抵押人应当及时将情况告知抵押权人，并应当采取措施防止损失的扩大。抵押的房地产因抵押人的行为造成损失使抵押房地产价

值不足以作为履行债务的担保时，抵押权人有权要求抵押人重新提供或者增加担保以弥补不足。抵押人对抵押房地产价值减少无过错的，抵押权人只能在抵押人因损害而得到的赔偿的范围内要求提供担保。抵押房地产价值未减少的部分，仍作为债务的担保。

五、房地产抵押权的实现

1. 行使抵押权的条件

债务履行期届满时，有下列情形之一的，抵押权人可以行使抵押权：

（1）债务人不履行到期债务的；

（2）债务人死亡、被依法宣告死亡，其合法继承人、受遗赠人不履行到期债务的；

（3）债务人解散或者被宣告破产的；

（4）抵押权人未受清偿的其他情形。

2. 抵押权行使方式

债务履行期届满而未受清偿的抵押权人可以与抵押人协议，以抵押物折价或者以拍卖、变卖该抵押物所得的价款受偿。一宗抵押物上存在两个以上抵押权的，债务履行期届满而未受清偿的抵押权人行使抵押权时，应当通知其他抵押权人，并应当与所有先顺位抵押权人就该抵押权及其被担保债权的处理进行协商；协商不成的，该抵押权人可以与抵押人协议以拍卖或者变卖方式处分抵押物。各抵押权人对拍卖或者变卖抵押物所得价款的优先受偿顺序，以抵押登记的顺序为准。

3. 抵押权的实现

拍卖或者变卖抵押物所得的价款，应当按照下列方式处理：

（1）对债务履行期届满的抵押权人，清偿所担保的债权；

（2）对其他抵押权人，抵押人可以与其协商提前清偿抵押所担保的债权，也可以与其协商将处分抵押物所得的价款向约定的第三人提存作为抵押财产。

抵押人和抵押权人协议以折价、变卖方式处分抵押物的，下列自然人、法人或者其他组织在同等条件下依法享有优先购买权：① 按份共有抵押物的其他共有人；② 抵押前已出租房地产的承租人。抵押人和抵押权人以抵押物折价或者变卖抵押物前，应当书面征询前款所列享有优先购买权的当事人是否行使优先购买权。

以行政划拨土地使用权连同地上定着物设定抵押权的，抵押权人处分抵押物时，应当缴纳相当于应当缴纳的国有土地使用权出让金的款额后，方可就剩余价款优先受偿。新增房屋的拍卖所得抵押权人无权优先受偿。

处分抵押物所得的价款，依下列顺序分配：① 处分抵押物的费用；② 处分抵押物应缴纳的税费；③ 相当于应缴纳的国有土地使用权出让金的款额；④ 应支付的建造该建设工程的欠款；⑤ 主债权及利息、违约金、损害赔偿金；⑥ 剩余金额交还抵押人。处分抵押物所得价款不足抵押所担保债权数额的部分，由债务人负责清偿。

第五节 房屋租赁

一、房屋租赁概念

房屋租赁是指房屋所有权人作为出租人将其房屋出租给承租人使用，由承租人向出租人支付租金的行为。建设部制定的《城市房屋租赁管理办法》明确了房屋所有权人将房屋出租给承租人居住或提供给他人从事经营活动及以合作方式与他人从事经营活动的为房屋租赁。为加强城市房屋租赁管理，维护房地产市场秩序，保障房屋租赁当事人的合法权益，国务院建设行政主管部门主管全国城市房屋租赁管理工作。

二、租赁房屋的范围

公民、法人或其他组织对享有所有权的房屋和国家授权管理和经营的房屋可以依法出租。住宅用房的租赁，应当执行国家和房屋所在地城市人民政府规定的租赁政策。

有下列情形之一的房屋不得出租：

（1）未依法取得房屋所有权证的；

（2）司法机关和行政机关依法裁定、决定、查封的或者以其他形式限制房产权利的；

（3）共有房屋未取得共有人同意的；

（4）权属有争议的；

（5）属于违法建筑的；

（6）不符合安全标准的；

（7）已抵押，未经抵押权人同意的；

（8）不符合公安、环保、卫生等主管部门有关规定的；

（9）有关法律、法规规定禁止出租的其他情形。

三、房屋租赁合同

房屋租赁当事人应当遵循自愿、平等、互利的原则签订书面租赁合同。租赁合同是指出租人在一定期限内将房屋转移给承租人的占有、使用、收益的协议。房屋租赁当事人按照租赁合同约定，享有权利，并承担相应的义务。

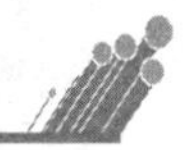

租赁合同应当具备以下条款。

（1）当事人姓名或名称及住所。

（2）房屋的坐落、面积、结构、附属设施及设备状况。承租人应当爱护并合理使用所承租的房屋及附属设施，不得擅自拆改、扩建或增添，确需变动的，必须征得出租人的同意，并签订书面合同。因承租人过错造成房屋损坏的，由承租人负责修复或者赔偿。并明确租赁期满后承租人在返还房屋是否要恢复原状。

（3）用途。按权证上载明的用途使用，未经有关部门的批准，承租人不得擅自更改租赁房屋规定的使用用途。

（4）交付日期与租赁期限。房屋租赁一般应设定租赁期限，最长期限根据《合同法》规定不得超过20年。

（5）租金及支付方式和期限。可按月、按季、半年等支付，由双方协商订立，不要遗漏租金交付的期限及违约逾期支付时如何处理。

（6）房屋的使用要求和修缮责任。不进行约定的一般由出租人承担，但双方另有约定的除外。出租住宅用房的自然损坏或合同约定由出租人修缮的，出租人负责修复。不及时修复，致使房屋发生破坏性事故，造成承租人财产损失或者人身伤害的，应当承担赔偿责任。租用房屋从事生产、经营活动的，修缮责任由双方当事人在租赁合同中约定。

（7）违约责任及当事人约定的其他条款。其他条款中要约定租赁期间有关水、电、煤、电话费、有线电视费等其他费用的支付。

出租房屋的安全由房屋所有人负责。房屋承租人应当对其使用行为负责。房屋所有人将出租房屋委托他人管理的，应当报告房屋所在地的管理机构。出租人有权对承租人使用房屋的情况进行监督。出租人不得向无身份证明的人出租房屋；不得以出租房屋的方式为非法生产经营活动提供便利条件；发现承租人利用出租房屋有犯罪活动嫌疑的，应及时向公安机关报告。

租用房屋从事生产、经营活动的，由租赁双方协商议定租金和其他租金条款。以营利为目的，房屋所有权人将以划拨方式取得使用权的国有土地上建成的房屋出租的，应当将租金中所含土地收益上缴国家。房屋租赁合同实行登记备案制度，签订、变更、终止租赁合同的，房屋租赁当事人应当在租赁合同签订后30日内，持规定的文件到市、县人民政府房地产管理部门办理登记备案手续。

出租人在租赁期限内，确需提前收回房屋时，应当事先征得承租人同意，给承租人造成损失的，应当予以赔偿。出租人应当依照租赁合同约定的期限将房屋交付承租人，不能按期交付的，应当支付违约金，给承租人造成损失的，应当承担赔偿责任。承租人必须按期缴纳租金，违约的，应当支付违约金。

房屋租赁期限届满，租赁合同终止。承租人需要继续租用的，应当在租赁期限届满前

3个月提出，并经出租人同意，重新签订租赁合同。

承租人有下列行为之一的，出租人有权终止合同，收回房屋，因此而造成损失的，由承租人赔偿：

（1）将承租的房屋擅自转租的；

（2）将承租的房屋擅自转让、转借他人或擅自调换使用的；

（3）将承租的房屋擅自拆改结构或改变用途的；

（4）拖欠租金累计6个月以上的；

（5）拖欠住宅用房无正当理由闲置6个月以上的；

（6）利用承租房屋进行违法活动的；

（7）故意损坏承租房屋的；

（8）法律、法规规定其他可以收回的。

四、房屋转租

房屋转租是指房屋承租人将承租的房屋再出租的行为。承租人在租赁期限内，征得出租人同意，可以将承租房屋的部分或全部转租给他人。出租人可以从转租中获得收益。房屋转租，应当订立转租合同。转租合同必须经原出租人书面同意，并按照本办法的规定办理登记备案手续。转租合同的终止日期不得超过原租赁合同规定的终止日期，但出租人与转租双方协商约定的除外。转租合同生效后，转租人享有并承担转租合同规定的出租人的权利和义务，并且应当履行原租赁合同规定的承租人的义务，但出租人与转租双方另有约定的除外。转租期间，原租赁合同变更、解除或者终止，转租合同也随之相应的变更、解除或者终止。

五、房屋租赁的管理

建设（房屋）行政部门负责房屋租赁市场、出租房屋建筑结构安全的监督管理和房地产经纪的行业管理。公安机关负责出租房屋治安管理、消防管理和租赁当事人的户籍管理。工商行政管理部门负责对经纪活动进行综合监督管理，查处利用出租房屋进行无照经营等违法经营行为。民防行政部门负责人防工程的租赁管理。卫生、人口计生、规划、税务、国家安全/城市管理综合执法等行政部门应当按照各自职责做好房屋租赁的管理工作。

房地产经纪机构从事房屋租赁居间活动，应当书面告知租赁当事人到房屋所在地基层管理服务站办理房屋出租登记手续；提供房屋租赁经纪委托代理业务的，房地产经纪机构应当依照规定，办理房屋出租登记、变更、注销手续。

技能提高 6-2　　购房应注意的事项

购房人在签署合同前，要认真审核开发商的销售许可文件。审查《商品房预售许可证》或竣工验收合格证明（或开发商初始登记的《房地产权证》）和出售许可证明中关于该房地产的内容和范围，包括宗地号、项目名称、栋号、层数、用途、套数、面积等信息与所购买的房地产的栋号、楼层、名称等是否相符。审查房地产开发企业的营业执照，委托销售的还应审查代理销售企业的营业执照、房地产经纪资格证书和代理销售合同或委托销售证明。对商品房面积和房价的计算，购房人拥有知情权，房地产开发企业也有告知义务。房地产开发企业销售（包括预售、现售）商品房时，应在售楼处将有关房屋建筑面积计算资料或测算资料进行公示，供购房者查阅。公示的资料包括：房屋土地权属调查报告书（房屋土地调查机构提供）、建筑平面布置图（经规划管理部门审核同意）。签署商品房预售合同时，购房人可要求面积计算表或测算表，开发商应向购房者提供《房屋建筑面积计算表》；签订房屋交接书或签订商品房现售合同时，开发商应向购房者提供《房屋建筑面积测算表》；前述两表中《房屋公用部位建筑面积说明》中必须将分摊的共有部位全部列明，并能与建筑平面布置图对照查核。

练　中　学

一、关键词与重点概念

房地产交易、房地产转让、商品房、商品房预售、商品房现售、房地产抵押、房屋期权、住房按揭、在建工程抵押、房屋租赁、房屋转租

二、练习与讨论

1. 房地产交易的原则是什么？
2. 简述房地产交易的一般规定。
3. 房地产转让的条件与程序是什么？
4. 商品房预售与现售的条件分别是什么？
5. 商品房违约交付的责任主要有哪些？
6. 简述商品房买卖合同的主要内容与争议处理。
7. 什么是住房按揭制度？
8. 抵押房地产的范围有哪些？

9. 如何实现房地产的抵押权？

10. 房屋租赁的主要规定有哪些？

三、案例分析

2005年夏天，王女士选了一套面积147平方米，总价款40万元的商品房。双方于2005年7月31日签订商品房预订合同后，王女士交了5 000元定金，并依约于当年9月21日前一次性交清了房款，房地产公司出具了付款收据，并告诉王女士2006年10月31日就可以搬进新房。到了约定日期，王女士怎么也要不到房子，房地产公司也没有跟她签订商品房买卖合同。到了2007年7月，房地产公司竟然又以44万元的价格将王女士所买的房子卖给了其他人，多卖了近5万元。王女士以合同欺诈为由，请求法院依法解除双方签订的商品房预订合同；房地产公司返还其已经支付的40万元房款并赔偿相应的利息；房地产公司赔偿相当于购房款40万元的赔偿金。

一审法院认为：2005年7月31日，王女士与房地产公司在平等自愿的基础上签订了商品房预订合同，该合同包含了买卖合同应当具备的当事人的资料和房屋、数量、价款、履行地点、方式等，上述约定的内容具备了买卖合同应具备的基本要件，已经形成了具有实质内容的商品房买卖合同，故双方签订的房屋预订合同合法有效，应受法律保护。王女士要求解除与房地产公司签订的房屋预订合同、返还房款及利息、要求房地产公司承担已付房款一倍赔偿责任的诉讼请求，事实清楚、证据充分、于法有据，应予以支持。

四、技能训练

1. 以房地产开发公司为主体，模拟《商品房预售许可证》申领过程。

2. 模拟购房人，与房产开发商洽谈，并进行选房、合同签订、住房贷款办理等业务操作。

第七章　房地产登记法律制度

概　要

国家对不动产实行统一登记制度，我国房地产登记分为土地登记和房屋登记两种。土地登记又分为初始登记和变更土地登记，房屋登记又分为总登记、初始登记、设立登记、转移登记、变更登记、注销登记等。另外法律还规定了房地产的预告登记制度。房屋权属登记的信息，单位和个人可以自己查询，也可以委托他人查询。城市房地产权属档案有着重要意义，要加强房地产权属档案管理与利用。

知识重点

1. 了解房地产登记的原则与特点
2. 熟悉土地登记分类与程序
3. 掌握房屋产权登记的种类
4. 了解原始登记凭证查询主体的范围及程序
5. 了解房地产权属档案归档范围与要求

技能必备

1. 掌握土地相关登记办理实务。
2. 掌握房屋相关登记办理实务。

第一节　房地产登记概述

为加强城市房屋权属管理，维护房地产市场秩序，保障房屋权利人的合法权益，《物权法》明确了“不动产物权的设立、变更、转让和消灭，经依法登记，发生效力；未经登记，不发生效力，但法律另有规定的除外”。不动产登记由不动产所在地的登记机构办理。建设部根据《城市房地产管理法》的规定，制定了《城市房地产权属登记管理办法》，对城市规划区国有土地范围内的房屋权属登记进行了规定。

一、房地产登记的概念与意义

（一）概念

房地产登记，即房屋权属登记，也称不动产登记是指房地产行政主管部门代表政府对房屋所有权以及由上述权利产生的抵押权、不动产租赁登记等房屋他项权利进行登记，并依法确认房屋产权归属关系的行为。《物权法》规定：“不动产登记，由不动产所在地的登记机构办理。国家对不动产实行统一登记制度。统一登记的范围、登记机构和登记办法，由法律、行政法规规定。不动产物权的设立、变更、转让和消灭，依照法律规定应当登记的，自记载于不动产登记簿时发生效力。”

（二）房地产权属登记的意义

房地产权属登记作为现代房地产法律制度的基础，具有多方面的作用。

（1）确认产权，保护当事人的合法权益。即房地产权属登记确认房地产权利归属状态，经过登记的房地产权利受国家强制力保护，可以对抗权利人以外的任何人。

（2）对房地产权利进行公示，保障房地产交易的安全。即房地产权属登记公开了房地产权利变动状况，将其公示给利益关系人与社会公众，保障房地产交易的安全。房地产权属登记通过公示能够将房地产流转的情况和结果及时的公布，具有风险预警的作用，进而可以保护房地产权利人和第三人的利益。

（3）便于国家对房地产进行监督管理。房地产权属登记实现了国家管理意图，一方面通过登记建立产籍资料，进行产籍管理，另一方面通过登记审查相关权利设立、变更、终止的合法性，进而取缔或处罚违法行为。

二、房地产登记的任务与原则

（一）房地产登记的任务

1. 做好房地产登记发证工作

登记发证工作是权属登记管理的主要的经常性工作。在全国性房地产总登记工作的基础上，主要的经常性任务就是做好初始取得的土地使用权、新建房屋所有权、房地产权属的转让、变更、他项权利等的登记、核实、确权和发证工作，以及房地产灭失、土地使用权年限届满、他项权利终止等的注销工作。

2. 做好房地产权属登记信息化工作

《国务院关于促进房地产市场持续健康发展的通知》提出要建立健全房地产市场信息系统，通过全面、及时、准确地采集房地产市场基础数据及相关数据，对市场运行状况和发展趋势做出准确判断，及时处理和解决发展中存在的问题，并通过向社会发布市场信息，引导市场理性投资和消费。

3. 做好房地产权属档案管理工作

首先要做好现有权属档案资料的管理，要针对资料的收集、整理、鉴定、立卷、归档、制订目录索引，保管等各个环节建立一整套制度，以便科学地管理档案和方便查阅利用。其次是在初始档案的基础上，根据权属管理提供的权属转移、变更情况，对权属档案进行不断修正、补充和增籍、灭籍工作，以保持权属档案资料的完整、准确，使图、档、卡、册与实际情况保持一致。

除了以上任务外，权属登记管理工作还要为征地、拆迁房屋、落实私房政策的房产审查和处理权属纠纷提供依据。

（二）房地产登记的原则

1. 房、地权利主体一致的原则

房屋权属登记应当遵循房屋的所有权和该房屋占用范围内的土地使用权权利主体一致的原则。房地产是一个有机的不可分割的统一体。除法律、法规另有规定的以外，房屋所有权人和房屋占用的土地使用权人，必须同属一人（包括法人和自然人）。在办理产权登记时，如发现房屋所有权人与该房屋所占用的土地使用权不属同一人时，应查明原因，一时查不清，暂不予办理登记。

2. 登记的属地管理原则

房地产是坐落在一定的自然地域上的不可移动的资产。因此，房地产权属登记管理必须坚持属地管理原则，即只能由市（县）房地产管理部门负责所辖区范围内的房地产产权管理工作；房地产权利人也只能到房屋所在地的市（县）房地产管理部门办理产权登记。

3. 依法登记原则

国家对不动产实行统一登记制度。不动产物权的设立、变更、转让和消灭，经依法登记，发生效力；未经登记，不发生效力，但法律另有规定的除外。

三、房地产权属登记特点

（一）我国房地产登记制度的特点

1. 登记采取实质审查主义

办理房地产权属登记时，登记机关不仅要审查形式要件，还要对申请登记权利的来源等进行认真核实，只有两个要件同时具备，登记机关才会予以登记。

2. 权属登记为权利动态登记

当事人对房地产权利的取得、变更、丧失均须依法对登记。不经登记，不发生法律效力，不能对抗第三人。房地产权属登记，不仅是登记房地产静态权利，而且也登记权利动态过程，使第三人可以就登记情况，推知该房地产权利状态。

3. 房、地登记可分离性

我国没有统一的不动产登记机关，房、地登记可以分开，分别由房屋管理部门和土地管理部门进行登记，个别地方实行统一管理由一个部门对房地产进行登记。

4. 登记生效主义

《物权法》规定：“不动产物权的设立、变更、转让和消灭，经依法登记，发生效力；未经登记，不发生效力，但法律另有规定的除外。”“不动产物权的设立、变更、转让和消灭，依照法律规定应当登记的，自记载于不动产登记簿时发生效力。” 所以，房地产物权的变动必须自登记时起该法律行为方可生效。登记具有物权公示效力，通过登记公示及相配套的登记信息查询制度，使房屋的权利状态为他人所知，有利于保护权利人权利和与之交易的相对方的利益，保护交易的安全。登记保护第三人。法律将不动产登记簿记载之权利视为真实，并赋予其社会公信力，在信赖登记的第三人取得登记的房屋物权时，其正当权利不会因为有错误的登记而被追夺。

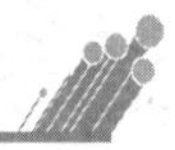

5. 颁发权利凭证

房地产权属证书是房地产权属登记发证制度的具体体现。房地产权属登记机关对产权申请人登记的权利，按程序登记完毕后，要给权利人颁发权属证书。权属证书是权利人依法拥有房地产合法权利并对房地产行使占有、使用、受益和处分的合法凭证。依法登记的房地产权利受法律保护。权属证书由权利人持有和保管。

（二）房地产权属登记的效力

房地产权属登记的效力是指法律赋予房地产权属登记的强制力。在我国，房屋登记簿及其权属证书具有法律推定公信力，即权利正确性推定效力。这种公信力主要在于保护与之交易的第三人的利益，如果第三人信赖登记簿上登记的权利而与之交易，即受到法律保护，并取得该权利。

第二节　房地产权属登记

我国房地产登记即不动产登记，分为土地登记和房屋登记两种，其中土地登记又分为初始土地登记和变更土地登记，房屋登记又分为总登记、初始登记、设立登记、转移登记、变更登记、注销登记等。

一、土地登记

（一）土地登记的含义、分类与程序

1. 土地登记的含义

土地登记是指房地产行政管理部门代表国家对国家土地使用权、集体土地所有权、集体土地建设用地使用权及他项权利均进行注册登记和发证的一种制度。

国有土地使用者、集体土地所有者、集体土地使用者和土地他项权利者，必须依照规定，申请土地登记。申请土地登记，申请者可以授权委托代理人办理。授权委托书应当载明委托事项和权限。依法登记的土地使用权、所有权和土地他项权利受法律保护，任何单位和个人不得侵犯。土地登记以县级行政区为单位组织进行。土地登记以宗地为基本单元，拥有或者使用两宗以上土地的土地使用者或土地所有者，应当分宗申请登记，两个以上土地使用者共同使用一宗土地的，应当分别申请登记。跨县级行政区使用土地的，应当分别向土地所在地县级以上地方人民政府土地管理部门申请登记。

2. 土地登记的分类

土地登记分为初始土地登记和变更土地登记。初始土地登记又称总登记是指在一定时间内，对辖区全部土地或者特定区域的土地进行的普遍登记。变更土地登记是指初始土地登记以外的土地登记，包括土地使用权、所有权和土地他项权利设定登记，土地使用权、所有权和土地他项权利变更登记，名称、地址和土地用途变更登记，注销土地登记等。

3. 土地登记的程序

国家土地管理局主管全国的土地登记工作，县级以上地方人民政府土地管理部门主管本行政区域内的土地登记工作。土地登记以县级行政区为单位组织进行。具体工作由县级以上人民政府土地管理部门负责。

土地登记依照下列程序进行：① 土地登记申请；② 地籍调查；③ 权属审核；④ 注册登记；⑤ 颁发或者更换土地证书。

（二）土地登记的内容

根据《土地登记规则》的有关规定，我国土地登记的内容主要有以下几项。

（1）土地登记申请者。

（2）土地的权属性质。土地的权属性质是指登记的土地所有权或使用权的类型，包括国有土地使用权、集体土地所有权和集体土地使用权三种。

（3）土地的地理位置。农村登记到村庄名称，城市登记到街道门牌号等。应当登记土地的相邻地名，一般写相邻的土地所有者或使用者的名称，权属分界线的具体位置、标志，以便于查找和确认边界。

（4）土地面积。面积主要包括自用面积、公共面积和分摊面积。各种类型的面积决定了申请人行使土地所有权或使用权的界限和方式。

（5）土地用途。土地用途是指依法批准的土地的实际用途。如果土地所有权人或使用权人取得土地后，没有按照批准的用途使用土地的，要承担相应的法律责任。

除此以外，土地登记的内容还应当有土地使用期限、土地权属来源、土地等级等。

（三）初始土地登记程序及要求

初始土地登记的具体程序要求如下。

1. 登记通告

登记通告是指初始土地登记时，县级以上地方人民政府发布的通告，告知土地登记单位土地登记区的划分、土地登记的期限、土地登记收件地点、土地登记申请者应当提交的

有关证件等事项。

2. 登记申请

登记申请是指土地使用者或所有者、他项权利拥有者在规定的期限以内，以书面的形式向有关土地登记部门提出进行土地登记的要求。土地申请者申请土地使用权、所有权和土地他项权利登记，必须向土地管理部门提交下列文件资料：① 土地登记申请书；② 单位、法定代表人证明，个人身份证明或者户籍证明；③ 土地权属来源证明；④ 地上附着物权属证明。委托代理人申请土地登记的，还应当提交授权委托书和代理人资格身份证明。

申请土地登记，申请者须向土地管理部门领取土地登记申请书。土地登记申请书应当载明下列基本事项，并由申请者签名盖章：① 申请者名称、地址；② 土地坐落、面积、用途、等级、价格；③ 土地所有权、使用权和土地他项权利权属来源证明；④ 其他事项。

土地管理部门接受土地登记申请者提交的申请书及权属来源证明，应当在收件簿上载明名称、页数、件数，并给申请者开具收据。

3. 地籍调查

地籍调查是指土地管理部门依法对土地权属状况进行实地调查，包括权属调查和地籍测绘。土地管理部门应按照制定颁发的地籍调查规程，负责组织辖区内的地籍调查。目的在于摸清辖区内土地的地理位置、权属界限、数量等，为将来的土地管理和规划打下基础。

4. 权属审核

权属审核是指土地管理部门应当根据地籍调查的结果和土地定级估价成果，对土地权属、面积、用途、等级、价格等逐项进行全面审核。审核的主要内容是：土地权属者与使用者是否一致；土地用途是否符合有关规定；土地界限是否清楚可分；土地权属来源是否合法有效。

5. 公告

公告是指土地管理部门将权属审核的结果通过某种形式向土地的利害关系人公布。公布的主要内容包括：① 土地使用者、所有者和土地他项权利者的名称、地址；② 准予登记的土地权属性质、面积、坐落；③ 土地使用者、所有者和土地他项权利者及其他土地权益有关者提出异议的期限、方式和受理机关；④ 其他事项。

6. 异议复查与争议处理

土地登记申请者及其他土地权益相关者在公告规定的期限内，可以向土地管理部门申请复查，并按规定缴纳复查费。经复查无误的，复查费不予退还；经复查确实存在差错的，复查费由造成差错者承担。另外，在土地登记过程中，若发生土地权属争议，应按照有关规定进行处理后，再进行登记。土地所有权和使用权争议由当事人协商解决；协商不成的，由人民政府处理。单位之间的争议，由县级以上人民政府处理；个人之间、个人与单位之间的土地使用权争议，由乡级人民政府或者县级人民政府处理。当事人对有关人民政府的处理结果不服的，可以在接到处理决定通知之日起30日内，向人民法院起诉。在土地所有权和土地使用权争议解决之前，任何一方不得改变土地利用现状。

7. 注册登记

公告期满，土地使用者、所有者和土地他项权利者及其他土地权益有关者对审核结果未提出异议的，由人民政府批准后，按照以下规定办理注册登记。① 根据对土地登记申请的调查审核结果，以宗地为单位逐项填写土地登记卡，并由登记人员和土地管理部门主管领导在土地登记卡的经办人、审核人栏签字。② 根据土地登记卡的有关内容填写土地归户卡，并由登记人员在土地归户卡的经办人栏签字。③ 根据土地登记卡的相关内容填写土地证书。土地证书以宗地为单位填写。两个以上土地使用者共同使用一宗土地的，应当分别填写土地证书。通过土地登记造册，可以全面掌握土地权属单位和个人使用或所有土地的基本状况。

8. 颁发土地证书

注册登记后，由县级以上地方人民政府向国有土地使用者、集体土地所有者、集体土地使用者分别颁发国有土地使用证、集体土地所有证和集体土地使用证；县级以上地方人民政府土地管理部门向土地他项权利者颁发土地他项权利证明书。尚未确定土地使用权、所有权的土地，向土地管理部门进行登记造册，不发土地证书。

公告期间，土地使用者、土地所有者、他项权利拥有者及其他土地权益有关者对土地申请登记审核结果提出异议的，应当依照《土地管理法》第十六条的规定处理解决。

（四）变更土地登记

变更土地登记，包括土地权属设定登记、土地所有权变更登记、土地使用权变更登记、注销登记等。变更登记是在初始登记的基础上进行的，与初始登记相比，变更登记具有分散性、经常性和多样性的特点。

1. 土地权属设定登记

依据《土地登记规则》的规定，设定土地使用权、所有权和土地他项权利，必须向土地管理部门申请登记。具体表现有以下情形。

（1）以划拨方式取得国有土地使用权的，若属于新开工的大中型建设项目使用划拨国

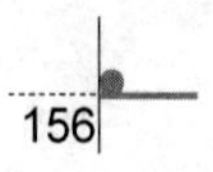

有土地，建设单位应当在接到县级以上人民政府发给的建设用地批准书之日起 30 日内，持建设用地批准书申请土地预登记，待建设项目竣工验收后，建设单位在竣工验收之日起 30 日内，持项目竣工验收报告和其他有关文件申请国有土地使用权设定登记；若属其他项目使用划拨国有土地，土地使用单位或个人应当在接到县级以上人民政府批准用地文件之日起 30 日内，持批准用地文件申请国有土地使用权设定登记。

（2）集体土地依法转为国有土地后，原集体土地使用者继续使用该国有土地的，应当在土地所有权性质变更后 30 日内，持原集体土地使用证和其他有关文件申请国有土地使用权设定登记。

（3）使用本集体土地进行建设或生产的，集体土地使用单位或个人应当在接到有批准权的地方人民政府批准用地文件或农地使用合同签订之日起 30 日内，持批准用地文件或农地使用合同申请集体土地使用权设定登记。

（4）以出让方式取得国有土地使用权的（或属成片开发用地采取一次出让、分期付款、分期提供出让国有土地使用权的），受让方应当在按出让合同约定支付全部土地使用权出让金（或每期付款）后 30 日内，持出让合同和出让金支付凭证申请国有土地使用权设定登记。

（5）国家将国有土地使用权以作价入股方式让与股份制企业的，该企业应当在签订入股合同之日起 30 日内，持土地使用权入股合同和其他有关证明文件申请国有土地使用权设定登记。

（6）依法向土地管理部门承租国有土地的，承担人应当在签订租赁合同之日起 30 日内，持土地租赁合同和其他有关证明文件申请承租国有土地使用权登记。

（7）依法抵押土地使用权的，当事人应当在抵押合同签订后 15 日内，持抵押合同及有关文件申请土地使用权抵押登记。土地管理部门应在被抵押土地的土地登记卡上登记，并向抵押权人颁发土地他项权利证明书。同一宗土地多次抵押时，依受到抵押登记申请先后为序办理抵押登记和实现抵押权。

（8）有出租权的土地使用者依法出租土地使用权的，出租人与承租人应当在租赁合同签订后 15 日内，持租赁合同及有关文件申请土地使用权出租登记。土地管理部门应在出租土地的土地登记卡上进行登记，并向承租人颁发土地他项权利证明书。

（9）设定法律、行政法规规定需要登记的其他土地他项权利的，当事人应在确定之日起 15 日内，申请设定登记。

2. 土地使用权、所有权和土地他项权利变更登记

依法变更土地使用权、所有权和土地他项权利的，必须依照规定向土地管理部门申请登记。其主要要求如下。

（1）申请土地使用权、所有权变更登记时，申请者应当依照规定申报地价；未申报地价的，按宗地标定地价进行登记。

（2）划拨土地使用权依法办理土地使用权出让手续的，土地使用者应当在缴纳土地使用权出让金后30日内，持土地使用权出让合同、出让金缴纳凭证及原《国有土地使用证》申请变更登记。

（3）企业将通过出让或者国家入股等形式取得的国有土地使用权，再以入股方式转让的，转让双方当事人应当在入股合同签订之日起30日内，持以出让或者国家入股等方式取得土地使用权的合法凭证、入股合同和原企业的《国有土地使用证》申请变更登记。

（4）集体土地所有者将集体土地使用权作为联营条件兴办三资企业和内联企业的，双方当事人应当在联营合同签订后30日内，持县级以上人民政府批准文件和入股合同申请变更登记。

（5）有下列情形之一的，土地使用权转让双方当事人应当在转让合同或者协议签订后30日内，涉及房产变更的，在房产变更登记发证后15日内，持转让合同或者协议、土地税费缴纳证明文件、原土地证书等申请变更登记：① 依法转让土地使用权的；② 因买卖、转让地上建筑物、附着物等一并转移土地使用权的。因房屋所有权变更而使土地使用权变更的，在申请变更登记时，应当提交变更后的房屋所有权证书。

（6）因单位合并、分立、企业兼并等原因引起土地使用权变更的，有关各方应当在合同签订后30日内或者在接到上级主管部门的批准文件后30日内，持合同或者上级主管部门的批准文件和原土地证书申请变更登记。

（7）因交换、调整土地而发生土地使用权、所有权变更的，交换、调整土地的各方应当在接到交换、调整协议批准文件后30日内，持协议、批准文件和原土地证书共同申请变更登记。

（8）因处分抵押财产而取得土地使用权的，取得土地使用权的权利人和原抵押人应当在抵押财产处分后30日内，持有关证明文件申请变更登记。

（9）商品房预售，预售人应当在预售合同签订后30日内，将预售合同报县级以上人民政府房产管理部门和土地管理部门登记备案，县级以上人民政府土地管理部门建立商品房预售合同登记备案簿，记录预售人和预购人名称、商品房所占土地位置、预售金额、交付使用日期、预售面积等内容。

（10）出售公有住房，售房单位与购房职工应当在县级以上地方人民政府房产管理部门登记房屋所有权之日起30日内，持公房出售批准文件、售房合同、房屋所有权证书和售房单位原土地证书申请变更登记。

（11）土地使用权抵押期间，抵押合同发生变更的，抵押当事人应当在抵押合同发生变更后15日内，持有关文件申请变更登记。

（12）土地使用权出租期间，租赁合同发生变更的，出租人和承租人应当在租赁合同发生变更后 15 日内，持有关文件申请变更登记。

（13）变更法律、行政法规规定需要登记的其他土地他项权利的，当事人应当在变更之日起 15 日内，申请变更登记。

（14）依法继承土地使用权和土地他项权利的，继承人应当在办理继承手续后 30 日内，持有关证明文件申请变更登记。

其他形式的土地使用权、所有权和土地他项权利变更，当事人应当在发生变更之日起 30 日内，持有关证明文件申请变更登记。

3. 名称、地址和土地用途变更登记

土地使用者、所有者和土地他项权利者更改名称、地址和依法变更土地用途的，必须依照规定向土地管理部门申请登记。具体要求如下。

（1）土地使用者、所有者和土地他项权利者更改名称、地址的，应当在名称、地址发生变更之日起 30 日内，持有关证明文件申请名称、地址变更登记。

（2）国有土地的用途发生变更的，土地使用者应当在批准变更之日起 30 日内，持有关部门批准文件和原国有土地使用证申请土地用途变更登记。以出让方式取得国有土地使用权的用途发生变更的，土地使用证还应当提交签订的土地使用权出让合同变更协议或重新签订的土地使用权出让合同。

（3）农村集体所有土地进行农业结构调整涉及已登记地类变化的，集体土地所有者应当在农业结构调整后 30 日内，持批准文件、集体土地所有证和集体土地使用证申请土地用途变更登记。

（4）集体土地建设用地的用途发生变更的，土地使用者应当在接到有批准权的地方人民政府批准文件之日起 30 日内，持批准文件和原集体土地使用证申请土地用途变更登记。

4. 注销土地登记

依照规定，注销土地登记的情形如下。

（1）集体所有的土地依法被全部征用或农业集体经济组织所属成员依法将建制转为城镇居民的，应当在集体土地被全部征用或办理农转非的同时，注销集体土地所有权登记。

（2）县级以上人民政府依法收回国有土地使用权的，土地管理部门在收回土地使用权的同时，办理国有土地使用权注销登记，注销土地证书。

（3）国有土地使用权出让或租赁期满未申请续期或续期申请未获批准的，原土地使用者应当在期满之日前 15 日内，持原土地证书申请国有土地使用权注销登记。

（4）因自然灾害等造成土地权利灭失的，原土地使用者或所有者应当持原土地证书及

有关证明材料，申请土地使用权或所有权注销登记。

（5）土地他项权利终止，当事人应当在该土地他项权利终止之日起 15 日内，持有关证明文件申请土地他项权利注销登记。

（6）土地使用者、所有者和土地他项权利者未按照规定申请注销登记的，土地管理部门可以依照有关规定直接办理注销土地登记，注销土地证书。

二、房屋产权登记

国家实行房屋所有权登记发证制度。申请人应当按照国家规定到房屋所在地的人民政府房地产行政主管部门（以下简称登记机关）申请房屋权属登记，领取房屋权属证书。房屋权属证书是权利人依法拥有房屋所有权并对房屋行使占有、使用、收益和处分权利的唯一合法凭证。依法登记的房屋权利受国家法律保护。房屋权属登记应当遵循房屋的所有权和该房屋占用范围内的土地使用权权利主体一致的原则。

国务院建设行政主管部门负责全国的房屋权属登记管理工作。省、自治区人民政府建设行政主管部门负责本行政区域内的房屋权属登记管理工作。直辖市、市、县人民政府房地产行政主管部门负责本行政区域内的房屋权属登记管理工作。县级以上地方人民政府由一个部门统一负责房产管理和土地管理工作的，可以制作、颁发统一的房地产权证书，依照《城市房地产管理法》的规定，将房屋的所有权和该房屋占用范围内的土地使用权的确认和变更，分别载入房地产权证书。房地产权证书的式样报国务院建设行政主管部门备案。

（一）房屋产权登记的种类

房屋产权登记的种类，又称房屋权属登记的类型是指房屋权属登记的各种形式。根据《城市房屋权属登记管理办法》第九条的规定，房屋权属登记分为总登记、初始登记、转移登记、变更登记他项权利登记、注销登记等。

1. 总登记及验证、换证

总登记是指县级以上地方人民政府根据需要，在一定期限内对本行政区域内的房屋进行一次性、统一、全面的产权登记，也称静态登记。登记机关认为需要时，经县级以上地方人民政府批准，可以对本行政区域内的房屋权属证书进行验证或者换证。凡列入总登记、验证或者换证范围，无论权利人以往是否已领取房屋权属证书，权属状况有无变化，均应当在规定的期限内办理登记。总登记、验证、换证的期限，由县级以上地方人民政府规定。

总登记、验证、换证应当由县级以上地方人民政府在规定期限开始之日 30 日前发布公告。公告应当包括以下内容：① 登记、验证、换证的区域；② 申请期限；③ 当事人应当提交的有关证件；④ 受理申请地点；⑤ 其他应当公告的事项。

2. 初始登记

初始登记是指新建房屋者向登记机关申请房屋所有权的登记。初始登记一般为首次取得所有权的登记。新建的房屋，申请人应当在房屋竣工后的 3 个月内向登记机关申请房屋所有权初始登记，并应当提交用地证明文件或者土地使用权证、建设用地规划许可证、建设工程规划许可证、施工许可证、房屋竣工验收资料以及其他有关的证明文件。集体土地上的房屋转为国有土地上的房屋，申请人应当自事实发生之日起 30 日内向登记机关提交用地证明等有关文件，申请房屋所有权初始登记。

3. 设立登记

根据物权法理论，他物权（也即他项权利）产生于既有权利，是原权利人设立的结果，所以他物权的登记，称为设立登记。设定房屋抵押权、典权等他项权利的，权利人应当自事实发生之日起 30 日内申请他项权利登记。申请房屋他项权利登记，权利人应当提交房屋权属证书，设定房屋抵押权、典权等他项权利的合同书以及相关的证明文件。

4. 转移登记

转移登记也称之为动态登记是指在总登记后，房屋所有权因买卖、赠与、交换、转让等法律行为而变更时进行的登记。在总登记后，房屋所有权会因各种法律行为和事件而变更，为了公示这种变化，原权利人和新权利人必须办理转移登记。因房屋买卖、交换、赠与、继承、划拨、转让、分割、合并、裁决等原因致使其权属发生转移的，当事人应当自事实发生之日起 90 日内申请转移登记。申请转移登记，权利人应当提交房屋权属证书以及相关的合同、协议、证明等文件。

5. 变更登记

房屋产权变更登记是指房屋在进行总登记以后，发生了翻建、扩建、拆除等变化而进行的登记。权利人名称变更和房屋现状发生下列情形之一的，权利人应当自事实发生之日起 30 日内申请变更登记：

（1）房屋坐落的街道、门牌号或者房屋名称发生变更的；

（2）房屋面积增加或者减少的；

（3）房屋翻建的；

（4）法律、法规规定的其他情形。申请变更登记，权利人应当提交房屋权属证书以及相关的证明文件。

6. 注销登记

注销登记，又称涂销登记是指房产权利因抛弃、灭失、土地使用年限届满、他项权利终止等，权利人申请房产登记机关做出原登记权利不复存在的登记。注销登记的申请人可以是原登记人，也可以是其他受益人。因房屋灭失、土地使用年限届满、他项权利终止等，权利人应当自事实发生之日起30日内申请注销登记。申请注销登记，权利人应当提交原房屋权属证书、他项权利证书，相关的合同、协议、证明等文件。有下列情形之一的，登记机关有权注销房屋权属证书。

（1）申报不实的。

（2）涂改房屋权属证书的。

（3）房屋权利灭失，而权利人未在规定期限内办理房屋权属注销登记的。

（4）因登记机关的工作人员工作失误造成房屋权属登记不实的。注销房屋权属证书，登记机关应当做出书面决定，送达当事人，并收回原发放的房屋权属证书或者公告原房屋权属证书作废。

（二）房产权属登记的程序

房屋权属登记依以下程序进行：① 受理登记申请；② 权属审核；③ 公告（适用于登记机关认为有必要进行公告的登记）；④ 核准登记，颁发房屋权属证书。

（三）房屋权属登记的申请人

房屋权属登记由权利人（申请人）申请。权利人（申请人）为法人、其他组织的，应当使用其法定名称，由其法定代表人申请；权利人（申请人）为自然人的，应当使用其身份证件上的姓名。共有的房屋，由共有人共同申请。房屋他项权利登记，由权利人和他项权利人共同申请。房地产行政主管部门直管的公房由登记机关直接代为登记。权利人（申请人）可以委托代理人申请房屋权属登记。权利人（申请人）申请登记时，应当向登记机关交验单位或者相关人的有效证件。代理人申请登记时，除向登记机关交验代理人的有效证件外，还应当向登记机关提交权利人（申请人）的书面委托书。

（四）代为登记、暂缓登记与不予登记

代为登记是指由登记机关依法直接代为登记，不颁发房屋权属证书。主要适用于：① 依法由房地产行政主管部门代管的房屋；② 无人主张权利的房屋；③ 法律、法规规定的其他情形。

暂缓登记是指经权利人（申请人）申请可以准予暂缓登记，情形如下：① 因正当理由

不能按期提交证明材料的；② 按照规定需要补办手续的；③ 法律、法规规定可以准予暂缓登记的。

不予登记是指登记机关因法定情形应当做出不予登记的决定。情形如下：① 属于违章建筑的；② 属于临时建筑的；③ 法律、法规规定的其他情形。

（五）其他规定

（1）房屋所有权登记应当按照权属单元以房屋的门牌号、幢、套（间）以及有具体权属界限的部分为基本单元进行登记。登记机关自受理登记申请之日起 7 日内应当决定是否予以登记，对暂缓登记、不予登记的，应当书面通知权利人（申请人）。

（2）登记机关应当对权利人（申请人）的申请进行审查。凡权属清楚、产权来源资料齐全的，初始登记、转移登记、变更登记、他项权利登记应当在受理登记后的 30 日内核准登记，并颁发房屋权属证书；注销登记应当在受理登记后的 15 日内核准注销，并注销房屋权属证书。

（3）房屋权属登记，权利人（申请人）应当按照国家规定交纳登记费和权属证书工本费。登记费的收取办法和标准由国家统一制定。权利人（申请人）逾期申请房屋权属登记的，登记机关可以按照规定登记费的 3 倍以下收取登记费。

（4）房屋权属证书包括《房屋所有权证》、《房屋共有权证》、《房屋他项权证》或者《房地产权证》、《房地产共有权证》、《房地产他项权证》。

（5）共有的房屋，由权利人推举的持证人收执房屋所有权证书。其余共有人各执房屋共有权证书 1 份。房屋共有权证书与房屋所有权证书具有同等的法律效力。房屋他项权证书由他项权利人收执。他项权利人依法凭证行使他项权利，受国家法律保护。

（6）房屋权属证书破损，经登记机关查验需换领的，予以换证。房屋权属证书遗失的，权利人应当及时登报声明作废，并向登记机关申请补发，由登记机关做出补发公告，经 6 个月无异议的，予以补发。

三、房地产的预告登记

《物权法》规定："当事人签订买卖房屋或者其他不动产物权的协议，为保障将来实现物权，按照约定可以向登记机构申请预告登记。预告登记后，未经预告登记的权利人同意，处分该不动产的，不发生物权效力。预告登记后，债权消灭或者自能够进行不动产登记之日起三个月内未申请登记的，预告登记失效。"

我国《物权法》所规定的预告登记制度具有如下特点。

（1）预告登记适用于所有的不动产交易。

（2）预告登记具有对抗第三人的效力。

（3）预告登记是交易双方可以约定的权利，是任意登记。

（4）预告登记仅具有临时保障作用。在债权消灭的情况下预告登记将失效；预告登记仅能维持3个月，而不能永久保障登记权利人永久排除他人处分物权的权利。

四、房产产籍管理

房产产籍管理是指对房产登记中形成的图表、证件等各种资料进行分类整理后，做成的有规则的图、卡、册等。房屋产籍资料是审查和确认产权的重要依据。

房屋产籍主要由图、卡、册组成，通过图形、文字等形式记载、反映产权状况。图，是专门为房屋丈量测绘、用于登记和管理的专用图纸，反映房屋的位置、结构等情况。卡，是把房屋登记申请书中产权人的情况、房屋状况、产权来源等内容简要地记载到卡片上，便于查找和分类汇总。册，即房屋登记簿，是根据房屋产权登记地情况而填制的资料。

第三节　房地产登记信息与档案管理

一、房地产登记信息查询制度

为发挥房屋权属登记的公示作用，保障房屋交易安全，维护房屋交易秩序，保护房屋权利人及相关当事人的合法权益，建设部制定的《房屋权属信息查询暂行办法》规定单位和个人将可以公开查询房屋权属登记机关对房屋权利的记载信息。

（一）房屋权属登记信息概述

房屋权属登记信息，包括原始登记凭证和房屋权属登记机关对房屋权利的记载信息。

房屋原始登记凭证包括房屋权利登记申请表，房屋权利设立、变更、转移、消灭或限制的具体依据，以及房屋权属登记申请人提交的其他资料。

房屋权属登记机关对房屋权利的记载信息，包括房屋自然状况（坐落、面积、用途等），房屋权利状况（所有权情况、他项权情况和房屋权利的其他限制等），以及登记机关记载的其他必要信息。已建立房屋权属登记簿（登记册）的地方，登记簿（登记册）所记载的信息为登记机关对房屋权利的记载信息。

房屋权属登记机关、房屋权属档案管理机构（以下统称查询机构）应妥善保管房屋权属登记资料，及时更新对房屋权利记载的有关信息，保证信息的完整性、准确性和安全性。查询机构应建立房屋权属登记信息查询制度，方便当事人查询有关信息。查询机构及其工作人员应当对房屋权属登记信息的内容保密，不得擅自扩大登记信息的查询范围。查询人对查询中涉及的国家机密、个人隐私和商业秘密负有保密义务，不得泄露给他人，也不得不正当使用。

房屋权属登记信息的查询按照国家有关规定收取相关费用。

（二）原始登记凭证查询

1. 原始登记凭证查询主体的范围

房屋权属登记信息，单位和个人可以自己查询，也可以委托他人查询。原始登记凭证可按照下列范围查询：

（1）房屋权利人或者其委托人可以查询与该房屋权利有关的原始登记凭证；

（2）房屋继承人、受赠人和受遗赠人可以查询与该房屋有关的原始登记凭证；

（3）国家安全机关、公安机关、检察机关、审判机关、纪检监察部门和证券监管部门可以查询与调查、处理的案件直接相关的原始登记凭证；

（4）公证机构、仲裁机构可以查询与公证事项、仲裁事项直接相关的原始登记凭证；

（5）仲裁事项、诉讼案件的当事人可以查询与仲裁事项、诉讼案件直接相关的原始登记凭证；

（6）涉及规定情形的，可以在国家安全、军事等机关同意查询范围内查询有关原始登记凭证。

涉及国家安全、军事等需要保密的房屋权属登记信息，须经国家安全、军事等机关同意后方可查询。法律法规及有关规定不宜公开的房屋权属登记信息，其查询范围和方式按法律法规和有关规定办理。

2. 查询程序

（1）填表。查询房屋权属登记信息，应填写《房屋权属登记信息查询申请表》，明确房屋坐落（室号、部位）或权属证书编号，以及需要查询的事项，并出具查询人的身份证明或单位法人资格证明。

（2）提交证明文件。查询房屋原始登记凭证的，除提交前款规定的材料外，还应当分别按照下列规定提交有关证明文件：① 房屋权利人应提交其权利凭证；② 继承人、受赠人和受遗赠人应当提交发生继承、赠与和受遗赠事实的证明材料；③ 国家安全机关、公安机关、检察机关、审判机关、纪检监察部门、证券监管部门应当提交本单位出具的查询证明以及执行查询任务的工作人员的工作证件；④ 公证机构、仲裁机构应当提交本单位出具的查询证明、当事人申请公证或仲裁的证明，以及执行查询任务的工作人员的工作证件；⑤ 仲裁、诉讼案件的当事人应当提交仲裁机构或者审判机关受理案件的证明，受理的案件须与当事人所申请查询的事项直接相关；⑥ 涉及规定情形的，应当提交国家安全、军事等机关同意查询的证明。

委托查询的，除按上述规定提交材料外，受托人还应当提交载明查询事项的授权委托书和本人身份证明。

（3）查询。符合规定的查询申请，查询机构应及时提供查询服务。不能及时提供查询服务或无法提供查询的，应向查询人说明理由。查询房屋权属登记信息，应当在查询机构指定场所内进行。查询人不得损坏房屋权属登记信息的载体，不得损坏查询设备。查询原始登记凭证，应由查询机构指定专人负责查询，查询人不能直接接触原始登记凭证。

（4）出具结果证明。查询人要求出具查询结果证明的，查询机构经审核后，可以出具查询结果证明。查询结果证明应注明查询日期及房屋权属信息利用用途。有下列不能查询情形的，查询机构可以出具无查询结果的书面证明：① 按查询人提供的房屋坐落或权属证书编号无法查询的；② 要求查询的房屋尚未进行权属登记的；③ 要求查询的事项、资料不存在的。

二、房地产权属档案管理

为了加强城市房地产权属档案管理，保障房地产权利人的合法权益，有效保护和利用城市房地产权属档案，建设部制定了《城市房地产权属档案管理办法》，对城市规划区国有土地范围内房地产权属档案的管理进行了规定。

（一）房地产权属档案概述

房地产权属档案是城市房地产行政管理部门在房地产权属登记、调查、测绘、权属转移、变更等房地产权属管理工作中直接形成的有保存价值的文字、图表、声像等不同形式的历史记录，是城市房地产权属登记管理工作的真实记录和重要依据，是城市建设档案的组成部分。

国务院建设行政主管部门负责全国城市房地产权属档案管理工作；省、自治区人民政府建设行政主管部门负责本行政区域内的房地产权属档案的管理工作。直辖市、市、县人民政府房地产行政主管部门负责本行政区域内的房地产权属档案的具体管理工作。房地产权属档案管理业务上受同级城建档案管理部门的监督和指导。

市（县）人民政府房地产行政主管部门应当根据房地产权属档案管理工作的需要，建立房地产权属档案管理机构，配备专职档案管理人员，健全工作制度，配备必要的安全保护设施，确保房地产权属档案的完整、准确、安全和有效利用。

（二）房地产权属档案归档范围

房地产权属登记管理部门应当建立健全房地产权属文件材料的收集、整理、归档制度。下列文件材料属于房地产权属档案的归档范围。

（1）房地产权利人、房地产权属登记确权、房地产权属转移及变更、设定他项权利等有关的证明和文件，主要有：① 房地产权利人（自然人或法人）的身份（资格）证明、法人代理人的身份证明、授权委托书等；② 建设工程规划许可证，建设用地规划许可证，土地使用权证书或者土地来源证明，房屋拆迁批件及补偿安置协议书，联建或者统建合同，翻改扩建及固定资产投资批准文件，房屋竣工验收有关材料等；③ 房地产买卖合同书、房产继承书、房产赠与书、房产析产协议书、房产交换协议书、房地产调拨凭证、有关房产转移的上级批件、有关房产的判决、裁决、仲裁文书及公证文书等；④ 设定房地产他项权利的有关合同、文件等。

（2）房屋及其所占用的土地使用权权属界定位置图；房地产分幅平面图、分丘平面图、分层分户平面图等。

（3）房地产产权登记工作中形成的各种文件材料，包括房产登记申请书、收件收据存根、权属变更登记表、房地产状况登记表、房地产勘测调查表、墙界表、房屋面积计算表、房地产登记审批表、房屋灭籍申请表、房地产税费收据存根等。

（4）反映和记载房地产权属状况的信息资料，包括统计报表、摄影片、照片、录音带、录像带、缩微胶片、计算机软盘、光盘等。

（5）其他有关房地产权属的文件资料，包括房地产权属冻结文件、房屋权属代管文件、历史形成的各种房地产权证、契证、账、册、表、卡等。

（三）归档要求

每件（宗）房地产权属登记工作完成后，权属登记人员应当及时将整理好的权属文件材料，经权属登记负责人审查后，送交房地产权属档案管理机构立卷归档。任何单位和个人都不得将房地产权属文件材料据为己有或者拒不归档。国家规定不得归档的材料，禁止归档。归档要求如下。

（1）归档的有关房地产权属的资料，应当是原件；原件已存城市建设档案馆或者经房地产管理部门批准认定的，可以是复印、复制件。复印、复制件应当由经办人与原件校对、签章，并注明校对日期及原件的存放处。

（2）归档的房地产权属资料，应当做到书写材料合乎标准、字迹工整、内容规范、图形清晰、数据准确、符合档案保护的要求。

（3）房地产权属档案管理机构应当按照档案管理的规定对归档的各种房地产权属档案

材料进行验收，不符合要求的，不予归档。

（四）房地产权属档案的管理

房地产权属档案的管理主要内容如下。

（1）房地产权属档案管理机构对归档的房地产权属文件材料应当及时进行登记、整理、分类编目、划分密级、编制检索工具。

（2）房地产权属档案应当以丘为单元建档。丘号的编定按照国家《房产测量规范》标准执行。

（3）房地产权属档案应当以房地产权利人（即权属单元）为宗立卷。卷内文件排列，应当按照房地产权属变化、产权文件形成时间及权属文件主次关系为序。

（4）房地产权属档案管理机构应当掌握房地产权属变化情况，及时补充有关权属档案材料，保持房地产权属档案与房地产权属现状的一致。

（5）房地产权属档案管理人员应当严格执行权属档案管理的有关规定，不得擅自修改房地产权属档案。确需变更和修改的，应当经房地产权属登记机关批准，按照规定程序进行。

（6）房地产权属档案应当妥善保存，定期检查和鉴定。对破损或者变质的档案，应当及时修复；档案毁损或者丢失，应当采取补救措施。未经批准，任何人不得以任何借口擅自销毁房地产权属档案。

（7）房屋自然灭失或者依法被拆除后，房地产权属档案管理机构应当自档案整理归档完毕之日起15日内书面通知城市建设档案馆。

（五）房地产权属档案的利用

房地产权属档案管理机构应当充分利用现有的房地产权属档案，及时为房地产权属登记、房地产交易、房地产纠纷仲裁、物业管理、房屋拆迁、住房制度改革、城市规划、城市建设等各项工作提供服务。

房地产权属档案管理机构应当严格执行国家档案管理的保密规定，防止房地产权属档案的散失、泄密；定期对房地产权属档案的密级进行审查，根据有关规定，及时调整密级。查阅、抄录和复制房地产权属档案材料应当履行审批手续，并登记备案。涉及军事机密和其他保密的房地产权属档案，以及向境外团体和个人提供的房地产权属档案应当按照国家安全、保密等有关规定保管和利用。

向社会提供利用房地产权属档案，可以按照国家有关规定，实行有偿服务。

技能提高 7-1　　房产权属登记的程序

房产权属登记的程序，包括申请登记、勘丈绘图、产权审查、绘制权证、收费发证等程序。

1. 申请登记

申请登记是指房产权利人或者代理人在规定的期限内按照权利的种类和登记的种类向登记机关提供合法有效的法律文件的行为。这一程序的主要工作是检验证件和填写申请书、墙界表等。

检验证件是整个产权登记的基础，包括检验身份证件和产权证件。身份证件和产权证件必须吻合。申请人包括自然人、法人和其他具有民事主体资格的组织。我国采取实名制原则，申请人为法人或其他组织的，应当使用其法定名称，由法人代表申请；申请人是自然人的，应当使用身份证上的姓名。检验有关证件的目的在于确定申请人是否具备登记资格。只有具有相关产权证件，且权属清楚、产权来源资料齐全，才予以登记。对于违章建筑、临时建筑等，不予登记。对于申请人因正当理由不能按期提交证明材料或需补办有关手续的，可以准予暂缓登记。在有利害关系人提出异议、权属存在争议的情况下，也应当暂缓登记。

填写申请书和墙界表，即填写房屋产权申请书和房屋四面墙界表。墙界表是房屋权利人向登记机关提供的房屋四面墙体归属情况的书面凭证。申请人填写申请书和墙界表后，连同产权证件、身份证明等，一起交给登记机关工作人员。工作人员审阅无误后，办理收件手续，收取证件。

2. 勘丈绘图

勘丈绘图是对已申请房屋产权登记的房屋，进行实地勘察，查清房屋现状，丈量计算面积，核实墙体归属，绘制分户平面图，补测或修改房屋的平面图（地籍图），为产权审查和制图发证提供依据。勘丈绘图的主要任务包括核实、修正房屋情况、核实墙界和绘制分户单位平面图等。将与实际一致的房屋平面图连同申请书、墙界表、未登记房屋调查表以及分户单位平面图等移交给原来的登记人员，并归入相应的登记档案袋。其中非常重要的是对墙界的核实。核实的时候，应由权利人逐一指引，验证墙界表的真实性，同时再由邻居确认申请人指示的墙界是否与实际情况相符，经双方确认后再对墙界进行登记。

3. 产权审查

产权审查是指以产权、产籍档案的历史资料和实地调查、勘察的现实资料为基础，以国家现行的政策、法律和有关的行政法规为依据，对照申请人提出的申请书、墙界表以及其他产权证明，认真审查其申请登记的房屋产权来源是否清楚、产权转移和房屋变动是否合法的整个过程。

产权审查要做到层层把关、“三审定案”（初审、复审和审批）。初审是指通过查阅产权档案及有关资料，审查申请人提交的证件是否齐全，核实房屋的界限，了解房屋产权来源及权利变动情况，根据有关法律法规提出初步的意见。初审以后，要将房屋产权登记的基本情况和初步核查的结果进行公布。在规定的期限内，房屋的利害关系人可以书面向登记机关提供有关证据，要求重新复核；没有异议的，准予确认房屋产权。复审是指经过初审和公告以后确认房屋产权无异议的，交由复审人员进行全面复核和审查。这是产权审查确认产权、核发产权证书的重要环节。经过以上步骤后，可以确认房屋产权并发放产权证书。

4. 绘制权证

绘制权证包括缮证、配图、核对、盖印四个流程。

缮证，即填写房屋产权证、房屋共有权保持证和房屋他项权证。

配图是指将测绘人员经过实地复核后测制的房屋平面图或分户单位平面图、示意图粘贴在房屋产权证规定的位置上。

核对是指房屋产权缮写和粘贴附图以后再进行校对。核对以申请书为根据，对照检查房屋产权证、房屋共有权保持证存根的项目有无错漏，与申请书是否一致；以房屋产权证（或是房屋共有权保持证）存根为依据，对照检查骑缝处的字号与权证扉页的字号是否相符；以房屋产权证（或是房屋共有权保持证）存根为根据，对照检查房屋平面图的各项有无错漏、是否一致。如果存在问题，再询问清楚和补齐后方可进行绘制。

盖印，即在登记复核后，依次在房屋产权证存根与房屋产权证的骑缝处和图证结合处，另盖骑缝专用章和房管机关的钢印，并加盖填发机关公章。

5. 收费发证

收费发证是房屋产权登记工作的最后一道程序，包括征税、收费和发证。产权人缴纳的税费，原则上应包括印花税和登记费、勘测丈测费、权证工本费等。房屋的买卖、赠与、典当以及不等价交换等，都要由承受人缴纳契税和印花税，一般委托房产登记部门在办理房屋交易手续时代为征收。

发证，即产权人缴纳税费后，由发证机关发出领证通知书，产权人在指定的时间、地点，携收件收据、缴纳税费收据以及身份证件等到发证机关，经检验无误后，发给房屋产权证书。

练　中　学

一、关键词与重点概念

不动产登记、房地产权属登记、土地登记、房屋登记、预告登记、总登记、初始登记、房地产权属信息、房地产权属档案

二、练习与讨论

1. 房地产登记是如何分类的？
2. 土地登记的种类有哪些？
3. 房屋登记的种类有哪些？
4. 我国房地产登记的效力有哪些？
5. 如何查询已登记的房地产信息？
6.《物权法》规定的不动产登记制度是什么？
7. 房地产权属档案管理的内容有哪些？

三、案例分析

李某和张某二人签订了一套房屋买卖合同。李某向张某出示了房产证，上面写明房屋所有权人为李某。李某将房产证交与张某，张某于是向李某交付了房价的80%，二人约定付款完毕办理房屋过户手续。其后张某去市房管局查证，李某房产证上登记的房屋所有人已经更正为范某。试分析此案例中张某的权利如何实现。

本案例房屋所有权人应以市房管局登记的为准，即范某是所有权人，李某无权处分该房屋，他应承担相应法律责任，房屋买卖不成立。

四、技能训练

训练项目：参与某校新建校舍的登记工作。 分析主要申请材料和工作程序。

第八章　房地产中介服务法律制度

概　要

房地产中介服务是房地产咨询、房地产价格评估、房地产经纪等活动总称。我国《城市房地产管理法》及《城市房地产中介服务管理规定》等法律法规规定了中国现行房地产中介服务法律制度。房地产中介机构的设立要符合一定条件，从业人员要具备一定资格，从业活动、服务收费要符合规定，并接受监督。

知识重点

1. 了解房地产中介服务的种类
2. 熟悉房地产中介业务的管理内容
3. 了解房地产中介服务费收取方法
4. 了解房地产估价机构资质等级标准
5. 熟悉房地产估价管理的主要内容
6. 了解房地产估价师的管理内容
7. 掌握房地产经纪的活动内容

技能必备

1. 熟知报考房地产估价师的条件、流程。
2. 熟知申请成立房地产中介机构的程序。

第一节　房地产中介服务概述

一、房地产中介服务的概念和特征

（一）房地产中介服务的概念

房地产中介服务，有广义和狭义之分。广义的房地产中介服务是指在房地产投资、开发、管理、消费等经济运行的各个环节中，为资金供需双方、租赁双方、房地产纠纷双方、物业所有者与使用者等房地产当事人提供居间服务活动的总称。狭义的房地产中介服务，是根据《城市房地产管理法》及《城市房地产中介服务管理规定》的有关规定，指房地产咨询、房地产价格评估、房地产经纪等活动的总称。

（二）房地产中介服务的特征

1. 人员特定

从事房地产中介服务的人员必须是具有特定资格的专业人员，并不是所有的人都可以从事房地产中介服务活动或提供房地产中介服务。这些特定资格的专业人员都有一定的学历和专业经历，并通过了专业资格考试，掌握了一定的专业技能。如从事房地产估价业务的人员必须是取得房地产估价师执业资格并经注册取得《房地产估价师注册证书》的人员，未取得房地产估价师或估价员资格的人员就不能从事或协助从事房地产估价活动。

2. 委托服务

房地产中介服务是受当事人委托进行的，并在当事人委托的范围内从事房地产中介服务活动，提供当事人所要求的服务。如在房地产转让过程中，房地产经纪人利用自身掌握的房地产专业知识和信息，为交易双方相互传递信息，代办相关事务。

3. 服务有偿

房地产中介服务是一种服务性的经营活动，委托人一般都应按照一定的标准向房地产中介服务机构支付相应的报酬、佣金。

二、房地产中介服务的种类

房地产中介服务的范围比较广泛，房地产咨询、房地产评估、房地产经纪是目前三种比较重要的形式。

（一）房地产咨询

房地产咨询是指为房地产活动当事人提供法律法规、政策、信息、技术等方面咨询服务的经营活动。从事房地产咨询活动的组织，即为房地产咨询机构。房地产咨询的内容主要有以下几项。

（1）房地产信息咨询。包括提供各地的地价、房价、房地产租赁价格以及它们的动态走势，待出让地块和待出卖、出租、交换、抵押房地产情况，以及投资招商、购房、换房等信息的咨询。

（2）房地产法律、业务咨询。指对于房地产法规、政策问题以及办理房地产交易、租赁、抵押业务手续等问题的咨询。

（3）代理是指代理研制房地产方面的可行性报告、投资开发方案、项目规划设计方案等方面的业务。

（二）房地产价格评估

房地产价格评估是指房地产专业估价人员，以房地产为对象，根据委托人不同的估价目的，按照一定的估价程序，在综合分析影响房地产价格因素的基础上，对房地产价格客观合理的估计、推测和判断。房地产评估机构，即从事房地产价格评估活动的机构。房地产价格评估在房地产经营及相关经济领域均发挥着重要作用，从房地产的买卖、拍卖、租赁、交换、抵押、信托、保险到以房地产为标的的合资、合作、企业破产与兼并、债务重组与企业的股份制改造，均离不开房地产的价格评估。《城市房地产管理法》第三十四条规定："国家实行房地产价格评估制度。房地产价格评估，应当遵循公正、公平、公开的原则，按照国家规定的技术标准和评估程序，以基准地价、标定地价和各类房屋的重置价格为基础，参照当地的市场价格进行评估。"

（三）房地产经纪

房地产经纪是指为委托人提供房地产信息和居间代理业务的经营活动。房地产经纪机构，即从事房地产经纪活动的机构。房地产经纪机构为房地产交易提供洽谈协议、交流信息、展示行情等服务，主要功能在于为房地产交易双方牵线搭桥，提供服务促成交易。

房地产经纪的内容包括：

（1）从事现房交易活动，为买者代买或者为卖者代卖，交易成功后获取一定佣金；

（2）从事期房交易，代买者买进或代卖者卖出，交易成功后按照一定比例提取佣金；

（3）从事房地产抵押业务，为产权人申请抵押贷款，办理有关手续；

（4）从事房屋租赁代理；

（5）从事有关房地产的合资、合作或联营的项目交易活动；

（6）从事有关房地产的广告策划、过户纳税、产权调换、售后服务等代理活动。

三、房地产中介服务管理的一般规定

（一）房地产中介服务机构的设立管理

1. 房地产中介服务机构的设立条件

房地产中介服务机构，是承办房地产中介服务业务的主体，包括房地产咨询机构、房地产价格评估机构和房地产经纪机构。我国《城市房地产管理法》对房地产中介服务机构的设置进行了规范，规定房地产中介服务机构应当具备下列条件：① 有自己的名称和组织机构；② 有固定的服务场所；③ 有规定数量的财产和经费；④ 有足够数量的专业人员。

从事房地产咨询业务的，具有房地产及相关专业中等以上学历、初级以上专业技术职称人员须占总人数的50%以上；从事房地产评估业务的，须有规定数量的房地产估价师；从事房地产经纪业务的，须有规定数量的房地产经纪人。

设立房地产中介服务机构的资金和人员条件，应由当地县级以上房地产管理部门进行审查，经审查合格后，再行办理工商登记。

设立有限责任公司、股份有限公司从事房地产中介业务的，还应当执行《中华人民共和国公司法》的有关规定。

2. 房地产中介服务机构的设立程序

设立房地产中介服务机构，应当向当地的工商行政管理部门申请设立登记，领取营业执照后，方可开业。房地产中介服务机构在领取营业执照后的一个月内，应当到登记机关所在地的县级以上人民政府房地产管理部门备案。跨省、自治区、直辖市从事房地产估价业务的机构，应到该业务发生地的省、自治区人民政府建设行政部门或者直辖市人民政府房地产行政主管部门备案。

房地产管理部门应当每年对房地产中介服务机构的专业人员条件进行一次检查，并于每年年初公布检查合格的房地产中介服务机构名单。检查不合格的，不得从事房地产中介服务业务。

3. 房地产中介服务机构的义务

房地产中介服务机构必须履行下列义务：

（1）遵守有关的法律法规和政策；

（2）遵守自愿、公平、诚实信用的原则；
（3）按照核准的业务范围从事经营活动；
（4）按照规定标准收取费用；
（5）依法缴纳税费；
（6）接受行业主管部门及其他有关部门的指导、监督和检查。

（二）房地产中介服务人员的资质管理

房地产中介服务人员是指属于房地产中介服务机构，从事房地产中介服务的人员，包括房地产咨询业务员、房地产价格评估师（员）以及房地产经纪人。为了加强管理，确保专业化、规范化，目前我国对房地产中介服务人员采取统一考试、执业资格认证和登记管理办法。

1. 房地产咨询人员资质管理

从事房地产咨询业务的人员，必须是具有房地产及相关专业中等以上学历、与房地产咨询业务相关的初级以上专业技术职称并取得考试合格证书的专业技术人员。

2. 房地产价格评估人员资质管理

国家实行房地产价格评估人员资格认证制度。

房地产价格评估人员分为房地产估价师和房地产估价员。

房地产估价师必须是经国家统一考试、执业资格认证，取得房地产估价师执业资格证书，并经注册登记取得房地产估价师注册证的人员。未取得房地产估价师注册证的人员，不得以房地产估价师的名义从事房地产估价业务。

房地产估价员必须是经过考试并取得房地产估价员岗位合格证的人员。未取得房地产估价员岗位合格证的人员，不得从事房地产估价业务。

3. 房地产经纪人员资质管理

根据《城市房地产中介服务管理规定》的规定，房地产经纪人必须是经过考试、注册并取得房地产经纪人资格证的人员。未取得房地产经纪人资格证的人员，不得从事房地产经纪业务。

国家对房地产经纪人员实行职业资格制度，纳入全国专业技术人员职业资格制度统一规划。凡从事房地产经纪活动的人员，必须取得房地产经纪人员相应职业资格证书并经注册生效。未取得职业资格证书的人员，一律不得从事房地产经纪活动。

4. 资格考试与证书管理

房地产中介服务人员的资格考试，由国务院建设行政主管部门统一制定考试大纲，指定培训教材。省、自治区人民政府建设行政主管部门和直辖市房地产管理部门制订的考试办法和试题，报建设部核准后，方可实施。

严禁伪造、涂改、转让《房地产估价师执业资格证书》、《房地产估价师注册证》、《房地产估价员岗位合格证》、《房地产经纪人资格证》。遗失《房地产估价师执业资格证书》、《房地产估价师注册证》、《房地产估价员岗位合格证》、《房地产经纪人资格证》的，应当向原发证机关申请补发。

（三）房地产中介业务管理

1. 房地产中介服务要求

房地产中介服务人员承办业务，由其所在中介机构统一受理并与委托人签订书面中介服务合同。经委托人同意，房地产中介服务机构可以将委托的房地产中介业务转让委托给具有相应资格的中介服务机构代理，但不得增加佣金。

房地产中介服务费用由房地产中介服务机构统一收取，房地产中介服务机构收取费用应当开具发票，依法纳税。房地产中介服务机构开展业务应当建立业务记录，设立业务台账。业务记录和业务台账应当载明业务活动中的收入、支出等费用，以及省、自治区建设行政主管部门和直辖市房地产管理部门要求的其他内容。

房地产中介服务人员执行业务，可以根据需要查阅委托人的有关资料和文件，查看现场。委托人应当协助。房地产中介服务人员与委托人有利害关系的，应当回避。委托人有权要求其回避。

因房地产中介服务人员过失，给当事人造成经济损失的，由所在中介服务机构承担赔偿责任。所在中介服务机构可以对有关人员追偿。

2. 房地产中介服务合同

房地产中介服务合同应当包括下列主要内容：① 当事人姓名或者名称、住所；② 中介服务项目的名称、内容、要求和标准；③ 履行期限；④ 收费金额和支付方式、时间；⑤ 违约责任和纠纷解决方式；⑥ 当事人约定的其他内容。

3. 房地产中介服务禁止行为

房地产中介服务人员在房地产中介活动中不得有下列行为：

（1）索取、收受委托合同以外的酬金或其他财物，或者利用工作之便，牟取其他不正

当的利益；

（2）允许他人以自己的名义从事房地产中介业务；

（3）同时在两个或两个以上中介服务机构执行业务；

（4）与一方当事人串通损害另一方当事人利益；

（5）法律法规禁止的其他行为。

四、房地产中介服务收费

房地产中介服务收费是房地产交易市场重要的经营性服务收费。为规范房地产中介服务收费行为，维护房地产中介服务当事人的合法权益，建立房地产中介服务收费正常的市场秩序，国家计委、建设部《关于房地产中介服务收费的通知》就房地产中介服务收费作了具体规定。

1. 收费范围

凡依法设立并具备房地产中介资格的房地产咨询、房地产价格评估、房地产经纪等中介服务机构，为企事业单位、社会团体和其他社会组织、公民及外国当事人提供有关房地产开发投资、经营管理、消费等方面的中介服务，可向委托人收取合理的费用。

2. 收费原则

（1）合理、公开、诚实信用的原则。中介服务机构应当本着合理、公开、诚实信用的原则，接受自愿委托，双方签订合同，依据本通知规定的收费办法和收费标准，由中介服务机构与委托方协商确定中介服务费。

（2）明码标价原则。房地产中介服务收费实行明码标价制度。中介服务机构应当在其经营场所或交缴费用的地点的醒目位置公布其收费项目、服务内容、计费方法、收费标准等事项。房地产中介服务机构在接受当事人委托时应当主动向当事人介绍有关中介服务的价格及服务内容等情况。

（3）合法原则。房地产价格评估、房地产经纪收费为最高限标准。各省、自治区、直辖市物价、房地产行政主管部门可依据本通知制定当地具体执行的收费标准，报国家计委、建设部备案。对经济特区的收费标准可适当规定高一些，但最高不得超过上述收费标准的30%。各地区、各部门和房地产中介服务机构应严格执行物价部门规定的收费原则和收费标准，切实提供质价相称的服务。凡中介服务机构资格应经确定而未经确认、自立名目乱收费、擅自提高收费标准或越权制定、调整收费标准的，属于价格违法行为，由物价检查机构按有关法规予以处罚。

3. 房地产咨询费

房地产中介服务机构可应委托人要求，提供有关房地产政策、法规、技术等咨询服务，收取房地产咨询费。房地产咨询收费按服务形式，分为口头咨询费和书面咨询费两种。

口头咨询费，按照咨询服务所需时间结合咨询人员专业技术等级由双方协商议定收费标准。

书面咨询费，按照咨询报告的技术难度、工作繁简结合标的额大小计收。普通咨询报告，每份收费 300～1000 元；技术难度大，情况复杂、耗用人员和时间较多的咨询报告，可适当提高收费标准，收费标准一般不超过咨询标的额的 0.5%。

以上收费标准，属指导性参考价格。实际成交收费标准，由委托方与中介机构协商议定。

4. 房地产价格评估收费

房地产价格评估收费，由具备房地产估价资格并经房地产行政主管部门、物价主管部门确认的机构按规定的收费标准计收。以房产为主的房地产价格评估费，区别不同情况，按照房地产的价格总额采取差额定率分档累进计收。以房产为主的房地产价格评估收费标准表如表 8-1 所示。

表 8-1　房地产价格评估收费标准表

档　次	房地产价格总额（万元）	累进计费率（%）
1	100 以下（含 100）	5
2	100～1000	2.5
3	1001～2000	1.5
4	2001～5000	0.8
5	5001～8000	0.4
6	8001～10000	0.2
7	10000 以上	0.1

土地价格评估的收费标准，按国家计委、国家土地局《关于土地价格评估收费的通知》的有关规定执行。一般宗地评估采取差额定率累进计费，即按土地价格总额大小划分费率档次，分档计算各档的收费额，各档收费额累计之和为收费总额。目前一般宗地评估收费按《宗地地价评估收费标准》（如表 8-2 所示）执行。城镇基准地价评估收费，由评估机构与委托城镇参照《基准地价评估收费标准》（如表 8-3 所示）协商确定。为土地使用权

抵押而进行的土地价格评估，评估机构按一般宗地评估费标准的 50%计收评估费；每宗地评估费不足 300 元的按 300 元收取。清产核资中的土地价格评估，按一般宗地评估费标准的 30%计收评估费；每宗地评估费不足 300 元的按 300 元收取。土地价格评估委托单位付费确有困难的，通过双方协商，评估机构可酌情减收。

表 8-2　宗地地价评估收费标准

序　号	土地价格总额（万元）	收费标准（%）
1	100 以下（含 100）	4
2	101～200	3
3	201～1000	2
4	1001～2000	1.5
5	2001～5000	0.8
6	5001～10000	0.4
7	10000 以上	0.1

表 8-3　基准地价评估收费标准

序　号	城镇面积（平方公里）	收费标准（万元）
1	5 以下（含 5）	4～8
2	5～20（含 20）	8～12
3	20～50（含 50）	12～20
4	50 以上	20～40

5. 房地产经纪收费

房地产经纪收费是房地产专业经纪人接受委托，进行居间代理所收取的佣金。房地产经纪费根据代理项目的不同实行不同的收费标准。房地产经纪费由房地产经纪机构向委托人收取。

房屋租赁代理收费，无论成交的租赁期限长短，均按半月至一月成交租金额标准，由双方协商议定一次性计收。房屋买卖代理收费，按成交价格总额的 0.5～2.5%计收。实行独家代理的，委托方可与房地产中介机构协商收费，价格可适当提高，但最高不超过成交价格的 3%。土地使用权转让代理收费办法和标准另行规定。

第二节　房地产估价

一、房地产估价概述

改革开放以来，随着房屋商品化的实现，以及城镇住房制度改革、城市土地使用制度改革的不断推进，房地产估价作为一项专业活动开始出现在我们的现实生活中。但最初出现的房地产估价曾被理解为“有关部门定价”，一直到20世纪90年代初期，才广泛形成与国际接轨的、真正意义上的房地产估价观念及技术规范，并迅速发展起来。现在，房地产估价已成为房地产行业中重要的中介服务活动。

（一）房地产估价的概念

严格意义上讲，房地产估价与房地产评估应该有所区别。评估的含义更广一些，可以包括对房地产发展趋势的评估、对房地产质量的评估等，而房地产估价能更确切地反映出对其价格的评估。根据《中华人民共和国国家标准房地产估价规范》的有关规定，房地产估价是指专业估价人员根据估价目的，遵循估价原则，按照估价程序，选用适宜的估价方法，并在综合分析影响房地产价格因素的基础上，对房地产在估价时点的客观合理价格或价值进行估算和判定的活动。

（二）房地产估价的要素

1. 专业估价人员

专业估价人员是指经房地产估价人员执业资格考试合格，由有关主管部门审定注册，取得执业资格证书后专门从事房地产估价的人员。在我国，房地产估价专业人员包括注册房地产估价师和房地产估价员两种。

2. 估价目的

房地产的估价目的众多，不同的估价目的，所考虑的估价原则、依据和采用的估价方法可能不同，所得出的估价结果也将有可能不同。不同的估价目的将影响估价结果。估价目的也限制了估价报告的用途。针对不同的估价目的所采用的价值标准，分为公开市场价值标准和非公开市场价值标准两类。

3. 估价原则

估价原则是专业估价人员在房地产估价活动中应当遵循的基本法规或标准。

4. 估价程序

估价程序包括接受估价委托至完成估价报告期间的一系列工作，并按照其内在联系性排列出一定的先后次序。

5. 估价方法

房地产估价的方法有多种，如市场比较法、收益还原法、成本估价法、假设开发法、路线价法、长期趋势法等。每种估价方法都有其特定的适用范围和条件，有时可同时并用，相互验证，有时也可进行互补。

6. 影响房地产价格的因素

影响房地产价格的因素多种多样，涉及政治的、经济的、行政的、心理的等方面，需要复杂的、系统的分析。

7. 估价时点

估价时点是指估价结果所对应的日期，又可称为估价期日、估价基准日、估价日期等。估价时点不是随意给定的，也不完全与估价作业日期相同，它需要估价人员根据估价目的来确定。

8. 客观合理价格或价值的估算和判定

合理价格或价值是指在某种估价目的的特定条件下形成的正常价格。同一估价对象，估价目的不同，估价依据以及采用的价值标准会有所不同，评估出的客观合理价格或价值也会有所不同。

二、房地产估价管理概述

（一）房地产估价机构概念

房地产估价机构是指依法设立并取得房地产估价机构资质，从事房地产估价活动的中介服务机构。

房地产估价机构由自然人出资，主要由房地产估价师个人发起设立，组织形式如下。

（1）合伙制。由2名以上（含2名）专职注册房地产估价师合伙发起设立。合伙人按照协议约定或法律规定，以各自的财产承担法律责任，对机构的债务承担无限连带责任。

（2）有限责任制。由3名以上（含3名）专职注册房地产估价师共同出资发起设立。出资人以其出资额为限承担法律责任，房地产估价机构以其全部财产对其债务承担责任。

（二）房地产估价机构的资质管理

我国房地产估价机构资质等级分为一、二、三级。新设立中介服务机构的房地产估价机构资质等级核定为三级资质，设 1 年的暂定期。国务院建设行政主管部门负责一级房地产估价机构资质许可。省、自治区人民政府建设行政主管部门、直辖市人民政府房地产行政主管部门负责二、三级房地产估价机构资质许可，并接受国务院建设行政主管部门的指导和监督。

（三）房地产估价机构资质等级标准

1. 各资质等级通用标准

（1）机构名称要求有房地产估价或者房地产评估字样；

（2）法定代表人或执行合伙人要求是注册后从事房地产估价工作 3 年以上的专职注册房地产估价师；

（3）有限责任公司的股东中有 3 名以上、合伙企业的合伙人中有 2 名以上专职注册房地产估价师，股东或者合伙人中有一半以上是注册后从事房地产估价工作 3 年以上的专职注册房地产估价师；

（4）有限责任公司的股份或者合伙企业的出资额中专职注册房地产估价师的股份或者出资额合计不低于 60%；

（5）有固定的经营服务场所；

（6）估价质量管理、估价档案管理、财务管理等各项企业内部管酬度健全；

（7）随机抽查的 1 份房地产估价报告符合《房地产估价规范》的要求；

（8）在申请核定资质等级之日前 3 年内无禁止的行为。禁止行为包括：涂改、倒卖、出租、出借或者以其他形式非法转让资质证书；超越资质等级业务范围承接房地产估价业务；以迎合高估或者低估要求、给予回扣、恶意压低收费等方式进行不正当竞争；违反房地产估价规范和标准；出具有虚假记载、误导性陈述或者重大遗漏的估价报告；擅自设立分支机构；未经委托人书面同意，擅自转让受托的估价业务；法律、法规禁止的其他行为。

2. 各资质等级相应标准

一级资质：

（1）从事房地产估价活动连续 6 年以上，且取得二级房地产估价机构资质 3 年以上；

（2）有限责任公司的注册资本人民币 200 万元以上，合伙企业的出资额人民币 120 万元以上；

（3）有 15 名以上专职注册房地产估价师；

（4）在申请核定资质等级之日前 3 年平均每年完成估价标的物建筑面积 50 万平方米以上或者土地面积 25 万平方米以上。

二级资质：

（1）取得三级房地产估价机构资质后从事房地产估价活动连续 4 年以上；

（2）有限责任公司的注册资本人民币 100 万元以上，合伙企业的出资额人民币 60 万元以上；

（3）有 8 名以上专职注册房地产估价师；

（4）在申请核定资质等级之日前 3 年平均每年完成估价标的物建筑面积 30 万平方米以上或者土地面积 15 万平方米以上。

三级资质：

（1）有限责任公司的注册资本人民币 50 万元以上，合伙企业的出资额人民币 30 万元以上；

（2）有 3 名以上专职注册房地产估价师；

（3）在暂定期内完成估价标的物建筑面积 8 万平方米以上或者土地面积 3 万平方米以上。

三、房地产估价机构资质核准

1. 核准提交文件

申请核定房地产估价机构资质等级，应当如实向资质许可机关提交下列材料：

（1）房地产估价机构资质等级申请表（一式二份，加盖申报机构公章）；

（2）房地产估价机构原资质证书正本复印件、副本原件；

（3）营业执照正、副本复印件（加盖申报机构公章）；

（4）出资证明复印件（加盖申报机构公章）；

（5）法定代表人或者执行合伙人的任职文件复印件（加盖申报机构公章）；

（6）专职注册房地产估价师证明；

（7）固定经营服务场所的证明；

（8）经工商行政管理部门备案的公司章程或者合伙协议复印件（加盖申报机构公章）及有关估价质量管理、估价档案管理、财务管理等企业内部管理制度的文件、申报机构信用档案信息；

（9）随机抽查的在申请核定资质等级之日前 3 年内申报机构所完成的 1 份房地产估价报告复印件（一式二份，加盖申报机构公章）。申请人应当对其提交的申请材料实质内容的真实性负责。

新设立的中介服务机构申请房地产估价机构资质的，应当提供上述第（1）项、第（3）项至第（8）项材料。

2. 核准程序

申请核定一级房地产估价机构资质的，应当向省、自治区人民政府建设行政主管部门、直辖市人民政府房地产行政主管部门提出申请，并提交规定的材料。省、自治区人民政府建设行政主管部门、直辖市人民政府房地产行政主管部门应当自受理申请之日起20日内审查完毕，并将初审意见和全部申请材料报国务院建设行政主管部门。国务院建设行政主管部门应当自受理申请材料之日起20日内做出决定。

二、三级房地产估价机构资质由设区的市人民政府房地产行政主管部门初审，具体许可程序及办理期限由省、自治区人民政府建设行政主管部门、直辖市人民政府房地产行政主管部门依法确定。省、自治区人民政府建设行政主管部门、直辖市人民政府房地产行政主管部门应当在做出资质许可决定之日起10日内，将准予资质许可的决定报国务院建设行政主管部门备案。

3. 资质证书管理与有效期

房地产估价机构资质证书分为正本和副本，由国务院建设行政主管部门统一印制，正、副本具有同等法律效力。房地产估价机构遗失资质证书的，应当在公众媒体上声明作废后，申请补办。房地产估价机构资质有效期为3年。资质有效期届满，房地产估价机构需要继续从事房地产估价活动的，应当在资质有效期届满30日前向资质许可机关提出资质延续申请。资质许可机关应当根据申请做出是否准予延续的决定。准予延续的，有效期延续3年。在资质有效期内遵守有关房地产估价的法律、法规、规章、技术标准和职业道德的房地产估价机构，经原资质许可机关同意，不再审查，有效期延续3年。房地产估价机构的工商登记注销后，其资质证书失效。

4. 房地产机构变动

房地产估价机构的名称、法定代表人或者执行合伙人、注册资本或者出资额、组织形式、住所等事项发生变更的，应当在工商行政管理部门办理变更手续后30日内，到资质许可机关办理资质证书变更手续。

房地产估价机构合并的，合并后存续或者新设立的房地产估价机构可以承继合并前各方中较高的资质等级，但应当符合相应的资质等级条件。

房地产估价机构分立的，只能由分立后的一方房地产估价机构承继原房地产估价机构资质，但应当符合原房地产估价机构资质等级条件。承继原房地产估价机构资质的一方由各方协商确定；其他各方按照新设立的中介服务机构申请房地产估价机构资质。

5. 房地产机构的分支机构

一级资质房地产估价机构可以按照规定设立分支机构。二、三级资质房地产估价机构不得设立分支机构。分支机构应当以设立该分支机构的房地产估价机构的名义出具估价报告，并加盖该房地产估价机构公章。

四、房地产估价管理

1. 业务范围

从事房地产估价活动的机构，应当依法取得房地产估价机构资质，并在其资质等级许可范围内从事估价业务。一级资质房地产估价机构可以从事各类房地产估价业务。二级资质房地产估价机构可以从事除公司上市、企业清算以外的房地产估价业务。三级资质房地产估价机构可以从事除公司上市、企业清算、司法鉴定以外的房地产估价业务。暂定期内的三级资质房地产估价机构可以从事除公司上市、企业清算、司法鉴定、城镇房屋拆迁、在建工程抵押以外的房地产估价业务。房地产估价业务应当由房地产估价机构统一接受委托，统一收取费用。

房地产估价师不得以个人名义承揽估价业务，分支机构应当以设立该分支机构的房地产估价机构名义承揽估价业务。房地产估价机构未经委托人书面同意，不得转让受托的估价业务。经委托人书面同意，房地产估价机构可以与其他房地产估价机构合作完成估价业务，以合作双方的名义共同出具估价报告。

2. 工作要求

从事房地产估价业务的机构与人员应遵循以下要求。

（1）委托人及相关当事人应当协助房地产估价机构进行实地查勘，如实向房地产估价机构提供估价所必需的资料，并对其所提供资料的真实性负责。

（2）房地产估价机构和注册房地产估价师因估价需要向房地产行政主管部门查询房地产交易、登记信息时，房地产行政主管部门应当提供查询服务，但涉及国家秘密、商业秘密和个人隐私的内容除外。

（3）房地产估价报告应当由房地产估价机构出具，加盖房地产估价机构公章，并有至少 2 名专职注册房地产估价师签字。

（4）房地产估价机构应当妥善保管房地产估价报告及相关资料。房地产估价报告及相关资料的保管期限自估价报告出具之日起不得少于 10 年。保管期限届满而估价服务的行为尚未结束的，应当保管到估价服务的行为结束为止。

（5）房地产估价机构应当加强对执业人员的职业道德教育和业务培训，为本机构的房

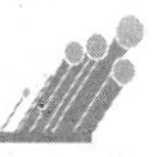

地产估价师参加继续教育提供必要的条件。

3. 房地产估价机构资质撤销与注销

房地产估价机构违法从事房地产估价活动的，违法行为发生地的县级以上地方人民政府房地产行政主管部门应当依法查处，并将违法事实、处理结果及处理建议及时报告该估价机构资质的许可机关。

有下列情形之一的，资质许可机关或者其上级机关，根据利害关系人的请求或者依据职权，可以撤销房地产估价机构资质：

（1）资质许可机关工作人员滥用职权、玩忽职守做出准予房地产估价机构资质许可的；

（2）超越法定职权做出准予房地产估价机构资质许可的；

（3）违反法定程序做出准予房地产估价机构资质许可的；

（4）对不符合许可条件的申请人做出准予房地产估价机构资质许可的；

（5）依法可以撤销房地产估价机构资质的其他情形。

房地产估价机构以欺骗、贿赂等不正当手段取得房地产估价机构资质的，应当予以撤销。房地产估价机构取得房地产估价机构资质后，不再符合相应资质条件的，资质许可机关根据利害关系人的请求或者依据职权，可以责令其限期改正；逾期不改的，可以撤回其资质。

有下列情形之一的，资质许可机关应当依法注销房地产估价机构资质：① 房地产估价机构资质有效期届满未延续的；② 房地产估价机构依法终止的；③ 房地产估价机构资质被撤销、撤回，或者房地产估价资质证书依法被吊销的；④法律、法规规定的应当注销房地产估价机构资质的其他情形。

4. 房地产机构信用管理

资质许可机关或者房地产估价行业组织应当建立房地产估价机构信用档案。房地产估价机构应当按照要求提供真实、准确、完整的房地产估价信用档案信息。房地产估价机构信用档案应当包括房地产估价机构的基本情况、业绩、良好行为、不良行为等内容。违法行为、被投诉举报处理、行政处罚等情况应当作为房地产估价机构的不良记录记入其信用档案。房地产估价机构的不良行为应当作为该机构法定代表人或者执行合伙人的不良行为记入其信用档案。任何单位和个人有权查阅信用档案。

五、注册房地产估价师的管理

注册房地产估价师是指通过全国房地产估价师执业资格考试或者资格认定、资格互认，取得中华人民共和国房地产估价师执业资格，并依法注册，取得中华人民共和国房地产估价师注册证书，从事房地产估价活动的人员。

为了加强对注册房地产估价师的管理，完善房地产价格评估制度和房地产价格评估人员资格认证制度，注册房地产估价师实行注册执业管理制度。取得执业资格的人员，经过注册方能以注册房地产估价师的名义执业。

国务院建设主管部门对全国注册房地产估价师注册、执业活动实施统一监督管理。省、自治区、直辖市人民政府建设（房地产）主管部门对本行政区域内注册房地产估价师的注册、执业活动实施监督管理。市、县、市辖区人民政府建设（房地产）主管部门对本行政区域内注册房地产估价师的执业活动实施监督管理。房地产估价行业组织应当加强注册房地产估价师自律管理。鼓励注册房地产估价师加入房地产估价行业组织。

（一）注册

注册房地产估价师注册分为初始、变更、延续和注销注册。注册房地产估价师的初始、变更、延续注册，逐步实行网上申报、受理和审批。注册证书是注册房地产估价师的执业凭证。注册有效期为 3 年。申请注册的，应当向聘用单位或者其分支机构工商注册所在地的省、自治区、直辖市人民政府建设（房地产）主管部门提出注册申请，注册房地产估价师的注册条件为：① 取得执业资格；② 达到继续教育合格标准；③ 受聘于具有资质的房地产估价机构；④ 无不予注册的情形。

1. 初始注册

对申请初始注册的，省、自治区、直辖市人民政府建设（房地产）主管部门应当自受理申请之日起 20 日内审查完毕，并将申请材料和初审意见报国务院建设主管部门。国务院建设主管部门应当自受理之日起 20 日内做出决定。申请初始注册，应当提交下列材料：① 初始注册申请表；② 执业资格证件和身份证件复印件；③ 与聘用单位签订的劳动合同复印件；④ 取得执业资格超过 3 年申请初始注册的，应当提供达到继续教育合格标准的证明材料；⑤ 聘用单位委托人才服务中心托管人事档案的证明和社会保险缴纳凭证复印件；或者劳动、人事部门颁发的离退休证复印件；或者外国人就业证书、台港澳人员就业证书复印件。

2. 变更注册

注册房地产估价师变更执业单位，应当与原聘用单位解除劳动合同，并按规定的程序办理变更注册手续，变更注册后延续原注册有效期。对申请变更注册的，省、自治区、直辖市人民政府建设（房地产）主管部门应当自受理申请之日起 5 日内审查完毕，并将申请材料和初审意见报国务院建设主管部门。国务院建设主管部门应当自受理之日起 10 日内做出决定。变更注册需要提交下列材料：① 变更注册申请表；② 与新聘用单位签订的劳动

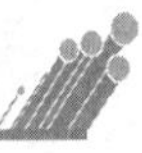

合同复印件；③ 与原聘用单位解除劳动合同的证明文件；④ 聘用单位委托人才服务中心托管人事档案的证明和社会保险缴纳凭证复印件；或者劳动、人事部门颁发的离退休证复印件；或者外国人就业证书、台港澳人员就业证书复印件。

3. 延续注册

注册有效期满需继续执业的，应当在注册有效期满30日前，按照规定的程序申请延续注册；延续注册的，注册有效期为3年。对申请延续注册的，省、自治区、直辖市人民政府建设（房地产）主管部门应当自受理申请之日起5日内审查完毕，并将申请材料和初审意见报国务院建设主管部门。国务院建设主管部门应当自受理之日起10日内做出决定。延续注册需要提交下列材料：① 延续注册申请表；② 与聘用单位签订的劳动合同复印件；③ 申请人注册有效期内达到继续教育合格标准的证明材料。

4. 注销注册

① 注册证书失效；② 依法被撤销注册的；③ 依法被吊销注册证书的；④ 受到刑事处罚的；⑤ 法律、法规规定应当注销注册的其他情形。注册房地产估价师应当及时向国务院建设主管部门提出注销注册的申请，交回注册证书，国务院建设主管部门应当办理注销手续，公告其注册证书作废。

（二）不予注册

申请人有下列情形之一的，不予注册：① 不具有完全民事行为能力的；② 刑事处罚尚未执行完毕的；③ 因房地产估价及相关业务活动受刑事处罚，自刑事处罚执行完毕之日起至申请注册之日止不满5年的；④ 因前项规定以外原因受刑事处罚，自刑事处罚执行完毕之日起至申请注册之日止不满3年的；⑤ 被吊销注册证书，自被处罚之日起至申请注册之日止不满3年的；⑥ 以欺骗、贿赂等不正当手段获准的房地产估价师注册被撤销，自被撤销注册之日起至申请注册之日止不满3年的；⑦ 申请在两个或者两个以上房地产估价机构执业的；⑧ 为现职公务员的；⑨ 年龄超过65周岁的；⑩ 法律、行政法规规定不予注册的其他情形。

被注销注册者或者不予注册者，在具备注册条件后，可以按照规定的程序申请注册。

（三）注册证书失效

注册房地产估价师有下列情形之一的，其注册证书失效：① 聘用单位破产的；② 聘用单位被吊销营业执照的；③ 聘用单位被吊销或者撤回房地产估价机构资质证书的；④ 已与聘用单位解除劳动合同且未被其他房地产估价机构聘用的；⑤ 注册有效期满且未延续注

册的；⑥ 年龄超过 65 周岁的；⑦ 死亡或者不具有完全民事行为能力的；⑧ 其他导致注册失效的情形。

（四）注册房地产估价师执业

取得执业资格的人员，应当受聘于一个具有房地产估价机构资质的单位，经注册后方可从事房地产估价执业活动。注册房地产估价师可以在全国范围内开展与其聘用单位业务范围相符的房地产估价活动。注册房地产估价师从事执业活动，由聘用单位接受委托并统一收费。在房地产估价过程中给当事人造成经济损失，聘用单位依法应当承担赔偿责任的，可依法向负有过错的注册房地产估价师追偿。注册房地产估价师在每一注册有效期内应当达到国务院建设主管部门规定的继续教育要求。注册房地产估价师继续教育分为必修课和选修课，每一注册有效期各为 60 学时。经继续教育达到合格标准的，颁发继续教育合格证书。中国房地产估价师与房地产经纪人学会负责组织注册房地产估价师继续教育。

（五）注册房地产估价师的权利与义务

注册房地产估价师享有下列权利：① 使用注册房地产估价师名称；② 在规定范围内执行房地产估价及相关业务；③ 签署房地产估价报告；④ 发起设立房地产估价机构；⑤ 保管和使用本人的注册证书；⑥ 对本人执业活动进行解释和辩护；⑦ 参加继续教育；⑧ 获得相应的劳动报酬；⑨ 对侵犯本人权利的行为进行申诉。

注册房地产估价师应当履行下列义务：① 遵守法律、法规、行业管理规定和职业道德规范；② 执行房地产估价技术规范和标准；③ 保证估价结果的客观公正，并承担相应责任；④ 保守在执业中知悉的国家秘密和他人的商业、技术秘密；⑤ 与当事人有利害关系的，应当主动回避；⑥ 接受继续教育，努力提高执业水准；⑦ 协助注册管理机构完成相关工作。

注册房地产估价师不得有下列行为：① 不履行注册房地产估价师义务；② 在执业过程中，索贿、受贿或者谋取合同约定费用外的其他利益；③ 在执业过程中实施商业贿赂；④ 签署有虚假记载、误导性陈述或者重大遗漏的估价报告；⑤ 在估价报告中隐瞒或者歪曲事实；⑥ 允许他人以自己的名义从事房地产估价业务；⑦ 同时在两个或者两个以上房地产估价机构执业；⑧ 以个人名义承揽房地产估价业务；⑨ 涂改、出租、出借或者以其他形式非法转让注册证书；⑩超出聘用单位业务范围从事房地产估价活动；⑪ 严重损害他人利益、名誉的行为；⑫ 法律、法规禁止的其他行为。

（六）注册房地产估价师的监督管理

县级以上人民政府建设（房地产）主管部门，应当依照有关法律、法规的规定，对注

册房地产估价师的注册、执业和继续教育情况实施监督检查。注册房地产估价师违法从事房地产估价活动的，违法行为发生地的直辖市、市、县、市辖区人民政府建设（房地产）主管部门应当依法查处，并将违法事实、处理结果告知注册房地产估价师注册所在地的省、自治区、直辖市建设（房地产）主管部门；依法需撤销注册的，应当将违法事实、处理建议及有关材料报国务院建设主管部门。申请人以欺骗、贿赂等不正当手段获准房地产估价师注册许可的，应当予以撤销。有下列情形之一的，国务院建设主管部门依据职权或者根据利害关系人的请求，可以撤销房地产估价师注册：① 注册机关工作人员滥用职权、玩忽职守做出准予房地产估价师注册行政许可的；② 超越法定职权做出准予房地产估价师注册许可的；③ 违反法定程序做出准予房地产估价师注册许可的；④ 对不符合法定条件的申请人做出准予房地产估价师注册许可的；⑤ 依法可以撤销房地产估价师注册的其他情形。

注册房地产估价师及其聘用单位应当按照要求，向注册机关提供真实、准确、完整的注册房地产估价师信用档案信息。注册房地产估价师信用档案应当包括注册房地产估价师的基本情况、业绩、良好行为、不良行为等内容。违法违规行为、被投诉举报处理、行政处罚等情况应当作为注册房地产估价师的不良行为记入其信用档案。注册房地产估价师信用档案信息按照有关规定向社会公示。

第三节 房地产经纪

一、房地产经纪含义

房地产经纪活动是指为房地产开发、买卖、租赁、抵押、置（互）换、评估、房地产开发项目转让、合作、房屋维修服务等房地产流通领域的当事人有偿提供居间、行纪、代理等中介活动。房地产经纪人是指依照规定审批成立，从事房地产经纪活动的单位和个人。

房地产居间是指向委托人报告订立房地产交易合同的机会或者提供订立房地产交易合同的媒介服务，并收取委托人佣金的行为。包括：房地产买卖居间、房地产租赁居间、房地产抵押居间、房地产投资居间。

房地产行纪是指房地产经纪人受委托人的委托，以自己的名义代他人购房，从事房地产流通活动，与第三者进行交易，并取得报酬的法律行为。 房地产行纪需签订行纪合同，其中房地产经纪机构以自己名义为他方办理房地产业务者，为房地产行纪人；由房地产行纪人为之办理房地产业务、并支付报酬者，为委托人。

房地产代理是指以委托人的名义，在授权范围内，为促成委托人与第三方进行房地产交易而提供服务，并收取委托人佣金的行为。

商品房销售代理是中国目前房地产代理活动的主要形式。房地产拍卖有时也被视为房

地产经纪活动的一种特殊形式。

二、房地产经纪管理

1. 房地产经纪机构的设立

房地产经纪机构一般分为合伙制的房地产事务所、房地产经纪公司和个体经纪人。

设立房地产经纪人事务所应当符合以下条件：

（1）有固定的业务场所；

（2）注册资本或登记资金数额不少于规定数额；

（3）有规定数额的取得《房地产经纪资格证书》的专职人员；

（4）有健全的管理机构、章程和财务制度。合伙制需要合伙人之间有书面合伙协议。公司制要符合《公司法》规定的其他条件。

申办房地产经纪人事务所或房地产经纪公司的，应持规定的相应材料，向工商行政管理部门提出申请，同时报同级房地产管理部门，经房地产管理部门出具审查意见后，工商行政管理部门予以办理注册登记。房地产经纪组织在领取到营业执照后规定时间内，到房地产管理部门备案。取得《房地产经纪资格证书》的个人从事房地产经纪活动的，必须到工商行政管理部门申办营业执照后，方可开展房地产经纪业务。

2. 经纪人的权利与义务

房地产经纪人在经纪活动中享有以下权利：

（1）依法收集、利用房地产商业信息；

（2）要求委托方提供真实的相关材料；

（3）完成经纪业务后按照规定或者约定获取佣金或者要求支付经纪活动经费；

（4）法律、法规、规章规定的其他权利。

房地产经纪人在经纪活动中应当履行下列义务：

（1）遵守国家有关法律、法规、规章和政策规定；

（2）遵守自愿、公平、诚实信用的职业道德；

（3）按核准的业务范围从事经营活动；

（4）如实介绍房地产交易有关情况；

（5）按约定为当事人保守商业秘密；

（6）按规定收取费用；

（7）依法缴纳税费。

3. 房地产经纪合同

房地产经纪人为当事人提供房地产经纪服务，应当与当事人签订房地产经纪合同。房地产经纪合同应包括下列主要内容：① 经纪事项；② 提供经纪服务的要求或者标准；③ 收费标准、数额、支付方式和时间；④ 经纪合同的履行期限；⑤ 违约责任和纠纷解决方式；⑥ 双方当事人约定的其他事项。

4. 房地产经纪监督

工商行政管理部门和房地产管理部门应当按照各自职责，依法加强对房地产经纪人的监督管理，房地产经纪人应当接受监督检查，提供检查所需的文件、账簿、报表和其他有关材料。

开展房地产经纪活动应设立财务账簿，载明开展业务所支出的费用、收取的服务费以及按照国家规定应当载明的其他内容。收费应开具国家统一的收费票据，经营所得应依法纳税。

房地产经纪人（含兼营房地产经纪的开发企业）歇业或因其他原因停止经纪活动的，应向工商行政管理部门办理歇业或注销登记手续，并报房地产管理部门备案。

三、房地产经纪人

为了适应市场经济发展需要，规范和发展房地产市场，加强对房地产经纪人员的管理，提高房地产经纪人员的业务水平和职业道德，保护消费者合法权益，人事部、建设部决定实行房地产经纪人员职业资格制度。制定了《房地产经纪人员职业资格制度暂行规定》和《房地产经纪人执业资格考试实施办法》。

国家对房地产经纪人员实行职业资格制度，纳入全国专业技术人员职业资格制度统一规划。凡从事房地产经纪活动的人员，必须取得房地产经纪人员相应职业资格证书并经注册生效。未取得职业资格证书的人员，一律不得从事房地产经纪活动。

取得房地产经纪人执业资格是进入房地产经纪活动关键岗位和发起设立房地产经纪机构的必备条件。取得房地产经纪人协理从业资格，是从事房地产经纪活动的基本条件。

人事部、建设部共同负责全国房地产经纪人员职业资格制度的政策制定、组织协调、资格考试、注册登记和监督管理工作。

（一）考试组织

1. 房地产经纪人执业资格考试

房地产经纪人执业资格实行全国统一大纲、统一命题、统一组织的考试制度，由人事部、建设部共同组织实施，原则上每年举行一次。建设部负责编制房地产经纪人执业资格考试大纲、编写考试教材和组织命题工作，统一规划、组织或授权组织房地产经纪人执业资格的考前培训等有关工作。考前培训工作按照培训与考试分开、自愿参加的原则进行。人事部负责审定房地产经纪人执业资格考试科目、考试大纲和考试试题，组织实施考务工作，会同建设部对房地产经纪人执业资格考试进行检查、监督、指导和确定合格标准。

凡中华人民共和国公民，遵守国家法律、法规，已取得房地产经纪人协理资格并具备以下条件之一者，可以申请参加房地产经纪人执业资格考试：

（1）取得大专学历，工作满 6 年，其中从事房地产经纪业务工作满 3 年；

（2）取得大学本科学历，工作满 4 年，其中从事房地产经纪业务工作满 2 年；

（3）取得双学士学位或研究生班毕业，工作满 3 年，其中从事房地产经纪业务工作满 5 年；

（4）取得硕士学位，工作满 2 年，从事房地产经纪业务工作满 1 年；

（5）取得博士学位，从事房地产经纪业务工作满 1 年。

房地产经纪人执业资格考试合格，由各省、自治区、直辖市人事部门颁发人事部、建设部用印的《中华人民共和国房地产经纪人执业资格证书》。该证书全国范围有效。

2. 房地产经纪人协理从业资格考试

房地产经纪人协理从业资格实行全国统一大纲，各省、自治区、直辖市命题并组织考试的制度。建设部负责拟定房地产经纪人协理从业资格考试大纲。人事部负责审定考试大纲。各省、自治区、直辖市人事厅（局）、房地产管理局，按照国家确定的考试大纲和有关规定，在本地区组织实施房地产经纪人协理从业资格考试。

凡中华人民共和国公民，遵守国家法律、法规，具有高中以上学历，愿意从事房地产经纪活动的人员，均可申请参加房地产经纪人协理从业资格考试。

房地产经纪人协理从业资格考试合格，由各省、自治区、直辖市人事部门颁发人事部、建设部统一格式的《中华人民共和国房地产经纪人协理从业资格证书》。该证书在所在行政区域内有效。

（二）注册

取得《中华人民共和国房地产经纪人执业资格证书》的人员，必须经过注册登记才能以注册房地产经纪人名义执业。建设部或其授权的机构为房地产经纪人执业资格的注册管理机构。

1. 申请注册

申请注册的人员必须同时具备以下条件：① 取得房地产经纪人执业资格证书；② 无

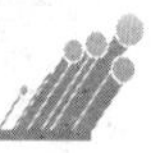

犯罪记录；③ 身体健康，能坚持在注册房地产经纪人岗位上工作；④ 经所在经纪机构考核合格。

房地产经纪人执业资格注册，由本人提出申请，经聘用的房地产经纪机构送省、自治区、直辖市房地产管理部门（以下简称省级房地产管理部门）初审合格后，统一报建设部或其授权的部门注册。准予注册的申请人，由建设部或其授权的注册管理机构核发《房地产经纪人注册证》。人事部和各级人事部门对房地产经纪人员执业资格注册和使用情况有检查、监督的责任。房地产经纪人执业资格注册有效期一般为 3 年，有效期满前 3 个月，持证者应到原注册管理机构办理再次注册手续。在注册有效期内，变更执业机构者，应当及时办理变更手续。再次注册者，还须提供接受继续教育和参加业务培训的证明。

2. 注销注册

经注册的房地产经纪人有下列情况之一的，由原注册机构注销注册。① 不具有完全民事行为能力。② 受刑事处罚。③ 脱离房地产经纪工作岗位连续 2 年（含 2 年）以上。④ 同时在 2 个及以上房地产经纪机构进行房地产经纪活动。⑤ 严重违反职业道德和经纪行业管理规定。

建设部及省级房地产管理部门，应当定期公布房地产经纪人执业资格的注册和注销情况。各省级房地产管理部门或其授权的机构负责房地产经纪人协理从业资格注册登记管理工作。每年度房地产经纪人协理从业资格注册登记情况应报建设部备案。

经国家有关部门同意，获准在中华人民共和国境内就业的外籍人员及港、澳、台地区的专业人员，符合要求的，也可报名参加房地产经纪职业资格考试以及申请注册。

（三）从业人员职责

房地产经纪人和房地产经纪人协理，在经纪活动中，必须严格遵守法律、法规和行业管理的各项规定，坚持公开、公平、公正的原则，信守职业道德。

房地产经纪人有权依法发起、设立或加入房地产经纪机构，承担房地产经纪机构关键岗位工作，指导房地产经纪人协理进行各种经纪业务，经所在机构授权订立房地产经纪合同等重要业务文书，执行房地产经纪业务并获得合理佣金。在执行房地产经纪业务时，房地产经纪人员有权要求委托人提供与交易有关的资料，支付因开展房地产经纪活动而发生的成本费用，并有权拒绝执行委托人发出的违法指令。

房地产经纪人协理有权加入房地产经纪机构，协助房地产经纪人处理经纪有关事务并获得合理的报酬。房地产经纪人和房地产经纪人协理经注册后，只能受聘于一个经纪机构，并以房地产经纪机构的名义从事经纪活动，不得以房地产经纪人或房地产经纪人协理的身份从事经纪活动或在其他经纪机构兼职。房地产经纪人和房地产经纪人协理必须利用专业

知识和职业经验处理或协助处理房地产交易中的细节问题，向委托人披露相关信息，诚实信用，恪守合同，完成委托业务，并为委托人保守商业秘密，充分保障委托人的权益。房地产经纪人和房地产经纪人协理必须接受职业继续教育，不断提高业务水平。

练 中 学

一、关键词与重点概念

房地产中介、房地产估价、房地产咨询、房地产经纪、房地产估价师、房地产经纪人

二、练习与讨论

1. 房地产中介服务的种类有哪些？
2. 房地产估价的要素是什么？
3. 房地产中介服务禁止的行为有哪些？
4. 房地产估价师工作要求有哪些？
5. 简述房地产机构信用管理。
6. 房地产经纪活动有哪些？

三、案例分析

王某去年通过甲中介公司购买了一套房子，甲中介公司申明免中介费，并带王某看了房子，王某对房子状况比较满意并与之签订了每 4800 元/平方米的购买房产合同，随后按规定支付了全部房款并办理了过户手续。居住一段时间之后，王某得知：原房主委托甲中介公司卖房时只约定了 4500 元/平方米的价格，甲中介公司“免中介费”承诺实际是为了“吃差价”。试分析此案中甲中介公司的行为不当之处。

本案根据居间行为的特征对中介费和“吃差价”进行分析，得出中介公司的不当之处，并对当事人提供一定的建议。

四、技能训练

训练项目：房地产估价机构设立的过程模拟。

第九章　房地产拆迁法律制度

概　要

由于城市规划和建设需要，必须对城市国有土地使用权再分配，以达到合理地配置资源，提高利用效率，城市房屋拆迁就是其中主要的方式。房屋拆迁涉及国家、单位、个人利益，如果处理不当就会影响社会安定和谐，影响经济发展。为加强城市拆迁管理，保障城市建设顺利进行，保护拆迁人合法权益，《城市房屋拆迁管理条例》对城市房屋拆迁作了详细的规定。

知识重点

1. 掌握城市房屋拆迁的程序
2. 掌握拆迁补偿、安置
3. 了解城市房屋拆迁纠纷处理

技能必备

1. 通过参与或模拟城市房屋拆迁程序，掌握房屋拆迁许可证取得条件，掌握房屋拆迁程序与流程。

2. 通过参与或模拟城市房屋拆迁程序，掌握城市房屋拆迁的补偿与安置，了解拆迁纠纷处理程序。

第一节　城市房屋拆迁概述

一、城市房屋拆迁的概念与特征

城市房屋拆迁是指国家因城市建设发展的需要，而使用城市规划区内已建有房屋及房屋附属物的土地时，经人民政府批准，由取得房屋拆迁许可证的拆迁人，自己或者委托他人对城市规划区内国有土地上的房屋及其附属物进行拆除，并对被拆迁房屋的所有人进行补偿或安置的行为。被拆迁人是指对被拆迁房屋及其附属物具有合法所有权的所有人，《城市房屋拆迁管理条例》规定被拆迁人不包括被拆迁房屋的使用人，但对使用人的权益还要予以依法保护。拆迁人是指取得房屋拆迁许可证的单位。个人不得成为拆迁人。

城市房屋拆迁的特征主要有以下几类。

（1）城市房屋拆迁所指的房屋是位于城市规划区内国有土地上的房屋。这一特征有以下三层含义：① 该房屋位于城市规划区内；② 该房屋坐落在城市规划区内的国有土地上；③ 房屋，城市房屋拆迁所指的房屋则泛指建筑，包括住宅建筑和非住宅建筑。

（2）城市房屋拆迁是一种土地集约化经营行为。城市房屋拆迁主要是为获取土地，是对城市土地和空间资源进行再开发、利用和分配，是提高城市规划区内土地利用效率，实现集约化经营。

（3）城市房屋拆迁具有公益性。房屋拆迁，不仅要从商业的角度上来考虑城市土地的再开发，更多的情况下还要考虑到部分人将为社会做出牺牲。城市房屋拆迁主要是为了城市建设的总体布局和城市功能的提高，通过城市房屋拆迁，城市可以作更科学的规划，合理布局，建设更为适宜的城市功能区域。通过拆迁可以改善城市环境，防止污染，保护环境，促进城市经济的发展，提高人民生活水平。由于城市房屋拆迁涉及社会的方方面面，涉及被拆迁人的重大利益，因而国家对此采取了积极的干预。

（4）城市房屋拆迁是一项行政与民事混合法律行为。城市房屋拆迁是国家因建设用地需要经法定程序批准而进行的，拆迁需要依法报批，从项目立项开始到土地使用权的取得，需要规划、国土等部门的核准并发给权利凭证，再以此申领拆迁许可证。申请拆迁许可证的行为是一种行政审批行为，被拆迁人必须服从国家利益，在搬迁期限内完成拆迁，具有行政强制性；但同时在房屋拆迁过程中，凡涉及补偿形式、补偿金额、安置用房面积、安置的方式及数额等利益问题时，由拆迁人与被拆迁人协商达成拆迁协议，即补偿安置协议，此时的拆迁当事人双方的关系又属于平等的民事主体之间的关系，行政机关原则上不予干预。

（5）城市房屋拆迁的当事人具有法定性和特定性。城市房屋拆迁双方当事人是指依据拆迁法律规范的规定参加拆迁法律关系，并享有权利和承担义务的个人或者组织，一方面，双方当事人是由国家城市建设规划部门、建设计划以及国家批准用地文件直接规定的，并最后以房屋拆迁许可证加以明确的，其法定性鲜明。另一方面，房屋拆迁的拆迁人是从事该项建设工程的建设单位或受其委托的单位或个人，被拆迁人是拆迁范围内的被拆除房屋及附属物的所有人和被拆除房屋及附属物的使用人，无论拆迁人还是被拆迁人，均具有特定性。

二、城市房屋拆迁的分类

1. 以建设投资不同的资金来源为标准，分为市政动迁和社会动迁

所谓市政动迁是指城市人民政府基于城市基础设施等建设需要而发生房屋拆迁行为。这类拆迁是为全社会服务的，动迁资金主要来源于地方财政，被拆迁人的安置房屋通常由投资者安排，补偿经费由市政建设经费统一支出。

所谓社会动迁是指机关、团体、企事业单位等基于基本建设需要而发生的房屋拆迁行为。这类拆迁主要是为了满足建设单位自身建设发展需要，动迁资金主要来自于建设单位的自有资金和有关专项资金或自筹资金，被拆迁人的安置与补偿均由建设单位统一负责。

2. 以拆迁主体不同分为统一拆迁、自行拆迁和委托拆迁

统一拆迁是由当地人民政府或其专门委托的单位统一进行拆除、补偿、安置等工作。

自行拆迁是指拆迁人自己对被拆迁人进行拆迁安置和补偿。

委托拆迁是指拆迁人将房屋拆迁补偿、安置等工作委托他人进行。需要注意的是被委托人必须取得房屋拆迁资格证书，但是房屋拆迁管理部门不得接受拆迁委托。

三、城市房屋拆迁管理体制

城市房屋拆迁管理体制是指由各级房屋拆迁管理部门及其管理职责、管理程序、相互关系等组成的有机整体。《城市房屋拆迁管理条例》规定的房屋拆迁管理，由国家和地方政府根据职权实施管理。

国家一级的城市房屋拆迁管理部门是指国务院建设行政主管部门，其管理职责是负责全国城市房屋拆迁工作的监督管理。

地方一级的房屋拆迁管理部门是指县级以上地方人民政府负责管理房屋拆迁工作的部门，其管理职责是对本行政区域内的城市房屋拆迁工作实施监督管理。

县级以上地方人民政府有关部门，如工商行政主管部门、公安行政主管部门、规划行政主管部门、司法行政主管部门、文化行政主管部门、环境行政主管部门等，是拆迁的协

管部门，其在拆迁管理中的职责是依照《城市房屋拆迁管理条例》的规定，互相配合，保证房屋拆迁管理工作的顺利进行。

县级以上人民政府土地行政主管部门（包括国务院土地行政主管部门）应当依照有关法律、行政法规的规定，负责与城市房屋拆迁有关的土地管理工作。

技能提高 9-1　　房屋拆迁管理部门管理职责

根据《城市房屋拆迁管理条例》的规定，房屋拆迁管理部门的监督管理职责包括：

（1）房屋拆迁许可证的审批；

（2）延期拆迁的审批；

（3）拆迁委托合同的备案管理；

（4）暂停办理有关手续通知书的发放、延长暂停期限的审批；

（5）拆迁裁决；

（6）受理强制拆迁的申请；

（7）拆迁建设项目的管理；

（8）拆迁补偿安置资金使用的监督；

（9）拆迁产权不明确房屋的补偿安置方案的审核；

（10）对拆迁违法行为的查处；

（11）对接受委托拆迁的单位的资格认定。

四、城市房屋拆迁的程序

1. 获取用地规划许可证

在具体实施拆迁行为之前，拆迁人要依法获得拆迁地块的土地使用权，按规定向当地政府城市规划行政主管部门申请建设用地规划许可证，将拆迁范围内的土地列入规划控制区，经过审查符合条件的，城市规划行政主管部门核发《建设用地规划许可证》，确定拆迁房屋的地域范围，并通知原来已经取得建设工程规划许可证的被拆迁人停止有关房屋的改建、扩建等工程。

2. 申请拆迁冻结

建设单位应当持规划管理部门核发的建设用地规划许可证及附图、附件，向房屋拆迁管理部门申请拆迁冻结。

房屋拆迁管理部门应当自收到申请后十日内进行审查；符合冻结条件的，由房屋拆迁主管部门发布拆迁冻结通告。自冻结通告发布之日起，冻结范围内的单位和个人不得进行下列活动：① 房屋及其附属物的新建、扩建、改建；② 房屋买卖、交换、赠予、租赁、

抵押、析产、分列房屋租赁户名；③ 改变房屋和土地用途；④ 企业工商登记和事业单位、社会团体法人登记。

房屋拆迁管理部门应当将前款所列事项，书面通知有关部门在冻结期限内暂停办理相关手续。拆迁冻结期限最长不得超过六个月，建设单位在冻结期限内取得房屋拆迁许可证的，冻结期限自动延长至拆迁期限届满之日；冻结期限届满时建设单位未取得房屋拆迁许可证的，拆迁冻结自行解除。

3. 编制拆迁计划和拆迁方案

拆迁人获得拆迁范围内的土地使用权后，应到当地公安派出所和房管所抄录征地范围内的常住人口以及全部房产情况，按表格逐一登记，同时成立拆迁小组对所有被拆迁人逐户走访，摸清情况，分类记录，并对所登记的情况进行核实。在调查核实的基础上，依据国家和地方有关房屋拆迁的规定，通过对被拆迁人的具体分析，编制出详细的拆迁计划和拆迁方案。拆迁计划和拆迁方案应符合《城市房屋拆迁管理条例》及有关拆迁政策的规定，做到周到、可行、合理，尤其是其中确定的拆迁范围应与有关部门批准的建设项目用地范围相一致。

4. 足额存入拆迁补偿安置资金

拆迁补偿安置资金，就是拆迁人根据法律要求，向其办理存款业务的金融机构存入的专门用于拆迁补偿的安置资金。该笔资金能否及时、足额到位，能否做到专款专用并不被抽逃，直接关系到补偿金的拨付和安置房、周转房的建设，关系到广大被拆迁人的利益和社会稳定。拆迁人在其办理存款业务的金融机构开立专门账户，足额存入拆迁补偿安置资金，然后凭金融机构开具的资金证明申办房屋拆迁许可证，房屋拆迁管理部门核发房屋拆迁许可证时，应与拆迁人和存放拆迁补偿安置资金的金融机构签订《拆迁补偿安置资金使用监管协议》，明确拆迁补偿安置资金的使用审批程序。具体使用拆迁补偿安置资金时，由拆迁人提出申请，房屋拆迁管理部门根据拆迁补偿安置的进度做出批复，金融机构凭房屋拆迁管理部门的批准文件拨发资金，从而将拆迁补偿安置资金的监管落到实处，以保证其专款专用，切实保障被拆迁人的利益。

5. 申领房屋拆迁许可证

《城市房屋拆迁管理条例》第七条规定：申请领取房屋拆迁许可证的，应当向房屋所在地的市、县人民政府房屋拆迁管理部门提交下列材料：① 建设项目批准文件；② 建设用地规划许可证；③ 国有土地使用权批准文件；④ 拆迁计划和拆迁方案；⑤ 办理存款业务的金融机构出具的拆迁补偿、安置资金证明；⑥ 产权调换和安置用房证明。

房屋拆迁管理部门在收到申请之日起30日内，对申请事项和上述文件进行审查。对符

合条件的，颁发房屋拆迁许可证。《房屋拆迁许可证》是房屋拆迁的法律凭证。获得许可证后，拆迁申请人就成为合法的拆迁人，其拆迁行为受法律保护。

6. 发布拆迁公告

房屋拆迁许可证发放的同时，房屋拆迁管理部门应当在拆迁范围内发布拆迁公告，将拆迁人、拆迁实施单位、拆迁范围、拆迁期限、搬迁截止日等予以公布。

房屋拆迁的公告的内容是房屋拆迁许可证中载明的事项包括以下内容。

（1）拆迁人，即获得房屋拆迁许可证的单位。

（2）拆迁范围，即房屋拆迁管理部门根据拆迁人的申请，依照建设用地规划许可证和国有土地使用权批准文件规定的建设项目用地范围确定的实施房屋拆迁的地域范围。

（3）拆迁期限，即拆迁人实施房屋拆迁的起止时间。

（4）拆迁形式，即属于自行拆迁还是委托拆迁，属于委托拆迁的，应载明具体的受托单位。

房屋拆迁公告应张贴于拆迁范围内及其周围较醒目、易于公众阅读的地点，对于规模较大的拆迁则应在当地报纸上或者其他公共传媒上予以公布。

拆迁范围确定后，拆迁范围内的单位和个人不得新建、扩建或改建房屋，不得改变房屋和土地的用途，也不得进行房屋租赁活动。这项规定用以防止被拆迁人通过不正当手段谋取利益，增加货币补偿的金额或产权调换的面积，从而不合理增加拆迁人的负担，同时也是为了简化拆迁环节，降低拆迁难度，减少矛盾和纠纷，促进拆迁工作顺利进行。房屋拆迁管理部门应就上述事项，书面通知计划、规划、土地、建设、房管、工商等有关部门暂停办理相关手续。

7. 签订拆迁补偿安置协议

拆迁公告发出以后，拆迁人应当在拆迁期限内与被拆迁人依据国家和本地法律法规的规定，就补偿、安置等问题进行协商，并签订书面协议。

在拆迁过程中，拆迁人与被拆迁人之间所发生的民事关系主要是拆迁补偿安置。对于拆迁补偿安置以及相关的问题，拆迁当事人应该对双方的权利和义务给出明确的界定。拆迁当事人必须以拆迁补偿安置协议的形式确定双方的权利和义务。拆迁补偿安置协议是约定拆迁当事人之间民事权利与义务关系的合同，依法成立的拆迁补偿安置协议，对当事人具有法律约束力。当事人应当按照约定履行自己的义务，不得擅自变更或者解除协议。依法成立的协议，受法律保护。

拆迁补偿安置协议的主要内容包括：补偿方式和补偿金额、安置用房面积和安置地点、搬迁期限、搬迁过渡方式和过渡期限等事项。除上述主要内容外，协议一般还应包括违约

责任、解决争议的办法等条款。上述所列拆迁补偿安置协议的主要内容，并非所有的拆迁补偿安置协议都应载明，具体载明哪些内容，还应视拆迁补偿方式的不同而不同。对于实行货币补偿的，拆迁补偿安置协议主要应载明补偿金额、搬迁期限；对于实行产权调换的，拆迁补偿安置协议主要应载明安置用房面积和安置地点、搬迁期限、搬迁过渡方式和过渡期限等。协议签订后是否进行公证，由双方当事人自主选择。但根据《城市房屋拆迁管理条例》规定，拆除代管房屋，必须经公证机关公证。

实行房屋产权调换的，拆迁人与被拆迁人应当依照规定，对拆除的房屋和安置用房屋进行评估，计算被拆迁房屋的补偿金额和所调换房屋的价格，结清产权调换的差价。

8. 协议的履行与拆迁的实施

拆迁补偿安置协议依法订立后即产生法律效力，各方当事人均应履行，拆迁人应依约对被拆迁人和房屋承租人给予补偿和安置，被拆迁人或房屋承租人则应在协议约定的搬迁期限内完成搬迁。被拆迁人或房屋承租人搬迁后，拆迁人应及时在批准的拆迁范围内和拆迁期限内实施拆迁。不得超越批准的拆迁范围和规定的拆迁期限。

五、城市房屋拆迁的实施方式

拆迁的实施方式有两种，即自行拆迁和委托拆迁。

自行拆迁是指为了某项目建设需要已取得房屋拆迁许可证的建设单位即拆迁人自己实施拆迁工作，拆迁工作一般包括对被拆迁人进行拆迁动员，组织签订和实施补偿安置协议，组织拆除房屋及其附属物等。

委托拆迁是指拆迁人自己不承担拆迁工作，而是把拆迁工作委托给具有拆迁资格的单位去承担。在实践中，由于建设单位的建设项目一般是单一的，拆迁工作是非经常性工作，在拆迁过程中由于从事拆迁工作的人员对有关法律、法规、政策的生疏、对拆迁业务不熟悉，往往容易造成失误或损失。为了适应社会变化、专业性生产的要求，由专门从事城市房屋拆迁的单位承担拆迁，有利于节约人力、物力和财力，减轻建设单位前期工作的负担。因此大多数拆迁人通过委托拆迁形式完成拆迁。拆迁人委托拆迁的，应当向被委托的拆迁单位出具委托书，并订立拆迁委托合同。接受拆迁委托的单位必须取得拆迁资格。房屋拆迁管理部门不得作为拆迁人，也不得接受拆迁委托。

技能提高 9-2　　某市房屋拆迁许可证的申报程序

建设单位因建设需要对建设地段的城市房屋需要拆迁的，应按下列程序向房屋拆迁管理部门进行申报。

（1）依法取得市发展计划局建设项目批准文件。

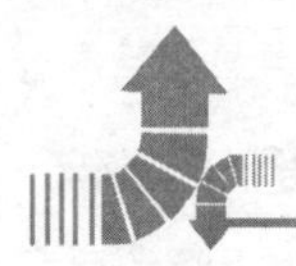

（2）依法取得市规划局建设用地规划许可证和规划定点图。

（3）依法取得市国土资源局建设用地批准文件。

（4）建设单位凭上述批准文件，向市拆迁管理办公室提出拆迁申请，拆迁管理办公室根据年度拆迁总量进行计划安排，确定拆迁实施单位，并向拆迁实施单位下达《拆迁计划通知书》，建设单位依据《拆迁计划通知书》携带上述批准文件及相关资料，委托批准后的拆迁实施单位进行拆迁，并出具委托书、双方签订拆迁协议书。同时初定评估机构和拆迁中的房屋拆除施工单位。

（5）拆迁实施单位按房屋拆迁的有关规定进行摸底调查、计算拆迁面积、测算拆迁经费，会同建设单位制订拆迁计划和实施方案。

（6）由建设单位在办理存款业务的金融机构出具足额的拆迁补偿、安置资金证明。

（7）提供产权清晰、无权利负担的安置用房证明。

（8）按规定向拆迁管理部门交纳拆迁管理费。

（9）拆迁实施单位协助建设单位填报《某市房屋拆迁许可申报表》一式四份。

（10）建设单位携带拆迁申报的所有资料，向市行政审批中心建设管理窗口办理行政许可的初审工作。

（11）经行政审批中心初审合格后，报拆迁管理办公室进行复核。

（12）拆迁管理办公室报局分管领导批准后发放《房屋拆迁许可证》，同时发布拆迁公告。

第二节　房屋拆迁补偿与安置

一、拆迁补偿对象和法定范围

房屋拆迁补偿关系到拆迁当事人的经济利益。我国《宪法》规定：“公民的合法的私有财产不受侵犯。国家依照法律规定保护公民的私有财产权和继承权。国家为了公民利益的需要可以依照法律规定对公民私有财产实行征收或者征用并给予补偿。”《物权法》规定：“征收单位、个人的房屋及其他不动产，应当依法给予拆除补偿，维护被征收人的合法权益；征收个人住宅的，还应当保障被征收人的居住条件。”为保证被拆除房屋的所有人和合法权益，拆迁人应当对被拆除房屋所有人给予补偿。应该明确的是，补偿的对象是被拆除房屋的所有人，而不是使用人。所有人既包括公民，也包括法人。

二、拆迁补偿的法定方式

房屋拆迁补偿有两种法定方式，即货币补偿和房屋产权调换。

1. 货币补偿

货币补偿是指拆迁人将被拆除房屋的价值，以货币结算方式补偿给被拆除房屋的所有人。货币补偿的金额，按照被拆除房屋的区位、用途、建筑面积等因素，以房地产市场评估价格确定。

2. 房屋产权调换

房屋产权调换是指拆迁人用自己建造或购买的产权房屋与被拆迁房屋进行调换产权，并按照拆迁房屋的评估价与调换房屋的市场价进行产权交换。调换之后，被拆迁人失去了被拆迁房屋的产权，拥有了调换房屋的产权。

但拆除非公益事业房屋的附属物，不作产权调换，由拆迁人给予货币补偿。

三、拆迁房屋的补偿标准

《物权法》规定："征收单位、个人的房屋产权及其他不动产，应当依法给予拆迁补偿，维护被征收人的合法权益；征收个人住宅的，还应当保障被征收人的居住条件。任何单位和个人不得贪污、挪用、私分、截留、拖欠征收补偿费等费用。"《物权法》还规定，因不动产或者动产被征收、征用致使用益物权消灭或者影响用益物权行使的，用益物权人有权依法获得相应补偿。

《城市房屋拆迁管理条例》规定的拆迁货币补偿的基本原则是等价有偿，采取的办法是根据被拆迁房屋的区位、用途、建筑面积等因素，用房地产市场评估的办法确定。根据财政部、国家税务总局《关于城镇房屋拆迁有关税收政策的通知》，对被拆迁人按照国家有关城镇房屋拆迁管理办法规定的标准取得的拆迁补偿款，免征个人所得税。

我国房地产市场评估经过多年的发展，已经形成比较科学、完善的体系，评估能够准确地确定被拆迁房屋的市场价值。通过评估确定被拆迁房屋的价值，是利用市场手段，确保被拆迁人的实际损失能够准确、合理得到补偿的最好办法。

四、拆迁补偿的特殊规定

（一）产权不明确房屋的补偿、安置

产权不明确的房屋是指无权属证明、产权人下落不明、暂时无法确定产权的合法所有人或因产权关系正在诉讼的房屋。

由于房屋产权的不确定性，补偿安置的主体也就不能确定。但是，拆迁实施中不能因为其主体不明确，就降低或不对此类房屋进行补偿。《城市房屋拆迁管理条例》规定：“由拆迁人提出补偿方案，报房屋拆迁管理部门审核同意后实施拆迁。”产权不明确的房屋在被拆除前，拆迁人还应当就该房屋的有关事项向公证机关办理证据保全。所谓“证据保全”是指对可能灭失或者以后难以取得的，证明一切法律行为或事件的证据，依法收集、保管和固定，以保持其真实性和证明力的一种措施。拆迁人应当就被拆迁人房屋向公证机关提交证据保全申请，并按公证机关规定的程序和要求办理公证，对公证机关出具的法律文书要立案归档以备查用。

（二）抵押房屋的补偿、安置

抵押是指债务人或者第三人不转移对财产的占有，将该财产作为债权的担保。债务人不履行债务时，债权人有权依照规定以该财产折价或者以拍卖、变卖该财产的价款优先受偿。

设有抵押权的房屋被拆迁时，应当按以下程序进行补偿和安置：

（1）要认定抵押的有效性。按照《担保法》规定，当事人以房地产进行抵押的，应当办理抵押登记，抵押合同自登记之日起生效，因此，未进行抵押登记的，视为无效抵押，拆迁时不应按已设定抵押的房屋进行补偿、安置；

（2）应当及时通知抵押权人，一般是接受抵押的银行；

（3）能解除抵押合同的，补偿款付给被拆迁人，付款前必须经抵押权人认可；

（4）不能解除抵押关系的，按照法律规定的清偿顺序进行清偿，不足清偿的，抵押权人按照《担保法》及其他有关担保方面的法律规定，向抵押人进行追偿。

（三）公益事业房屋的补偿

公益事业一般是指科教、文化、卫生、社会公共福利性等非生产性事业。公益事业多为非营利的社会福利事业。用于公益事业房屋的认定，一是要根据其服务对象，是为了大多数老百姓服务还是为特定人群服务的，是共享性的还是排他性的；二是考虑此类房屋是否有经营、是否以营利为目的。如学校，大多数应认定为公益事业，但经营性私立学校则不在此列。公益事业房屋的数量、位置，应当由城市规划行政主管部门根据城市总体发展要求，进行总体安排，拆除此类房屋时，应当根据城市规划行政主管部门的要求进行重新建设或者进行补偿。

（四）临时建筑与违章建筑的补偿、安置

临时建筑是指必须限期拆除、结构简易、临时性的建筑物、构筑物和其他设施。临时

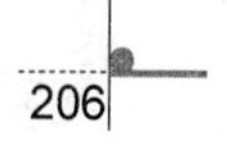

建筑都应当有规定的使用期限。拆迁人对拆除超过批准期限的临时建筑，不予补偿是符合法律规定的，也是符合公平原则的。未超过批准期限的临时建筑，是合法建筑。拆除未到期限的临时建筑，会给临时建筑所有人带来一定的经济损失，因此，应当按使用期限的残存价值参考剩余期限给予适当补偿。

违章建筑是指在城市规划区内，未取得建设工程规划许可证或者违反建筑工程规划许可证的规定而建设的建筑物和构筑物。违章建筑的认定是规划行政主管部门的职权范围。判断某一建筑是否属于违章建筑，必须由房屋所在地城市规划行政主管部门出具证明，作为拆迁人或者拆迁主管部门都没有权力认定。在拆迁过程中，拆迁人对必须拆除的违章建筑，不予补偿；对经城市规划行政主管部门处罚，允许保留的，待办手续后按合法建筑给予补偿。

五、拆迁安置

拆迁人拆除被拆迁人的房屋，除对被拆迁人要按照国家和地方规定进行补偿之外，还要对被拆迁人进行妥善的安置。对于拆迁安置问题，修订后的《城市房屋拆迁管理条例》规定房屋使用人不再是房屋拆迁法律关系的当事人，对使用人的安置问题由房屋所有人负责。因此这里的拆迁安置是指拆迁人对被拆迁人进行的搬家补助及过渡期限内对被拆迁人提供临时安置用房等。

对于拆除租赁房屋，《城市房屋拆迁管理条例》规定了解租赁协议的处理方式。即由拆迁人对房屋所有人进行补偿，由所有人对承租人进行安置。拆迁补偿前，已经解除了租赁协议或出租人已对承租人进行了安置的，实质上相当于非租赁房屋的补偿、安置，根据《城市房屋拆迁管理条例》的规定，对所有人进行补偿、安置；对于出租人与承租人达不成协议，为了保障承租人的权益不受损害，《城市房屋拆迁管理条例》规定实行产权调换，被拆迁人应当与原房屋承租人就新调换房屋重新签订租赁协议。

拆迁人应当提供符合国家质量安全标准的房屋用于拆迁安置。拆迁安置房屋的质量和安全性能的好坏，直接关系到被拆除房屋使用人的切身利益。长期以来，部分拆迁人为了节约成本，提供的安置用房质量、功能、环境等方面都比较差，有的甚至严重违反国家有关设计和工程建设的规定，给房屋使用人的生活带来极大的不便，有的甚至存在严重的质量隐患。所以，《城市房屋拆迁管理条例》增加了相关内容，明确了安置用房的质量安全标准。明确要求相关的管理部门要按各自的职责，分头把关，确保安置房符合城市规划，符合有关勘察设计、建筑施工、建筑材料与构配件等的国家、行业标准或规范，并经竣工验收，取得工程质量合格证书；属住宅小区内的商品房，还须通过有关部门进行的综合验收。

拆迁人应当对被拆迁人或者房屋承租人支付搬迁补助费和临时安置补助费。在过渡期限内，被拆迁人或者房屋承租人自行安排住处的，拆迁人应当支付临时安置补助费；被拆

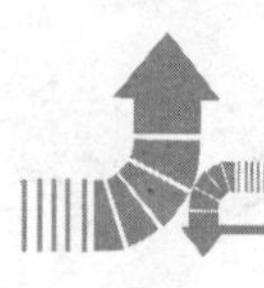
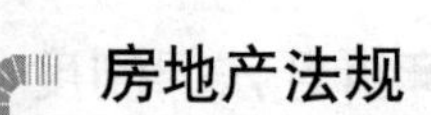

迁人或者房屋承租人使用拆迁人提供的周转房的，拆迁人不支付临时安置补助费。搬迁补助费和临时安置补助费的标准，由省、自治区、直辖市人民政府规定。临时安置补助费的期限是规定的过渡期限，如果由于拆迁人的原因造成过渡期限的延长，拆迁人应当承担违约责任。因拆迁人的责任延长过渡期限的，对自行安排住处的被拆迁人或者房屋承租人，应当自逾期之月起增加临时安置补助费；对周转房的使用人，应当自逾期之月起付给临时安置补助。同时法律规定周转房的使用人应当按时腾退周转房。因拆迁非住宅房屋造成停产、停业的，拆迁人应当给予适当补偿。

第三节　城市房屋拆迁估价

为规范城市房屋拆迁估价行为，维护拆迁当事人的合法权益，根据《城市房地产管理法》、《城市房屋拆迁管理条例》的有关规定和国家标准《房地产估价规范》，原建设部制定了《城市房屋拆迁估价指导意见》，该指导意见自2004年1月1日起实行。

一、城市房屋拆迁估价概述

（一）城市房屋拆迁的概念

城市房屋拆迁估价（以下简称拆迁估价）是指为确定被拆迁房屋货币补偿金额，根据被拆迁房屋的区位、用途、建筑面积等因素，对其房地产市场价格进行的评估。

拆迁估价的价值标准是被拆迁房屋的公开房地产市场价值，不考虑房屋租赁、抵押、查封等因素的影响。

房屋拆迁评估价格为被拆迁房屋的房地产市场价格，不包含搬迁补助费、临时安置补助费和拆迁非住宅房屋造成停产、停业的补偿费，以及被拆迁房屋室内自行装修装饰的补偿金额。搬迁补助费、临时安置补助费和拆迁非住宅房屋造成停产、停业的补偿费，按照省、自治区、直辖市人民政府规定的标准执行。被拆迁房屋室内自行装修装饰的补偿金额，由拆迁人和被拆迁人协商确定；协商不成的，可以通过委托评估确定。

（二）拆迁估价机构和人员

市、县房地产管理部门应当向社会公示一批资质等级高、综合实力强、社会信誉好的估价机构、供拆迁当事人选择。

拆迁估价机构的确定应当公开、透明，采取被拆迁人投票、拆迁当事人抽签以及采用拆迁当事人能够协商一致，共同接受的方式确定估价机构。受托估价机构不得转让、变相转让受托的估价业务。

拆迁估价应当由具有房地产价格评估资格的估价机构承担，估价报告必须由 2 名以上专职注册房地产估价师签字。

估价机构和估价人员与拆迁当事人有利害关系或者是拆迁当事人的，应当回避。

二、拆迁估价实务

（一）明确拆迁估价基本事项

拆迁估价应当坚持独立、客观、公正、合法的原则，参照类似房地产的市场交易价格和市、县人民政府或者其授权部门定期公布的房地产市场价格，结合被拆迁房屋的房地产状况进行。

（1）拆迁估价目的统一表述为“为确定被拆迁房屋货币补偿金额而评估其市场价格”。

（2）拆迁估价时点一般为房屋拆迁许可证颁发之日。拆迁规模大、分期分阶段实施的，以当期（段）房屋拆迁实施之日为估价时点。

（3）拆迁估价一般应当采用市场比较法。不具备采用市场比较法条件的，可以采用其他估价方法，并在估价报告中充分说明原因。

（4）拆迁估价人员应当对被拆迁房屋进行实地查勘，做好实地查勘记录，拍摄反映被拆迁房屋外观和内部状况的影响资料。实地查勘记录由实地查勘的估价人员、拆迁人、被拆迁人签字认可。因被拆迁人的原因不能对被拆迁房屋进行实地查勘、拍摄影像资料或者被拆迁人不同意在实地查勘记录上签字的，应当由除拆迁人和估价机构以外的无利害关系的第三人见证，并在估价报告中做出相应说明。

（5）房屋拆迁许可证确定的同一拆迁范围内的被拆迁房屋，原则上由一家估价机构评估。需要由两家或者两家以上估价机构评估的，估价机构之间应当就拆迁估价的依据、原则、程序、方法、参数选取等进行协调并执行共同的标准。

（6）拆迁评估价格应当以人民币为计价的货币，精确到元。

（二）被拆迁房屋面积和性质的认定

委托拆迁估价的，拆迁当事人应当明确被拆迁房屋的性质（包括用途）和面积。对房屋性质、面积认定应当注意以下几点。

（1）被拆迁房屋的性质和面积一般以房屋权属证书及权属档案的记载为准；各地对被拆迁房屋的性质和面积认定有特别规定的，从其规定；拆迁人与被拆迁人对被拆迁房屋的性质或者面积协商一致的，可以按照协商结果进行评估。

（2）对被拆迁房屋的性质和面积不能协商一致的，应当向城市规划行政主管部门申请确认。对被拆迁房屋的面积不能协商一致的，可以向《房产测绘管理办法》规定的房屋面积鉴定机构申请鉴定；没有设立房屋面积鉴定机构的，可以委托具有房产测绘资格的房产

测绘单位测算。

（3）对拆迁中涉及的被拆迁房屋的性质和面积认定的具体问题，由市、县规划行政主管部门和房地产管理部门制定办法予以解决。

（三）拆迁估价结果公示和异议处理

1. 拆迁估价初步结果公示和估价报告送达

估价机构应将分户的初步估价结果向被拆迁人公示 7 日，并进行现场说明，听取有关意见。公示期满后，估价机构应向委托人提供委托范围内被拆迁房屋的整体估价报告和分户估价报告。委托人应向被拆迁人转交分户估价报告。

2. 拆迁估价报告疑问处理

拆迁人或被拆迁人对估价报告有疑问的，可以向估价机构咨询。估价机构应当向其解释拆迁估价的依据、原则、程序、方法、参数选取和估价结果产生的过程。

3. 拆迁估价结果异议处理

拆迁当事人对估价报告有异议的，可以自收到报告之日起 5 日内，向原估价机构书面申请复核，也可以另行委托估价机构评估。

4. 复核估价和另行估价

拆迁当事人向原估价机构申请复核估价的，该估价机构应当自收到书面复核估价申请之日起 5 日内给予答复。估价结果改变的，应当重新出具估价报告；估价结果没有改变的，出具书面通知。拆迁当事人另行委托估价机构评估的，受托估价机构应当在 10 日内出具估价报告。

（四）拆迁估价纠纷调处

1. 协调途径

拆迁当事人对原估价机构的复核结果有异议或者另行委托估价的结果与原估价结果有差异且协商达不成一致意见的，自收到复核结果或者另行委托估计机构出具的估价报告之日起 5 日内，可以向被拆迁房屋所在地的房地产估价专家委员会（以下简称估价专家委员会）申请技术鉴定。

2. 估价技术鉴定

估价专家委员会应当自收到申请之日起 10 日内，对申请鉴定的估价报告的估价依据、估价技术路线、估价方法选用、参数选取、估价结果确定方式等估价技术问题出具书面鉴

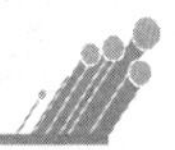

定意见。估价报告不存在技术问题，应维持估价报告；估价报告存在技术问题的，估价机构应当改正错误，重新出具估价报告。

3. 估价专家委员会及其工作机制

省、自治区建设行政主管部门和设区城市的市房地产管理部门或者其授权的房地产估价行业自律性组织，应当成立由资深专职注册房地产估价师及房地产、城市规划、法律等方面专家组成的估价专家委员会，对拆迁估价进行技术指导，受理拆迁估价技术鉴定。

受理拆迁估价技术鉴定后，估价专家委员会应当指派3人以上（含3人）单数成员组成鉴定组，处理拆迁估价技术鉴定事宜。鉴定组成员与原估价机构、拆迁当事人有利害关系或者是拆迁当事人的，应当回避。原估价机构应当配合估价专家委员会做好鉴定工作。

（五）对违规估价机构和人员的处罚

对有下列行为之一的估价机构和估价人员，应当按照《城市房地产中介服务管理规定》、《注册房地产估价师管理办法》等规定进行处罚，或记入其信用档案：① 出具不实估价报告的；② 与拆迁当事人一方串通，损害对方合法权益的；③ 以回扣等不正当竞争手段获取拆迁估价业务的；④ 允许他人借用自己名义从事拆迁估价活动或者转让、变相转让受托的拆迁估价业务的；⑤ 多次被申请鉴定，经查证，确实存在问题的；⑥ 违反国家标准《房地产估价规范》和《城市房屋拆迁估价指导意见》等相关规定的；⑦ 法律、法规规定的其他情形。

第四节　城市房屋拆迁纠纷的处理

一、房屋拆迁纠纷的类型

房屋拆迁纠纷按纠纷所处的环节可分为：拆迁人与被拆迁人达不成拆迁补偿安置协议，形成纠纷；拆迁人与被拆迁人达成拆迁补偿安置协议后，被拆迁人或者房屋承租人在搬迁期限内拒绝搬迁，形成纠纷。

二、房屋拆迁纠纷的处理方式

（一）达不成拆迁补偿安置协议的拆迁纠纷处理方式

1. 行政裁决

从民事法律的角度看，必须是有关当事人意思表示一致，房屋拆迁补偿安置协议才能成立。但是，由于当事人对补偿方式和补偿金额、安置用房面积和安置地点、搬迁期限、搬迁过渡方式、过渡期限等事项持有不同看法，从而使拆迁补偿安置协议一时无法达成。对拆迁人与被拆迁人、或者拆迁人，被拆迁人与房屋承租人达不成拆迁安置协议，就补偿安置争议向人民法院提起民事诉讼的，人民法院不予受理，并告知当事人可以按照《城市房屋拆迁管理条例》向有关部门申请裁决。未达成拆迁补偿安置协议户数较多或比例较高的，房屋拆迁管理部门在受理裁决申请前，应当进行听证。《城市房屋拆迁管理条例》规定："拆迁人与被拆迁人或者拆迁人与被拆迁人、房屋承租人达不成拆迁补偿安置协议的，经当事人申请，由房屋拆迁管理部门裁决。"受理裁决的房屋拆迁管理部门是县级以上地方人民政府房屋拆迁管理部门。房屋拆迁管理部门是被拆迁人的，由同级人民政府裁决。2003 年 12 月 30 日建设部建住房[2003]252 号发布《城市房屋拆迁行政裁决工作规程》对裁决的程序以及内容包括补偿方式和补偿金额、安置用房面积和安置地点、搬迁期限、搬迁过渡方式、过渡期限等事项作了具体规定。裁决应当自收到申请之日起 30 日内做出。

2. 依法起诉

若拆迁当事人对裁决不服，可以在接到裁决书之日 60 日内向做出裁决的房屋拆迁管理部门的本级人民政府申请行政复议，也可以向做出裁决的房屋拆迁管理部门的上一级主管部门申请行政复议。当事人也可以在接到裁决书之日起 3 个月内向人民法院起诉。

为了不影响拆迁工作的顺利进行，在拆迁人已对被拆迁人给予货币补偿或者提供了拆迁安置用房、周转用房的情况下，诉讼期间可以不停止拆迁的执行。

3. 强制拆迁

实施强制拆迁必须以裁决为前提。对在裁决规定的搬迁期限内未搬迁的，可以依法强制拆迁。在城市房屋拆迁过程中，如被拆迁人或房屋承租人拒绝执行房屋拆迁管理部门做出的裁决，被拆迁人或者房屋承租人在裁决规定的搬迁期限内未搬迁的，可以由市、县人民政府责成有关部门进行行政强制拆迁，或者由房屋拆迁管理部门依法申请人民法院强制拆迁。

房屋拆迁管理部门申请行政强制拆迁前，应当邀请有关管理部门、拆迁当事人代表以及具有社会公信力的代表等，对行政强制拆迁的依据、程序、补偿安置标准的测算依据等内容，进行听证。房屋拆迁管理部门申请行政强制拆迁，必须经领导班子集体讨论决定后，方可向政府提出行政强制拆迁申请。未经行政裁决，不得实施行政强制拆迁。拆迁人未按裁决意见向被拆迁人提供拆迁补偿资金或者符合国家质量安全标准的安置用房、周转用房的，不得实施强制拆迁。

依据强制拆迁决定实施行政强制拆迁时，房屋拆迁管理部门应当提前 15 日通知被拆迁

人，并认真做好宣传解释工作，动员被拆迁人自行搬迁。行政强制拆迁应当严格依法进行。强制拆迁时，应当组织街道办事处（居委会）、被拆迁人单位代表到现场作为强制拆迁证明人，并由公证部门对被拆迁房屋及其房屋内物品进行证据保全。拆迁人、接受委托的拆迁单位在实施拆迁中采用恐吓、胁迫以及停水、停电、停止供气、供热等手段，强迫被拆迁人搬迁或者擅自组织强制拆迁的，由所在市、县房屋拆迁管理部门责令停止拆迁，并依法予以处罚。

（二）达成拆迁补偿安置协议后的拆迁纠纷处理方式

房屋拆迁补偿安置协议是约定房屋拆迁当事人之间民事权利和义务关系的合同。房屋拆迁当事人均是平等的民事主体，依法成立的房屋拆迁补偿安置协议对当事人具有法律约束力。因房屋拆迁补偿安置协议发生的纠纷，应当按照《民法通则》、《合同法》的有关规定处理。因此，拆迁补偿安置协议签订后，被拆迁人或者房屋承租人在搬迁期限内拒绝搬迁的，应当通过司法、仲裁途径来解决。如果拆迁当事人之间没有达成仲裁协议的，拆迁人可以向人民法院提起民事诉讼。诉讼期间，拆迁人可以依法申请人民法院先予执行。

如果采取仲裁方式，拆迁当事人必须自愿达成仲裁协议。仲裁协议包括房屋拆迁补偿安置协议中订立的同意仲裁的条款和以其他方式在纠纷前或者纠纷后达成的请求仲裁的协议，并由当事人协议选择具体的仲裁委员会。仲裁实行“一裁终局制”。裁决做出后，当事人就同一纠纷再申请仲裁或者向人民法院起诉的，仲裁委员会或者人民法院不予受理。

没有仲裁协议，一方申请仲裁的，仲裁委员会不予受理；当事人达成仲裁协议，一方向人民法院起诉的，人民法院不予受理。

技能提高 9-3　　行政强制拆迁应当提交的资料

房屋拆迁管理部门申请行政强制拆迁，应当提交下列资料：① 行政强制拆迁申请书；② 裁决调解记录和裁决书；③ 被拆迁人不同意拆迁的理由；④ 被拆迁房屋的证据保全公证书；⑤ 被拆迁人提供的安置用房、周转用房权属证明或者补偿资金证明；⑥ 被拆迁人拒绝接收补偿资金的，应当提交补偿资金的提存证明；⑦ 市、县人民政府房屋拆迁管理部门规定的其他材料。

某房屋建设单位房屋拆迁实施程序具体步骤

第一步：房屋建设单位全权委托拆迁实施单位实施拆迁。

第二步：拆迁范围内调查、摸底（住户基本情况，拆迁安置意向等）。

第三步：制订拆迁计划、方案，编制拆迁预算。

第四步：按规定委托评估单位评估。

第五步：拆迁实施单位会同建设单位向房屋拆迁管理部门申办拆迁许可证。

第六步：房屋拆迁管理部门发布拆迁公告。

第七步：召开拆迁动员会并在拆迁地段设立现场咨询点。

第八步：发拆迁通知书，并会同评估单位发评估通知书。

第九步：实施单位和评估单位进场实际操作。

第十步：评估单位出具评估报告书，并送达被拆迁人。

第十一步：拆迁实施单位根据评估报告书与被拆迁户签订补偿安置协议书。被拆迁房屋有下列情形之一的，由拆迁人提出补偿安置方案，报房屋拆迁管理部门审核同意并向公证机关办理证据保全后，方可实施拆迁。

（1）产权不明或者产权有纠纷的；

（2）产权人下落不明的。

被拆迁房屋系房产管理部门代管的，拆迁补偿安置协议必须经公证机关公证，并办理证据保全。

第十二步：对达不成协议的申请裁决，由拆迁主管部门受理后进行裁决。

第十三步：按规定与拆房施工单位签订拆房协议，并由拆房施工单位组织拆房。实施房屋拆迁施工的时间，应当自拆迁公告公布之日起不少于 30 日。对华侨和其他居住在国（境）外的人员，拆迁人应当书面告知实施房屋拆迁的时间，拆迁时间应当相应延长。

第十四步：申请拆迁管理部门对拆迁项目进行验收。

第十五步：工程决算。

第十六步：整理上报拆迁档案资料，并向房管、土管等有关部门移交相关资料。

第十七步：帮助被拆迁人做好房屋产权登记中的契税减免等其他工作。

练　中　学

一、关键词与重点概念

城市房屋拆迁、拆迁人、被拆迁人、拆迁补偿与安置、拆迁房屋估价、拆迁纠纷

二、练习与讨论

1.《城市房屋拆迁管理条例》对拆迁人、被拆迁人是如何规定的？

2. 申请房屋拆迁许可证需要提交哪些材料？

3. 实施房屋拆迁有哪几种方式？

4. 房屋拆迁补偿有哪些规定？
5. 房屋拆迁估价有哪些规定？
6. 特殊情况下房屋拆迁如何实施？
7. 房屋拆迁行政裁决制度包括哪些内容？

三、案例分析

2005年1月，甲房地产开发公司（以下简称甲公司）依法取得某市某区一块国有土地的使用权，投资6000万元人民币开发商品住宅。甲公司委托乙房地产估价机构（以下简称乙机构）对被拆迁房屋的市场价格进行了评估。被拆迁人李某就其房屋的性质与甲公司未能协商一致。该项目于2005年10月1日动工，由丙建筑工程公司（以下简称丙公司）承包施工。该区私营企业职工王某以抵押贷款方式，于2006年2月以5000元每平方米的价格预购了一套80平方米的住宅。该项目于2006年6月通过竣工验收并交付使用。王某于2006年9月将该套住宅转让给他人，售房收入44万元。

1. 乙机构确定李某被拆迁房屋的性质应遵循的原则为（　　）。
   A. 由城市房产管理部门认定
   B. 由城市规划行政主管部门认定
   C. 一般以房屋权属证书及权属档案的记载为准
   D. 由乙机构根据经验确定
2. 下列关于房屋拆迁行政裁决的表述中。正确的为（　　）。
   A. 若李某申请行政裁决，应提交被拆迁房屋的权属证明
   B. 若李某对行政裁决不服，可依法申请行政复议
   C. 若李某提出新的需要查认的事实，房屋拆迁管理部门将中止裁决，中止时间计入裁决时限
   D. 若李某对行政裁决不服，可向人民法院起诉

参考答案：1. BC　2. ABC

四、技能训练

训练项目：参与城市旧城改造中的房屋拆迁。

通过训练掌握房屋拆迁的实施过程与补偿安置。

第十章　物业管理法律制度

概　要

物业管理是按照现代企业制度组建并运作、向业主和使用人提供的服务活动。《物权法》、《物业管理条例》等法律规定了现行物业管理制度。业主可以设立业主大会，选举业主委员会。业主大会是代表和维护全体业主合法权益的自治组织。前期物业管理和正常物业管理阶段通过招投标选聘物业企业。物业企业依照物业合同履行职责，物业企业根据服务质量收取费用。合同双方在物业使用维护中要遵守规定，加强住宅专项维修资金的管理，保障住宅共用部位、共用设施设备的维修和正常使用，维护住宅专项维修资金所有者的合法权益。

知识重点

1. 了解物业管理的特征与内容
2. 掌握业主大会制度
3. 掌握前期物业管理特点
4. 熟悉物业服务合同订立程序与内容
5. 了解物业中招投标制度
6. 熟悉住宅专项维修资金制度

技能必备

1. 作为业主，在物业活动中的权利与义务如何体现？
2. 作为物业企业，物业接管前和接管后主要工作与职责是什么？

第一节 物业管理概述

物业管理行业于20世纪五十年代左右逐渐成为一个成型的产业。我国物业管理行业的发展是与房地产业，尤其是与我国的房改和住房商品化密切相关的。国内最早的物业服务企业出现在1981年，但物业管理真正的发展是从20世纪90年代开始的。近年来，物业管理行业发展迅猛。按照不完整的统计数据，目前我们国家物业管理企业总数超过3万家，从业人员大概有300多万，城镇物业管理覆盖率可以达到50%左右，在一些大城市，能达到70%～90%。2003年国务院颁布的《物业管理条例》，对于依法规范物业服务行为起到了非常重要的作用；2007年颁布的《物权法》从维护业主合法权益的角度出发，对区分所有权到物业管理中的问题做了更加明确的规定；2007年国务院又依据《物权法》对《物业管理条例》进行了修订。

一、物业管理的概念与特征

1. 物业与物业管理概念

物业英文译为Real Estate或Real Property。它是指已建成并具有使用功能和经济效用的各类供居住和非居住用途的屋宇以及与之相配套的设备，市政、公用设施，以及楼宇所在的建筑地块与附属的场地、庭院等。物业的定义规定了物业的内涵所包含的三个要求：

（1）已建成并具有使用功能和经济效用的各类供居住和非居住的屋宇；

（2）与这些楼宇相配套的设备和市政及公用设施；

（3）楼宇的建筑（包括内部的各项设施）和相邻的场地、庭院、停车场、小区内的非主干交通道路。

物业管理是房地产综合开发的派生产物，它作为房地产市场的消费环节，实质上是房地产综合开发的延续与完善，是一种综合性经营服务方式，一般是指业主通过选聘物业管理企业，由业主和物业管理企业按照物业服务合同约定，对房屋及配套的设施设备和相关场地进行维修、养护、管理，维护相关区域内的环境卫生和秩序的活动。

2. 物业管理的特征

物业管理的特征主要如下。

（1）社会化。物业管理的社会化有两层基本含义，一是物业的所有权人要到社会上去选聘物业管理企业；二是物业管理企业要到社会上去寻找可以代管的物业。物业的所有权、使用权与物业的经营管理权相分离是物业管理社会化的必要前提，现代化大生产的社会专业分工是实现物业管理社会化的必要条件。

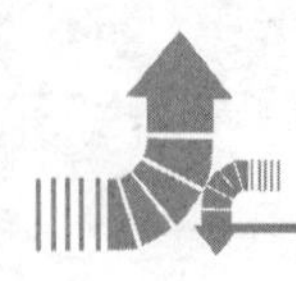

（2）专业化。物业管理的专业化要求物业服务企业必须具备一定的资质等级；要求物业管理从业人员必须具备一定的职业资格；通过物业服务合同的签订，按照产权人和使用人的要求去实施专业化管理。物业管理专业化是现代化大生产专业分工的必然结果。

（3）市场化。市场化是物业管理最主要的特性。在市场经济条件下，物业管理的属性是经营，所提供的商品是服务。物业服务企业按照现代企业制度组建并运作，向业主和使用人提供服务；业主和使用人购买并消费这种服务。双向选择和等价有偿是物业管理市场化的集中体现。

二、物业管理的基本内容

物业服务企业受业主的委托，依照国家有关法律规范，按照合同和契约行使管理权，运用现代管理科学和先进技术，以经济手段对物业实施统一管理，并为居住者提供高效、周到的服务，使物业发挥最大的使用价值和经济价值。物业管理基本内容按服务的性质和提供的方法可分以下几类。

1. 基本业务类

基本业务类包括对房屋建筑、机电设备、供电供水、公共设施等进行运行、保养和维护。这是物业服务企业面向所有业主提供的最基本的管理与服务，目的是确保物业完好与正常使用，保证正常的工作生活秩序，是该物业范围内所有业主每天都能享受到的服务。

2. 专项业务类

专项业务类包括秩序维护、环境卫生、园林绿化、消防管理、车辆交通等，目的是通过专项服务物业服务企业进一步改善业主的工作生活条件。

3. 特色业务类

特色业务类主要包括特约服务和便民服务。委托性的特约服务是为满足业主的个别需求，受委托而提供的服务。实际上是专项服务的补充和完善。便民服务是为了提高物业服务品质，体现社区物业管理精细化服务和为社区业主提供便捷的温馨物业服务。

4. 经营业务类

经营业务类主要有房屋中介服务、装修业务等委托性的特约服务。

三、物业管理的原则与主要环节

（一）物业管理的原则

1. 物业服务企业选择的“三公”原则

国家提倡业主通过公开、公平、公正的市场竞争机制选择物业服务企业。业主通过自

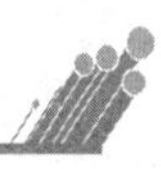

治管理在物业管理中处于主导地位，但这不意味业主直接实施管理，而是通过合同的形式委托物业管理专业企业实施各项具体管理实务。业主和物业管理企业在平等的条件下通过市场用招投标或协议的方式建立委托管理服务关系。政府有关部门和开发商都不宜干预，物业管理企业只有通过自己的优质服务和良好的声誉才能在市场上取得一席之地。

2. 提高服务水平依靠科技进步原则

国家鼓励采用新技术、新方法，依靠科技进步提高物业管理和服务水平。物业管理与服务职能的发挥，必须最大限度地使用现代化手段，如科技创新手段、计算机管理手段等，去实施硬件(如房屋、设备与设施等)和软件(如产权、产籍、组织制度、管理方法等)的科学管理，通过内部不同层次的管理活动，进而达到科学化、制度化与规范化管理以及管理层与作业层人员素质不断提高的目的，即实现管理现代化，从而不断提高物业服务水平。

3. 行政机关监督原则

国务院建设行政主管部门负责全国物业管理活动的监督管理工作。县级以上地方人民政府房地产行政主管部门负责本行政区域内物业管理活动的监督管理工作。政府对物业管理市场的管理应该主要立足于宏观管理，通过法规来实现管理目标。政府对物业管理市场的管理，主要体现在四个方面：（1）制定物业管理的政策法规；（2）对物业管理经营企业进行管理，包括领导和进行物业管理质量评优工作，制订物业管理的管理标准，对物业服务企业进行资质管理。指导、帮助和监督物业服务企业的工作；（3）指导和帮助业主委员会工作；（4）协调、解决物业管理市场运作中出现的情况和问题。

（二）物业管理的主要环节

物业管理是房地产开发的延续和完善，是一个复杂的、完整的系统工程。根据在房地产开发、建设和使用过程中不同时期的地位、作用、特点及工作内容，物业管理按先后顺序分 4 个主要环节。

（1）物业管理的策划阶段，包括物业管理的早期介入、制订物业管理方案、选聘物业服务企业。

（2）物业管理的前期准备阶段，包括物业服务企业内部机构的设置与拟定人员编制、物业管理人员的迁出和培训、物业管理规章制度的制定。

（3）物业管理的启动阶段，包括物业的接管验收、用户入住、档案资料的建立、首次业主大会的召开和业主委员会的成立。

（4）物业管理的日常运作阶段，主要是日常综合服务与管理、系统的协调。

第二节　业主及业主大会制度

一、业主权利与义务

房屋的所有权人为业主。业主除对建筑物专有部分、共有部分享有财产权外，对物业享有管理权。

业主在物业管理活动中，享有下列权利：

（1）按照物业服务合同的约定，接受物业服务企业提供的服务；

（2）提议召开业主大会会议，并就物业管理的有关事项提出建议；

（3）提出制定和修改管理规约、业主大会议事规则的建议；

（4）参加业主大会会议，行使投票权；

（5）选举业主委员会成员，并享有被选举权；

（6）监督业主委员会的工作；

（7）监督物业服务企业履行物业服务合同；

（8）对物业共用部位、共用设施设备和相关场地使用情况享有知情权和监督权；

（9）监督物业共用部位、共用设施设备专项维修资金（以下简称专项维修资金）的管理和使用；

（10）法律、法规规定的其他权利。

业主在物业管理活动中，须履行下列义务：

（1）遵守管理规约、业主大会议事规则；

（2）遵守物业管理区域内物业共用部位和共用设施设备的使用、公共秩序和环境卫生的维护等方面的规章制度；

（3）执行业主大会的决定和业主大会授权业主委员会做出的决定；

（4）按照国家有关规定交纳专项维修资金；

（5）按时交纳物业服务费用；

（6）法律、法规规定的其他义务。

二、业主大会

1. 业主大会的概念与地位

物业管理区域内全体业主组成业主大会。业主大会是代表和维护物业管理区域内全体业主在物业管理活动中的合法权益的自治组织。业主可以设立业主大会、选举业主委员会。地方人民政府有关部门应当对设立业主大会和选举业主委员会给予指导和协助。业主大会

应当代表和维护物业管理区域内全体业主在物业管理活动中的合法权益。一个物业管理区域只能成立一个业主大会。

物业管理区域的划分应当考虑物业的共用设施设备、建筑物规模、社区建设等因素。具体办法由省、自治区、直辖市制定。同一个物业管理区域内的业主，应当在物业所在地的区、县人民政府房地产行政主管部门或者街道办事处、乡镇人民政府的指导下成立业主大会，并选举产生业主委员会。但是，只有一个业主的，或者业主人数较少且经全体业主一致同意，决定不成立业主大会的，由业主共同履行业主大会、业主委员会职责。

2. 业主大会职权

下列事项由业主共同决定：① 制定和修改业主大会议事规则；② 制定和修改管理规约；③ 选举业主委员会或者更换业主委员会成员；④ 选聘和解聘物业服务企业；⑤ 筹集和使用专项维修资金；⑥ 改建、重建建筑物及其附属设施；⑦ 有关共有和共同管理权利的其他重大事项。

业主大会决定第⑤项和第⑥项规定的事项，应当经专有部分占建筑物总面积 2/3 以上的业主且占总人数 2/3 以上的业主同意；决定其他事项，应当经专有部分占建筑物总面积过半数的业主且占总人数过半数的业主同意。

业主大会议事规则应当就业主大会的议事方式、表决程序、业主委员会的组成、成员任期等事项做出约定。

3. 业主大会会议

业主大会会议可以采用集体讨论的形式，也可以采用书面征求意见的形式；但是，应当有物业管理区域内专有部分占建筑物总面积过半数的业主且占总人数过半数的业主参加。业主可以委托代理人参加业主大会会议。

业主大会或者业主委员会的决定，对业主具有约束力。

业主大会会议分为定期会议和临时会议。业主大会定期会议应当按照业主大会议事规则的规定召开。经 20%以上的业主提议，业主委员会应当组织召开业主大会临时会议。

召开业主大会会议，应当于会议召开 15 日以前通知全体业主。住宅小区的业主大会会议，应当同时告知相关的居民委员会。业主委员会应当做好业主大会会议记录。

4. 业主委员会

业主委员会是业主大会的执行机构。业主委员会是指由物业管理区域内的业主根据业主大会议事规则选举产生，代表业主利益的组织机构。业主委员会委员应当由热心公益事业、责任心强、具有一定组织能力的业主担任。业主委员会主任、副主任在业主委员会成员中推选产生。业主委员会应当自选举产生之日起 30 日内，向物业所在地的区、县人民政府房地产行政主管部门和街道办事处、乡镇人民政府备案。

业主委员会执行业主大会的决定事项，履行下列职责：

（1）召集业主大会会议，报告物业管理的实施情况；

（2）代表业主与业主大会选聘的物业服务企业签订物业服务合同；

（3）及时了解业主、物业使用人的意见和建议，监督和协助物业服务企业履行物业服务合同；

（4）监督管理规约的实施；

（5）业主大会赋予的其他职责。

5. 业主规约

业主规约一般分为业主公约和业主临时公约。业主公约是指为维护全体业主、使用人的合法权益，维护公共环境和秩序，保障物业的安全与合理使用，根据有关法规、规章的规定制定的、要求全体业主和使用人自觉遵守的协议。业主公约对本物业区域内所有业主、使用人具有同等效力。业主、使用人更换时，业主公约对新的业主和使用人仍然有效。

业主临时管理规约是指建设单位在销售物业之前，根据《物业管理条例》和相关法律、法规、政策制定的临时管理规约。临时管理规约对有关物业的使用、维护、管理，业主的共同利益，业主应当履行的义务，违反规约应当承担的责任等事项依法做出约定。建设单位应当在物业销售前将业主临时管理规约向物业买受人明示，并予以说明。物业买受人与建设单位签订物业买卖合同时对业主临时公约予以的书面承诺，表示对业主临时管理规约内容的认可。

业主管理规约应当对有关物业的使用、维护、管理，业主的共同利益，业主应当履行的义务，违反管理规约应当承担的责任等事项依法做出约定。管理规约应当尊重社会公德，不得违反法律、法规或者损害社会公共利益。管理规约对全体业主具有约束力。

6. 业主大会、业主委员会的职责履行

业主大会、业主委员会应当依法履行职责，不得做出与物业管理无关的决定，不得从事与物业管理无关的活动。业主大会、业主委员会做出的决定违反法律、法规的，物业所在地的区、县人民政府房地产行政主管部门或者街道办事处、乡镇人民政府，应当责令限期改正或者撤销其决定，并通告全体业主。业主大会或者业主委员会做出的决定侵害业主合法权益的，受侵害的业主可以请求人民法院予以撤销。

业主大会、业主委员会应当配合公安机关，与居民委员会相互协作，共同做好维护物业管理区域内的社会治安等相关工作。在物业管理区域内，业主大会、业主委员会应当积极配合相关居民委员会依法履行自治管理职责，支持居民委员会开展工作，并接受其指导

和监督。住宅小区的业主大会、业主委员会做出的决定，应当告知相关的居民委员会，并认真听取居民委员会的建议。

第三节 物业管理制度

一、前期物业管理

（一）前期物业管理含义

前期物业管理是指在业主、业主大会选聘物业管理企业之前，由建设单位选聘的物业管理企业实施的物业管理。一般是指房屋自售出之日起至业主选出业主委员会与物业管理企业签订的《物业管理合同》生效时止的物业管理。

房屋出售后，由于出售率或者入住率未达到应当召开第一次业主大会的法定条件或者其他原因而导致业主委员会不成立的，有必要、也应当对物业进行管理。此时，由于业主大会未能召开，业主委员会尚未成立，只能由房地产开发企业选聘物业管理企业进行管理。从实践来看，前期物业服务对后期正常的物业管理起着十分重要的作用，建设部于2003年6月26日公布了《前期物业管理招标投标管理暂行办法》以对前期物业的选聘进行规范。

前期物业管理的特征主要如下。

（1）建设单位的主导性。为业主提供物业服务的物业服务企业并非由业主来选择，无论是招投标方式还是协议方式，选择物业服务企业的决定权以及业主临时公约的制定权都在建设单位。

（2）业主地位的被动性。相对于建设单位、物业管理企业而言，业主除享有是否购置物业的自由外，其他的权利义务均处于从属地位。

（3）前期物业服务合同期限的不确定性。建设单位虽可与物业服务企业在签订前期物业服务合同时约定期限，但是期限虽未满，只要业主委员会与物业服务企业签订的物业服务合同生效的，前期物业服务合同即终止。

（二）前期物业管理主要要求

1. 建设单位选择物业的要求

在业主、业主大会选聘物业服务企业之前，建设单位选聘物业服务企业的，应当签订书面的前期物业服务合同。建设单位与物业买受人签订的买卖合同应当包含前期物业服务合同约定的内容。前期物业服务合同可以约定期限；但是，期限未满、业主委员会与物业服务企业签订的物业服务合同生效的，前期物业服务合同终止。

2. 建设单位责任

建设单位应当在销售物业之前，制定临时管理规约，对有关物业的使用、维护、管理，业主的共同利益，业主应当履行的义务，违反临时管理规约应当承担的责任等事项依法做出约定。建设单位制定的临时管理规约，不得侵害物业买受人的合法权益。

建设单位应当在物业销售前将临时管理规约向物业买受人明示，并予以说明。物业买受人在与建设单位签订物业买卖合同时，应当对遵守临时管理规约予以书面承诺。

建设单位应当按照规定在物业管理区域内配置必要的物业管理用房。建设单位应当按照国家规定的保修期限和保修范围，承担物业的保修责任。

业主依法享有的物业共用部位、共用设施设备的所有权或者使用权，建设单位不得擅自处分。

3. 物业服务企业选聘

国家提倡建设单位按照房地产开发与物业管理相分离的原则，通过招投标的方式选聘具有相应资质的物业服务企业。住宅物业的建设单位，应当通过招投标的方式选聘具有相应资质的物业服务企业；投标人少于 3 个或者住宅规模较小的，经物业所在地的区、县人民政府房地产行政主管部门批准，可以采用协议方式选聘具有相应资质的物业服务企业。

4. 物业的承接验收

物业服务企业承接物业时，应当对物业共用部位、共用设施设备进行查验。在办理物业承接验收手续时，建设单位应当向物业服务企业移交下列资料：

（1）竣工总平面图，单体建筑、结构、设备竣工图，配套设施、地下管网工程竣工图等竣工验收资料；

（2）设施设备的安装、使用和维护保养等技术资料；

（3）物业质量保修文件和物业使用说明文件；

（4）物业管理所必需的其他资料。物业服务企业应当在前期物业服务合同终止时将上述资料移交给业主委员会。

二、物业管理有关制度

（一）物业服务企业资质管理制度

从事物业管理活动的企业应当具有独立的法人资格。国家对从事物业管理活动的企业实行资质管理。2004 年建设部制定并与 2007 年修订的《物业服务企业资质管理办法》，进一步规范了物业服务企业的物业管理资格。主要内容如下。

1. 物业服务企业的设立

物业服务企业是指依法设立、具有独立法人资格，从事物业管理服务活动的企业。物业企业既具有一般企业特征，也有自己的特点。物业服务企业（公司）是依照委托管理的契约，按照法律和业主的意图，受托对物业实施专业化管理和经营，并向用户提供全方位、多层次有偿服务为主要经营活动，风险与利益一致，以经营为目的，能独立承担民事责任，依法成立的经济组织。

物业服务企业的设立应首先进行工商注册登记，领取营业执照后，再进行资质审批。物业服务企业资质等级分为一、二、三级。国务院建设主管部门负责一级物业服务企业资质证书的颁发和管理。省、自治区人民政府建设主管部门负责二级物业服务企业资质证书的颁发和管理，直辖市人民政府房地产主管部门负责二级和三级物业服务企业资质证书的颁发和管理，并接受国务院建设主管部门的指导和监督。

新设立的物业服务企业应当自领取营业执照之日起30日内，持下列文件向工商注册所在地直辖市、设区的市的人民政府房地产主管部门申请资质：① 营业执照；② 企业章程；③ 验资证明；④ 企业法定代表人的身份证明；⑤ 物业管理专业人员的职业资格证书和劳动合同，管理和技术人员的职称证书和劳动合同。新设立的物业服务企业，其资质等级按照最低等级核定，并设一年的暂定期。

2. 企业资质的审定

申请核定资质等级的物业服务企业，应当提交下列材料：① 企业资质等级申报表；② 营业执照；③ 企业资质证书正、副本；④ 物业管理专业人员的职业资格证书和劳动合同，管理和技术人员的职称证书和劳动合同，工程、财务负责人的职称证书和劳动合同；⑤ 物业服务合同复印件；⑥ 物业管理业绩材料。

资质审批部门应当自受理企业申请之日起20个工作日内，对符合相应资质等级条件的企业核发资质证书；一级资质审批前，应当由省、自治区人民政府建设主管部门或者直辖市人民政府房地产主管部门审查，审查期限为20个工作日。

3. 物业企业服务范围

一级资质物业服务企业可以承接各种物业管理项目；二级资质物业服务企业可以承接30万平方米以下的住宅项目和8万平方米以下的非住宅项目的物业管理业务；三级资质物业服务企业可以承接20万平方米以下住宅项目和5万平方米以下的非住宅项目的物业管理业务。

4. 物业企业资质审定禁止行为

物业服务企业申请核定资质等级，在申请之日前一年内有下列行为之一的，资质审批

部门不予批准：

（1）聘用未取得物业管理职业资格证书的人员从事物业管理活动的；

（2）将一个物业管理区域内的全部物业管理业务一并委托给他人的；

（3）挪用专项维修资金的；

（4）擅自改变物业管理用房用途的；

（5）擅自改变物业管理区域内按照规划建设的公共建筑和共用设施用途的；

（6）擅自占用、挖掘物业管理区域内道路、场地，损害业主共同利益的；

（7）擅自利用物业共用部位、共用设施设备进行经营的；

（8）物业服务合同终止时，不按照规定移交物业管理用房和有关资料的；

（9）与物业管理招标人或者其他物业管理投标人相互串通，以不正当手段谋取中标的；

（10）不履行物业服务合同，业主投诉较多，经查证属实的；

（11）超越资质等级承接物业管理业务的；

（12）出租、出借、转让资质证书的；

（13）发生重大责任事故的。

技能提高 10-1　　《物业服务企业资质管理办法》

第五条　各资质等级物业服务企业的条件如下：

（一）一级资质：

1. 注册资本人民币 500 万元以上；

2. 物业管理专业人员以及工程、管理、经济等相关专业类的专职管理和技术人员不少于 30 人。其中，具有中级以上职称的人员不少于 20 人，工程、财务等业务负责人具有相应专业中级以上职称；

3. 物业管理专业人员按照国家有关规定取得职业资格证书；

4. 管理两种类型以上物业，并且管理各类物业的房屋建筑面积分别占下列相应计算基数的百分比之和不低于 100%：

（1）多层住宅 200 万平方米；

（2）高层住宅 100 万平方米；

（3）独立式住宅（别墅）15 万平方米；

（4）办公楼、工业厂房及其他物业 50 万平方米。

5.建立并严格执行服务质量、服务收费等企业管理制度和标准，建立企业信用档案系统，有优良的经营管理业绩。

（二）二级资质：

1. 注册资本人民币 300 万元以上；

2. 物业管理专业人员以及工程、管理、经济等相关专业类的专职管理和技术人员不少于20人。其中，具有中级以上职称的人员不少于10人，工程、财务等业务负责人具有相应专业中级以上职称;

3. 物业管理专业人员按照国家有关规定取得职业资格证书;

4. 管理两种类型以上物业，并且管理各类物业的房屋建筑面积分别占下列相应计算基数的百分比之和不低于100%:

（1）多层住宅100万平方米;

（2）高层住宅50万平方米;

（3）独立式住宅（别墅）8万平方米;

（4）办公楼、工业厂房及其他物业20万平方米。

5. 建立并严格执行服务质量、服务收费等企业管理制度和标准，建立企业信用档案系统，有良好的经营管理业绩。

（三）三级资质:

1. 注册资本人民币50万元以上;

2. 物业管理专业人员以及工程、管理、经济等相关专业类的专职管理和技术人员不少于10人。其中，具有中级以上职称的人员不少于5人，工程、财务等业务负责人具有相应专业中级以上职称;

3. 物业管理专业人员按照国家有关规定取得职业资格证书;

4. 有委托的物业管理项目;

5. 建立并严格执行服务质量、服务收费等企业管理制度和标准，建立企业信用档案系统。

（二）物业管理招投标制度

实施招投标制度是大力推进物业管理市场化的重要手段。自2003年《物业管理条例》、《前期物业管理招标投标管理暂行办法》实施以来，物业管理招投标制度促进了物业管理市场竞争机制的形成，物业管理由原来的管理服务终身制变为由市场选择的委托制。通过招投标制度，物业管理企业之间比管理、比质量、比服务、比效益，最终淘汰管理服务差的落后企业，推动了物业管理的市场化进程。物业管理招标投标活动遵循《招标投标法》规定。

在物业管理市场化运作的前提下，物业管理招投标按不同划分标准可分为以下几个类型。

（1）全方位物业管理招标。包括对建筑物本体及附属的设备、设施的日常维修管理，环境的清扫保洁、绿化、安保以及代理经营租赁等综合性物业管理内容为标的招标活动。

（2）单项物业管理招标。针对物业综合管理服务中的某一项事项，如电梯、水泵保养、

安保、清洁、绿化、餐饮等项目，分项向社会招聘专业对口的服务公司担任此项工作的服务和管理。

（3）按招标方式分为公开招标、邀请招标、议标。

物业招标前，应做好相关工作。主要内容是：组成物业招标管理小组；编制招标文件和标底；发布招标公告或招标邀请书；物业管理企业申请投标，对投标企业进行资质审查；召开发标会议及现场勘察答疑；投标书编制与送达；召开开标会议进行评标决标；发出中标和不中标通知；签订委托管理服务合同。

（三）物业服务合同制度

建设单位依法与物业服务企业签订的前期物业服务合同，以及业主委员会与业主大会依法选聘的物业服务企业签订的物业服务合同，对业主具有约束力。《物业管理条例》规定了业主委员会应当与业主大会选聘的物业服务企业订立书面的物业服务合同。物业合同是平等的民事主体之间所签订的就小区房屋及配套的设备设施和相关场地提供有偿服务的合同，其内容不仅有对全体业主的公共物业的管理和小区秩序的维护，还涉及对业主个人相关财产的保管，以及对共有物业设施的购买、更换，对物管用房的妥善利用等。物业服务企业为业主持续进行物业管理服务，业主或使用人按照约定按时支付物业服务费用。

1. 合同主体

《物权法》明确了“业主可以自行管理建筑物及其附属设施，也可以委托物业服务企业或者其他管理人管理。对建设单位聘请的物业服务企业或者其他管理人，业主有权依法更换”。因此，在物业服务合同中，委托方根据不同情况分为三种。① 建设单位。主要是前期物业管理阶段和出租物业的管理。② 业主。业主选聘权力是通过业主大会来行使的，业主大会成立后可以订立物业合同。③ 公房出售单位。主要存在于公房出售后，业主大会未成立前。受托方除业主自己组织的管理委员会之外应是具备资质条件的物业公司。

2. 合同内容

（1）主要条款。业主委员会应当与业主大会选聘的物业服务企业订立书面的物业服务合同。物业服务合同应当对物业管理事项、服务质量、服务费用、双方的权利义务、专项维修资金的管理与使用、物业管理用房、合同期限、违约责任等内容进行约定。物业服务企业应当按照物业服务合同的约定，提供相应的服务。物业服务企业公开作出的服务承诺及制定的服务细则，应当认定为物业服务合同的组成部分。

（2）法定责任。物业服务企业未能履行物业服务合同的约定，导致业主人身、财产安全受到损害的，应当依法承担相应的法律责任。物业使用人在物业管理活动中的权利义务由业主和物业使用人约定，但不得违反法律、法规和管理规约的有关规定。物业使用人违反法规与管理规约的规定，有关业主应当承担连带责任。

3. 物业服务企业的其他义务

物业管理企业除严格履行物业服务合同规定的义务外，根据法律还应当遵守下列规定。

（1）物业服务企业承接物业时，应当与业主委员会办理物业验收手续。

（2）物业管理用房的所有权依法属于业主。未经业主大会同意，物业服务企业不得改变物业管理用房的用途。

（3）物业服务合同终止时，物业服务企业应当将物业管理用房及规定的资料交还给业主委员会。物业服务合同终止时，业主大会选聘了新的物业服务企业的，物业服务企业之间应当做好交接工作。

（4）物业服务企业可以将物业管理区域内的专项服务业务委托给专业性服务企业，但不得将该区域内的全部物业管理一并委托给他人。一个物业管理区域由一个物业服务企业实施物业管理。

（5）从事物业管理的人员应当按照国家有关规定，取得职业资格证书。物业服务企业雇请保安人员的，应当遵守国家有关规定。保安人员在维护物业管理区域内的公共秩序时，应当履行职责，不得侵害公民的合法权益。

（6）对物业管理区域内违反有关治安、环保、物业装饰装修和使用等方面法律、法规规定的行为，物业服务企业应当制止，并及时向有关行政管理部门报告。有关行政管理部门在接到物业服务企业的报告后，应当依法对违法行为予以制止或者依法处理。

（7）物业服务企业应当协助做好物业管理区域内的安全防范工作。发生安全事故时，物业服务企业在采取应急措施的同时，应当及时向有关行政管理部门报告，协助做好救助工作。

（四）物业收费制度

物业服务费用是指物业管理企业按照物业服务合同的约定，对房屋及配套的设施设备和相关场地进行维修、养护、管理，以及维护相关区域内的环境卫生和秩序，向业主所收取的费用。

1. 物业服务收费原则

物业服务收费应当遵循合理、公开以及费用与服务水平相适应的原则，区别不同物业的性质和特点，由业主和物业管理企业按照国务院价格主管部门会同国务院建设行政主管部门制定的物业服务收费办法，在物业服务合同中约定。

为了提高物业管理服务水平，督促物业管理企业提供质价相符的服务，引导业主正确评判物业管理企业服务质量，树立等价有偿的消费观念，促进物业管理规范发展，国家发展与改革委员会会同建设部印发了《物业服务收费管理办法》，物业管理协会制定了《普通住宅小区物业管理服务等标准》，标准设定了服务质量一、二、三共三个等级，作为与开发建设单位或业主大会签订物业服务合同、确定物业服务等级、约定物业服务项目、内容与标准以及测算物业服务价格的参考依据。

2. 业主的缴费义务

业主应根据物业服务合同的约定缴纳物业服务费用。业主与物业使用人约定由物业使用人缴纳物业服务费用的，从其约定，业主负连带缴纳责任。已竣工但尚未出售或者尚未交给物业买受人的物业，物业服务费用由建设单位缴纳。业主违反物业服务合同约定，逾期不缴纳物业服务费用的，业主委员会应当督促其限期缴纳；逾期仍不交纳的，物业管理企业可以向人民法院起诉。

3. 费用的代收

物业管理区域内，供水、供电、供气、供热、通讯、有线电视等单位应当向最终用户收取有关费用。物业服务企业接受有关单位委托代收费用的，不得向业主收取手续费等额外费用。

4. 物业服务费的构成

实行物业服务费用包干制的，物业服务费用的构成包括物业服务成本、法定税费和物业管理企业的利润。物业服务成本或者物业服务支出构成一般包括以下部分：管理服务人员的工资、社会保险和按约定提取的福利费等；物业共用部位、共用设施设备的日常运行、维护费用；清洁卫生费用；绿化养护费用；秩序维护费用；办公费用；固定资产折旧费用；物业共用部位、共用设施设备及公众责任保险费用；经业主同意的其他费用；物业服务企业的盈利。

实行物业服务费用酬金制的，预收的物业服务资金包括物业服务支出和物业服务企业的酬金。

5. 物业服务费的管理

根据《物业服务收费管理办法》的规定，交纳物业服务费的方式主要分为“包干制”和“酬金制”两种。在实行包干制的小区，业主向物业服务企业支付固定的物业服务费用，物业服务企业自负盈亏。实行包干制的物业服务费用包括物业服务成本、法定税费和物业服务企业的利润。酬金制是指预收的物业服务资金中按约定比例或约定数额提取酬金，支

付给物业服务企业，其余全部用于物业服务合同约定的支出，其余资金多退少补给业主。实行酬金制的，预收的物业服务资金包括物业服务支出和物业服务企业的酬金。预收的物业服务支出属于代管性质，为所交纳的业主所有，物业服务企业不得随意将其用于物业服务合同约定以外的支出。

物业服务企业应当向业主大会或者全体业主公布物业服务资金年度预决算，并且每年不少于一次公布物业服务资金的收支情况。业主或业主大会对公布的物业服务资金年度预决算和物业服务资金的收支情况提出质询时，物业服务企业应当及时答复。物业服务企业或者业主大会还可以按照物业服务合同的约定聘请专业机构对物业服务资金年度预决算和物业服务资金的收支情况进行审计。

第四节　物业的使用与维护制度

一、物业的使用与维护的一般要求

（1）物业管理区域内按照规划建设的公共建筑和共用设施，不得改变用途。业主依法确定需改变公共建筑和共用设施用途的，应当在依法办理有关手续后告知物业服务企业；物业服务企业确需改变公共建筑和共用设施用途的，应当提请业主大会讨论决定同意后，由业主依法办理有关手续。

（2）业主、物业服务企业不得擅自占用、挖掘物业管理区域内的道路、场地，损害业主的共同利益。因维修物业或者公共利益，业主确需临时占用或挖掘道路、场地的，应当征得业主委员会和物业服务企业的同意；物业服务企业确需临时占用或挖掘道路、场地的，应当征得业主委员会的同意。业主、物业服务企业应当将临时占用或挖掘的道路、场地，在约定期限内恢复原状。

（3）供水、供电、供气、供热、通信、有线电视等单位，应当依法承担物业管理区域内相关管线和设施设备维修、养护的责任。上述规定的单位因维修、养护等需要，临时占用、挖掘道路、场地的，应当及时恢复原状。

（4）业主需要装饰装修房屋的，应当事先告知物业服务企业。物业服务企业应当将房屋装饰装修中的禁止行为和注意事项告知业主。

（5）住宅物业、住宅小区内的非住宅物业或者与单幢住宅楼结构相连的非住宅物业的业主，应当按照国家有关规定交纳专项维修资金。专项维修资金属于业主所有，专项用于物业保修期满后物业共用部位、共用设施设备的维修和更新、改造，不得挪作他用。专项维修资金收取、使用、管理的办法由国务院建设行政主管部门会同国务院财政部门制定。

（6）利用物业共用部位、共用设施设备进行经营的，应当在征得相关业主、业主大会、物业服务企业的同意后，按照规定办理有关手续。业主所得收益应当主要用于补充专项维修资金，也可以按照业主大会的决定使用。

（7）物业存在安全隐患，危及公共利益及他人合法权益时，责任人应当及时维修养护，有关业主应当给予配合。责任人不履行维修养护义务的，经业主大会同意，可以由物业服务企业维修养护，费用由责任人承担。

二、住宅专项维修资金制度

国发（1998）23 号《国务院关于进一步深化城镇住房制度改革加快住房建设的通知》明确提出了要加快改革现行的住房维修、管理体制，建立业主自治与物业管理企业专业管理相结合的社会化、专业化、市场化的物业管理体制；加强住房售后的维修管理，建立住房共用部位、设备和小区公共设施专项维修资金，并健全业主对专项维修资金管理和使用的监督制度。为了加强对住宅专项维修资金的管理，保障住宅共用部位、共用设施设备的维修和正常使用，维护住宅专项维修资金所有者的合法权益，2008 年 2 月 1 日正式施行的《住宅专项维修资金管理办法》进一步明确了住宅专项维修资金专户存储、专款专用、所有权人决策、政府监督、专项维修资金的使用由大多数业主或业主大会决定的原则。

（一）专项维修资金使用范围

住宅专项维修资金是指专项用于住宅共用部位、共用设施设备保修期满后的维修和更新、改造的资金。

住宅共用部位是指根据法律、法规和房屋买卖合同，由单幢住宅内业主或者单幢住宅内业主及与之结构相连的非住宅业主共有的部位，一般包括：住宅的基础、承重墙体、柱、梁、楼板、屋顶以及户外的墙面、门厅、楼梯间、走廊通道等。

共用设施设备是指根据法律、法规和房屋买卖合同，由住宅业主或者住宅业主及有关非住宅业主共有的附属设施设备，一般包括电梯、天线、照明、消防设施、绿地、道路、路灯、沟渠、池、井、非经营性车场车库、公益性文体设施和共用设施设备使用的房屋等。

（二）专项维修资金交存

1. 资金交存的业主

下列物业的业主应当按照以下规定交存住宅专项维修资金：

（1）住宅，但一个业主所有且与其他物业不具有共用部位、共用设施设备的除外；

（2）住宅小区内的非住宅或者住宅小区外与单幢住宅结构相连的非住宅。

上述所列物业属于出售公有住房的，售房单位应当按照本办法的规定交存住宅专项维修资金。

2. 交存数额

商品住宅的业主、非住宅的业主按照所拥有物业的建筑面积交存住宅专项维修资金，每平方米建筑面积交存首期住宅专项维修资金的数额为当地住宅建筑安装工程每平方米造价的5%至8%。直辖市、市、县人民政府建设（房地产）主管部门应当根据本地区情况，合理确定、公布每平方米建筑面积交存首期住宅专项维修资金的数额，并适时调整。出售公有住房的，按照下列规定交存住宅专项维修资金：

（1）业主按照所拥有物业的建筑面积交存住宅专项维修资金，每平方米建筑面积交存首期住宅专项维修资金的数额为当地房改成本价的2%；

（2）售房单位按照多层住宅不低于售房款的20%、高层住宅不低于售房款的30%，从售房款中一次性提取住宅专项维修资金。

3. 专项维修资金的存放

业主交存的住宅专项维修资金属于业主所有。从公有住房售房款中提取的住宅专项维修资金属于公有住房售房单位所有。

业主大会成立前，商品住宅业主、非住宅业主交存的住宅专项维修资金，由物业所在地直辖市、市、县人民政府建设（房地产）主管部门代管。主管部门应当委托所在地一家商业银行，作为本行政区域内住宅专项维修资金的专户管理银行，并在专户管理银行开立住宅专项维修资金专户。开立住宅专项维修资金专户，应当以物业管理区域为单位设账，按房屋户门号设分户账；未划定物业管理区域的，以幢为单位设账，按房屋户门号设分户账。

业主大会成立前，已售公有住房住宅专项维修资金，由物业所在地直辖市、市、县人民政府财政部门或者建设（房地产）主管部门负责管理。主管部门应当委托所在地一家商业银行，作为本行政区域内公有住房住宅专项维修资金的专户管理银行，并在专户管理银行开立公有住房住宅专项维修资金专户。开立公有住房住宅专项维修资金专户，应当按照售房单位设账，按幢设分账；其中，业主交存的住宅专项维修资金，按房屋户门号设分户账。

4. 资金交存时间

商品住宅的业主应当在办理房屋入住手续前，将首期住宅专项维修资金存入住宅专项维修资金专户。已售公有住房的业主应当在办理房屋入住手续前，将首期住宅专项维修资金存入公有住房住宅专项维修资金专户或者交由售房单位存入公有住房住宅专项维修资金专户。公有住房售房单位应当在收到售房款之日起30日内，将提取的住宅专项维修资金存

入公有住房住宅专项维修资金专户。未按规定交存首期住宅专项维修资金的，开发建设单位或者公有住房售房单位不得将房屋交付购买人。

业主大会成立后，应当按照规定划转业主交存的住宅专项维修资金。业主大会应当委托所在地一家商业银行作为本物业管理区域内住宅专项维修资金的专户管理银行，并在专户管理银行开立住宅专项维修资金专户。开立住宅专项维修资金专户，应当以物业管理区域为单位设账，按房屋户门号设分户账。业主委员会应当通知上述主管部门；涉及已售公有住房的，应当通知负责管理公有住房住宅专项维修资金的部门。并在收到通知之日起30日内，通知专户管理银行将该物业管理区域内业主交存的住宅专项维修资金账面余额划转至业主大会开立的住宅专项维修资金账户，并将有关账目等移交业主委员会。

5. 交存资金的管理

住宅专项维修资金划转后的账目管理单位，由业主大会决定。业主大会应当建立住宅专项维修资金管理制度。业主大会开立的住宅专项维修资金账户，应当接受所在地直辖市、市、县人民政府建设（房地产）主管部门的监督。业主分户账面住宅专项维修资金余额不足首期交存额30%的，应当及时续交。成立业主大会的，续交方案由业主大会决定。未成立业主大会的，续交的具体管理办法由直辖市、市、县人民政府建设（房地产）主管部门会同同级财政部门制定。

（三）专项维修资金的使用

1. 使用要求

住宅专项维修资金应当专项用于住宅共用部位、共用设施设备保修期满后的维修和更新、改造，不得挪作他用。住宅专项维修资金的使用，应当遵循方便快捷、公开透明、受益人和负担人相一致的原则。

2. 维修费用分摊原则

住宅共用部位、共用设施设备的维修和更新、改造费用，按照下列规定分摊。

（1）商品住宅之间或者商品住宅与非住宅之间共用部位、共用设施设备的维修和更新、改造费用，由相关业主按照各自拥有物业建筑面积的比例分摊。

（2）售后公有住房之间共用部位、共用设施设备的维修和更新、改造费用，由相关业主和公有住房售房单位按照所交存住宅专项维修资金的比例分摊；其中，应由业主承担的，再由相关业主按照各自拥有物业建筑面积的比例分摊。

（3）售后公有住房与商品住宅或者非住宅之间共用部位、共用设施设备的维修和更新、改造费用，先按照建筑面积比例分摊到各相关物业。其中，售后公有住房应分摊的费用，

再由相关业主和公有住房售房单位按照所交存住宅专项维修资金的比例分摊。

住宅共用部位、共用设施设备维修和更新、改造，涉及尚未售出的商品住宅、非住宅或者公有住房的，开发建设单位或者公有住房单位应当按照尚未售出商品住宅或者公有住房的建筑面积，分摊维修和更新、改造费用。

3. 资金使用程序

第一种情况是，住宅专项维修资金划转业主大会管理前，需要使用住宅专项维修资金的，按照以下程序办理：

（1）物业服务企业根据维修和更新、改造项目提出使用建议；没有物业服务企业的，由相关业主提出使用建议；

（2）住宅专项维修资金列支范围内专有部分占建筑物总面积 2/3 以上的业主且占总人数 2/3 以上的业主讨论通过使用建议；

（3）物业服务企业或者相关业主组织实施使用方案；

（4）物业服务企业或者相关业主持有关材料，向所在地直辖市、市、县人民政府建设（房地产）主管部门申请列支；其中，动用公有住房住宅专项维修资金的，向负责管理公有住房住宅专项维修资金的部门申请列支；

（5）直辖市、市、县人民政府建设（房地产）主管部门或者负责管理公有住房住宅专项维修资金的部门审核同意后，向专户管理银行发出划转住宅专项维修资金的通知；

（6）专户管理银行将所需住宅专项维修资金划转至维修单位。

第二种情况是，住宅专项维修资金划转业主大会管理后，需要使用住宅专项维修资金的，按照以下程序办理：

（1）物业服务企业提出使用方案，使用方案应当包括拟维修和更新、改造的项目、费用预算、列支范围、发生危及房屋安全等紧急情况以及其他需临时使用住宅专项维修资金的情况的处置办法等；

（2）业主大会依法通过使用方案；

（3）物业服务企业组织实施使用方案；

（4）物业服务企业持有关材料向业主委员会提出列支住宅专项维修资金；其中，动用公有住房住宅专项维修资金的，向负责管理公有住房住宅专项维修资金的部门申请列支；

（5）业主委员会依据使用方案审核同意，并报直辖市、市、县人民政府建设（房地产）主管部门备案；动用公有住房住宅专项维修资金的，经负责管理公有住房住宅专项维修资金的部门审核同意；直辖市、市、县人民政府建设（房地产）主管部门或者负责管理公有住房住宅专项维修资金的部门发现不符合有关法律、法规、规章和使用方案的，应当责令改正；

（6）业主委员会、负责管理公有住房住宅专项维修资金的部门向专户管理银行发出划转住宅专项维修资金的通知；

（7）专户管理银行将所需住宅专项维修资金划转至维修单位。

发生危及房屋安全等紧急情况，需要立即对住宅共用部位、共用设施设备进行维修和更新、改造的，住宅专项维修资金划转业主大会管理前，按照以上第一种情况的（4）、（5）、（6）规定列支住宅专项维修资金；住宅专项维修资金划转业主大会管理后，按照以上第二种情况的（4）、（5）、（6）、（7）的规定办理。发生此种情况后，未按规定实施维修和更新、改造的，直辖市、市、县人民政府建设（房地产）主管部门可以组织代修，维修费用从相关业主住宅专项维修资金分户账中列支；其中，涉及已售公有住房的，还应当从公有住房住宅专项维修资金中列支。

4. 禁止列支的费用

下列费用不得从住宅专项维修资金中列支：

（1）依法应当由建设单位或者施工单位承担的住宅共用部位、共用设施设备维修、更新和改造费用；

（2）依法应当由相关单位承担的供水、供电、供气、供热、通讯、有线电视等管线和设施设备的维修、养护费用；

（3）应当由当事人承担的因人为损坏住宅共用部位、共用设施设备所需的修复费用；

（4）根据物业服务合同约定，应当由物业服务企业承担的住宅共用部位、共用设施设备的维修和养护费用。

5. 专项维修资金投资

在保证住宅专项维修资金正常使用的前提下，可以按照国家有关规定将住宅专项维修资金用于购买国债。利用住宅专项维修资金购买国债，应当在银行间债券市场或者商业银行柜台市场购买一级市场新发行的国债，并持有到期。利用业主交存的住宅专项维修资金购买国债的，应当经业主大会同意；未成立业主大会的，应当经专有部分占建筑物总面积2/3以上的业主且占总人数2/3以上业主同意。利用从公有住房售房款中提取的住宅专项维修资金购买国债的，应当根据售房单位的财政隶属关系，报经同级财政部门同意。禁止利用住宅专项维修资金从事国债回购、委托理财业务或者将购买的国债用于质押、抵押等担保行为。

下列资金应当转入住宅专项维修资金滚存使用：

（1）住宅专项维修资金的存储利息；

（2）利用住宅专项维修资金购买国债的增值收益；

（3）利用住宅共用部位、共用设施设备进行经营的，业主所得收益，但业主大会另有决定的除外；

（4）住宅共用设施设备报废后回收的残值。

（四）维修资金的监督管理

1. 住宅转让与灭失资金处理

房屋所有权转让时，业主应当向受让人说明住宅专项维修资金交存和结余情况并出具有效证明，该房屋分户账中结余的住宅专项维修资金随房屋所有权同时过户。受让人应当持住宅专项维修资金过户的协议、房屋权属证书、身份证等到专户管理银行办理分户账更名手续。

房屋灭失的，按照以下规定返还住宅专项维修资金：

（1）房屋分户账中结余的住宅专项维修资金返还业主；

（2）售房单位交存的住宅专项维修资金账面余额返还售房单位；售房单位不存在的，按照售房单位财务隶属关系，收缴同级国库。

2. 资金信息公开

直辖市、市、县人民政府建设（房地产）主管部门，负责管理公有住房住宅专项维修资金的部门及业主委员会，应当每年至少一次与专户管理银行核对住宅专项维修资金账目，并向业主、公有住房售房单位公布下列情况：

（1）住宅专项维修资金交存、使用、增值收益和结存的总额；

（2）发生列支的项目、费用和分摊情况；

（3）业主、公有住房售房单位分户账中住宅专项维修资金交存、使用、增值收益和结存的金额；

（4）其他有关住宅专项维修资金使用和管理的情况。

业主、公有住房售房单位对公布的情况有异议的，可以要求复核。

专户管理银行应当每年至少一次向主管部门，负责管理公有住房住宅专项维修资金的部门及业主委员会发送住宅专项维修资金对账单。对资金账户变化情况有异议的，可以要求专户管理银行进行复核。专户管理银行应当建立住宅专项维修资金查询制度，接受业主、公有住房售房单位对其分户账中住宅专项维修资金使用、增值收益和账面余额的查询。

3. 资金使用的监督管理

住宅专项维修资金的管理和使用，应当依法接受审计部门的审计监督。住宅专项维修资金的财务管理和会计核算应当执行财政部有关规定。财政部门应当加强对住宅专项维修资金收支财务管理和会计核算制度执行情况的监督。

住宅专项维修资金专用票据的购领、使用、保存、核销管理，应当按照财政部以及省、自治区、直辖市人民政府财政部门的有关规定执行，并接受财政部门的监督检查。

练　中　学

一、关键词与重点概念

物业、业主、业主大会、业主委员会、业主规约、物业服务合同、前期物业管理、物业承接验收、物业收费、住宅专项维修资金、住宅共用部位、共用设施设备

二、练习与讨论

1. 物业管理有哪些类型？
2. 物业管理有哪些主体？
3. 业主大会的议事规则有哪些内容？
4. 业主委员会的权利义务有哪些？
5. 物业企业除合同义务外有哪些其他义务？
6. 专项维修资金交存有哪些主要内容？
7. 维修费用分摊原则是什么？
8. 专项维修资金使用程序是什么？

三、案例分析

一位业主购买了一套公寓并且已经入住。按照该公寓物业收费标准，这个业主购买的这套房每月要缴纳物业管理费 500 余元，而且每半年结算一次。在与开发商签订购房合同时，该业主表示难以接受这样高的物业管理费用。售楼小姐说，考虑到该小区已售出 70%，可以为他减免 1/4 的物业管理费。可是这位业主入住后，小区物业公司仍然要按全价收取物业管理费，于是业主与物业公司之间爆发了一场收费大冲突。分析开发商减免物管费的承诺是否有效。

本案例开发商与物业公司属于不同的主体，不存在债务互相抵消的问题，开发商未征得物业公司同意无权代为决定减免物业服务费。

四、技能训练

训练项目：成立某小区的业主大会并选聘物业服务公司。

熟悉业主大会成立程序及物业服务公司的选聘程序。

第十一章　房地产税收制度

概　要

房地产税收是指与房屋和土地有关的税收。房地产税收制度是国家以法律的形式规定的房地产相关税种设置及征税办法的总和。税收法律关系由主体、客体和内容三个方面构成，税种实体法的基本组成内容构成税法要素。凡依法由税务机关征收的各种税收的征收管理由《税收征收管理法》规定。我国的房地产税收是由多个税种组成的一个税系。

知识重点

1. 了解税收概念与特征
2. 了解税收构成要素
3. 熟悉税收征收管理制度主要内容
4. 掌握房产税、城镇土地使用税、耕地占用税、土地增值税的主要内容

技能必备

熟悉与房屋和土地有关的税收制度，并能够计算税收征收额。

第一节　房地产税收概述

房地产税收是指与房屋和土地有关的税收，它是市场经济条件下，国家运用税收法律形式对房地产业进行宏观调控的重要手段。我国房地产市场发展至今，已初步建立房地产税收体系。房地产税收促进了房地产业的健康发展，在完善税制、发挥税收经济杠杆作用、保护和合理使用土地资源等方面起到了积极作用，也是增加地方政府财政收入、调节社会贫富以及促进房地产市场可持续发展的一个重要手段。

一、税收法律制度概述

（一）税收的概念、特征和作用

1. 税收的概念

税收是指以国家为主体，为实现国家职能，凭借政治权力，按照法律规定的程序和标准，对纳税人包括法人企业、非法人企业等单位以及自然人强制无偿征收，参与国民收入分配和再分配，无偿取得财政收入的一种特定分配方式。

2. 税收的特征

税收与其他财政收入形式相比较，具有以下特征。

（1）强制性是指国家以社会管理者身份，凭借政治权力，通过税收法律、法规的颁布和实施，进行强制征收。

（2）无偿性是指国家取得税收收入不需要偿还，也不需要对纳税人付出任何代价。无偿性是相对于具体的纳税人而言的。

（3）法定性是指国家征税以法律形式预先规定征税范围、征税比率和征收方法等，征税和纳税双方都必须共同遵守。

3. 税收的作用

在社会主义市场经济条件下，税收的作用主要表现在以下四个方面。

（1）税收的资源配置作用。首先，国家必须通过税收组织财政收入为社会公共产品配置资源；同时，通过税收来影响部门间的收入分配水平，从而影响消费倾向和投资需求，以实现资源在部门或地区间的合理配置。

（2）税收的调节社会公平作用。国家通过税种的设置以及在税目、税率、加成征收或减免税等方面的规定，加重高收入者的税收负担，减、免低收入者的税收负担，并通过税收支出手段，调节社会分配和再分配，以实现社会的公平与和谐。

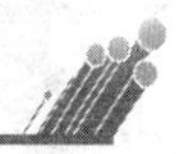

（3）税收具有稳定经济的作用。税收作为国家宏观经济调节的重要手段之一，决定了其对公共部门消费和投资的影响，进而对社会总需求产生影响，以达到调节社会生产、交换、分配和消费，促进社会经济健康发展的目的。

（4）税收具有维护国家政权的作用。国家政权是税收产生和存在的必要条件，而国家政权的存在又依赖于税收。税收凭借国家政治权利，对社会物质利益进行调节，体现国家支持什么、限制什么，从而达到维护和巩固国家政权的目的。

（二）税收法律关系

税法，是国家权力机关和行政机关制定的，用以调整国家与纳税人之间在征纳税方面的权利与义务关系的法律规范的总称。按照税法的职能、作用的不同，可以将其分为税收体制法、税收实体法和税收程序法。税收实体法包括流转税法、所得税法、财产税法、行为税法和资源税法。

税收法律关系是税法规范所确认和调整的，国家与纳税人之间在税收征纳过程中形成的权利和义务关系。由主体、客体和内容三个方面构成。

（1）税收法律关系的主体，即税收法律关系的参加者，由征税主体和纳税主体组成。其主体资格由国家通过法律直接规定。征税主体是指经国家授权享有征税权利的各级税务机关、海关等。纳税主体是指按税法规定负有纳税义务或扣缴义务的法人、自然人和其他组织。

（2）税收法律关系客体是指税收法律关系主体双方的权利和义务所共同指向对象，也就是征税对象。包括应税的商品、财产、资源、所得、行为等。

（3）税收法律关系的内容是指税收法律关系主体双方在征纳活动中依法享有的权利和承担的义务。包括征税主体的权利义务和纳税主体的权利义务两大方面。

征税主体的权利包括：税务管理权、税款征收权、获取资料权、税收保全权、税收检查权、强制执行权、行政处罚权等。征税主体的主要义务包括：依法维护纳税人合法权益的义务、开具完税凭证的义务、为纳税人保密的义务、纠正征税错误的义务、解决税务争议的义务等。

纳税主体的权利包括：信息资料知悉权、隐私机密权、委托税务代理权、延期纳税申请权、税收减免申请权、多缴税款申请退还权、争议抗辩权、税务行政复议和诉讼权等。纳税主体的义务包括：依法设置和使用账簿、办理税务登记、进行纳税申报、定期报送会计报表和其他有关资料、及时足额地缴纳税款、接受税务检查、接受税务行政处罚等。

二、税法的构成要素

税法的构成要素简称税法要素是指税种实体法的基本组成内容。主要包括以下内容。

（1）征税人是指代表国家行使征税职权的各级税务机关和其他征收机关。

（2）纳税义务人（简称纳税人）是指依法直接负有纳税义务的自然人、法人和其他组织。扣缴义务人是税法规定的，在其经营活动中负有代扣税款并向国库缴纳义务的单位。

（3）征税对象，即纳税客体是指税收法律关系中权利义务所指向的对象，即对什么征税。

（4）税目是指税法中规定应当征税的具体项目，是征税对象的具体化。

（5）税率是指应征税额与计税金额（或数量单位）之间的比例，它是计算税额的尺度。包括比例税率、累进税率和定额税率。比例税率是指对同一征税对象，不论其数额大小，均按同一个比例征税的税率。累进税率是指根据征税对象数额的大小，规定不同等级的税率。累进税率又分为全额累进税率、超额累进税率和超率累进税率、超倍累进税率等。定额税率，又称固定税率是指按征税对象的一定单位直接规定固定的税额。

（6）计税依据是指计算应纳税额根据的标准，包括从价计征和从量计征两种。从价计征，是以计税金额为计税依据，计税金额是指课税对象的数量乘以计税价格的数额。从量计征，是以课税对象的重量、体积、数量为计税依据。

（7）纳税环节是指应缴纳税款的具体环节。

（8）纳税期限是指纳税人的纳税义务发生后应缴纳税款的期限。

（9）减免税，减税免税是对某些纳税人或课税对象减征部分应纳税款或免征全部应纳税款的一种照顾或优惠措施，是税收统一性和灵活性相结合的体现。它包括税基式减免、税率式减免和税额式减免三种。税基式减免是指通过直接缩小计税依据的方式实现的减税、免税，包括起征点、免征额、项目扣除、跨期结转等。税率式减免是指通过直接降低税率的方式实现的减税、免税，包括低税率、零税率等。税额式减免是指通过直接减少应纳税额的方式实现的减税、免税。包括全部免征、减半征收、核定减免率等。

（10）法律责任是指对违反税法规定的行为人采取的处罚措施。

三、税收制度

税收制度简称税制是指在既定的管理体制下设置的税种以及与这些税种的征收、管理有关的法律、行政法规、部门规章的总和。

（一）我国的税收体系

1. 按征税对象不同，我国的税收可分为流转税类、所得税类、资源税类、财产税类和行为税类

流转税是以商品流转额和非商品（劳务）流转额为征税对象的税。主要包括增值税、

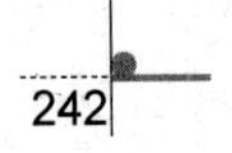

消费税、营业税、关税等。所得税是以纳税人的所得额为征税对象的税，如企业所得税、个人所得税等。资源税是为了促进合理开发利用资源，调节资源级差收入而对资源产品征收的税。财产税是以财产的价值额或租价额为征税对象的税，主要包括房产税、车船税、契税等。行为税是以特定行为为征税对象的税，主要包括固定资产投资方向调节税、屠宰税、宴席税、城乡土地使用税、印花税等。

2. 按管理和使用权限的不同，可分为中央税、地方税和中央地方共享税

中央税属于中央政府的财政收入，由国家税务局征收管理。如消费税、关税等。地方税属于各级地方政府的财政收入，由地方税务局征收管理，如城市维护建设税、城镇土地使用税等。中央与地方共享税属于中央政府和地方政府的共同收入，目前主要由国家税务局征收管理，如增值税。

3. 按计税依据的不同，可分为从价税和从量税

从价税是以征税对象价格为计税依据，其应纳税额随货物价格的变化而变化的一种税。从量税是以征税对象的数量、重量、体积等作为计税依据，其征税数额只与征税对象数量等相关而与货物价格无关的一种税。

4. 按税负能否转嫁，可分为直接税和间接税

直接税是指由纳税义务人直接负担，不易转嫁的一种税。间接税整理是指纳税义务人能将税负转嫁给他人负担的一种税。

（二）税收征收管理制度

税收的开征、停征以及减税、免税、退税、补税，依照法律的规定执行；法律授权国务院规定的，依照国务院制定的行政法规的规定执行。国务院税务主管部门主管全国税收征收管理工作。各地国家税务局和地方税务局应当按照国务院规定的税收征收管理范围分别进行征收管理。凡依法由税务机关征收的各种税收的征收管理，适用于《中华人民共和国税收征收管理法》，该法主要内容如下。

1. 税务登记

企业，企业在外地设立的分支机构和从事生产、经营的场所，个体工商户和从事生产、经营的事业单位（以下统称从事生产、经营的纳税人）自领取营业执照之日起30日内，持有关证件，向税务机关申报办理税务登记。税务机关应当自收到申报之日起30日内审核并发给税务登记证件。工商行政管理机关应当将办理登记注册、核发营业执照的情况，定期向税务机关通报。

2. 账簿、凭证管理

纳税人、扣缴义务人按照有关法律、行政法规和国务院财政、税务主管部门的规定设置账簿，根据合法、有效凭证记账，进行核算。从事生产、经营的纳税人的财务、会计制度或者财务、会计处理办法和会计核算软件，应当报送税务机关备案。税务机关是发票的主管机关，负责发票印制、领购、开具、取得、保管、缴销的管理和监督。

3. 纳税申报

纳税人必须依照法律、行政法规规定或者税务机关依照法律、行政法规的规定确定的申报期限、申报内容如实办理纳税申报，报送纳税申报表、财务会计报表以及税务机关根据实际需要要求纳税人报送的其他纳税资料。

4. 税款征收

税务机关依照法律、行政法规的规定征收税款，不得违反法律、行政法规的规定开征、停征、多征、少征、提前征收、延缓征收或者摊派税款。纳税人因有特殊困难，不能按期缴纳税款的，经省、自治区、直辖市国家税务局、地方税务局批准，可以延期缴纳税款，但是最长不得超过三个月。纳税人可以依照法律、行政法规的规定书面申请减税、免税。纳税人有下列情形之一的，税务机关有权核定其应纳税额：

（1）依照法律、行政法规的规定可以不设置账簿的；

（2）依照法律、行政法规的规定应当设置账簿但未设置的；

（3）擅自销毁账簿或者拒不提供纳税资料的；

（4）虽设置账簿，但账目混乱或者成本资料、收入凭证、费用凭证残缺不全，难以查账的；

（5）发生纳税义务，未按照规定的期限办理纳税申报，经税务机关责令限期申报，逾期仍不申报的；

（6）纳税人申报的计税依据明显偏低，又无正当理由的。

5. 税务检查

税务机关有权进行下列税务检查：

（1）检查纳税人的账簿、记账凭证、报表和有关资料，检查扣缴义务人代扣代缴、代收代缴税款账簿、记账凭证和有关资料；

（2）到纳税人的生产、经营场所和货物存放地检查纳税人应纳税的商品、货物或者其他财产，检查扣缴义务人与代扣代缴、代收代缴税款有关的经营情况；

（3）责成纳税人、扣缴义务人提供与纳税或者代扣代缴、代收代缴税款有关的文件、

证明材料和有关资料；

（4）询问纳税人、扣缴义务人与纳税或者代扣代缴、代收代缴税款有关的问题和情况；

（5）到车站、码头、机场、邮政企业及其分支机构检查纳税人托运、邮寄应纳税商品、货物或者其他财产的有关单据、凭证和有关资料；

（6）经县以上税务局（分局）局长批准，凭全国统一格式的检查存款账户许可证明，查询从事生产、经营的纳税人、扣缴义务人在银行或者其他金融机构的存款账户。税务机关在调查税收违法案件时，经设区的市、自治州以上税务局（分局）局长批准，可以查询案件涉嫌人员的储蓄存款。税务机关查询所获得的资料，不得用于税收以外的用途。

四、现行的房地产税收与政策

我国的房地产税收是由多个税种组成的一个税系。主要有：

（1）房地产财产税类，主要包括房产税和城镇土地使用税；

（2）房地产收益税类，主要包括土地增值税和房地产企业所得税；

（3）房地产资源税类，主要包括耕地占用税和城市维护建设税；

（4）房地产流通环节税类，主要是营业税；

（5）房地产行为目的税类，主要包括契税和房地产印花税。

房地产税收政策对合理引导房地产市场，促进房地产市场稳定发展有着重要意义。近年来，我国房地产市场进入了一个高速运行发展阶段。在房地产业成为国民经济支柱产业地位不断加强的同时，房地产市场也出现了问题：一是商品房价格上涨过快；二是部分地区房地产投资规模过大；三是商品房供应结构问题出现；四是房地产市场秩序比较混乱。2003年6月央行出台了《关于进一步加强房地产信贷业务管理的通知》（简称“121号文件”），2005年3月底国务院办公厅发出《关于切实稳定住房价格的通知》（简称“国八条”）、5月建设部等七部委发出《关于做好稳定住房价格工作的意见》（简称“七部委八条”），2006年5月九部门出台了《关于调整住房供应结构稳定住房价格的意见》（简称“国六条”），以及国家税务总局《关于个人住房转让所得征收个人所得税有关问题的通知》，2007年国家税务总局出台了国税函[2007]645号文件《国家税务总局关于未办理土地使用权证转让土地有关税收问题的批复》。以上过程显示了国家从单一的土地、金融政策逐步过渡到依靠政策组合，并引入税收手段调控房地产市场的过程。

2008年，根据经济形势和房地产市场的变化情况，国家三次调整了房地产的税收政策。具体来说，第一次是2008年3月，当时为了支持廉租住房和经济适用房的建设，国家减免廉租房和经济适用房建设和运行当中涉及的有关税收。为了鼓励住房租赁市场的发展，国家又减免了住房租赁涉及的有关税收。2008年11月，为了减轻个人购房者的负担，促进个人住房消费，第二次调整了房地产税收政策。将个人首次购买90平方米以下普通住房契税税率统一下调到1%。同时还规定个人住房买卖的时候可以免征印花税，个人销售住房还可以免征土地增值税。第三次调整就是2008年12月出台的国办131号文，规定对住房转让环节的营业税暂定一年实行减免政策。这次税收政策调整和原来执行的政策相比，调整了住房转让环节营业税的征免期，同时加大了税收优惠的力度。通过这次营业税的政策调整可以降低住房转让交易成本，促进二手房市场发展，鼓励普通住房消费。

第二节　现行主要房地产税

一、房地产财产税类

（一）房产税

1. 房产税概念

房产税是以房屋为征税对象，按房屋的计税余值或租金收入为计税依据，向产权所有人征收的一种财产税。《中华人民共和国房产税暂行条例》对房产税征收作了具体规定。

2. 纳税人

房产税的纳税义务人是房屋的产权所有人。产权属于国家所有的，由经营管理的单位缴纳；产权属于集体和个人所有的，由集体单位和个人缴纳；产权出典的，由承典人缴纳；产权所有人、承典人不在房产所在地的，或者产权未确定及租典纠纷未解决的，由房产代管人或者使用人缴纳。承租人使用房产，以支付修理费抵缴房产租金，仍应由房产的产权所有人依照规定缴纳房产税。因此，房产税的纳税人包括：产权所有人、经营管理单位、承典人、房产代管人或者使用人。

3. 征税对象

房产税的征税对象是房产。房产税的征税范围是城市、县城、建制镇和工矿区。其中，城市是指经国务院批准设立的市。城市的征税范围为市区、郊区和市辖县县城。县城是指县人民政府所在地。建制镇是指经省、自治区、直辖市人民政府批准设立的建制镇。建制镇的征税范围为所辖行政区域。工矿区是指工商业比较发达、人口比较集中，符合国务院规定的建制镇标准，但尚未设立建制镇的大中型工矿企业所在地。开征房产税的工矿区须经省、自治区、直辖市人民政府批准。

4. 房产税税率

我国现行房产税采用的是比例税率。由于房产税的计税依据分为从价计征和从租计征两种形式，所以房产税的税率也有两种：一种是按房产原值一次减除10%～30%后的余值计征

的，税率为1.2%；另一种是按房产出租的租金收入计征的，税率为12%。从2001年1月1日起，对个人按市场价格出租的居民住房，用于居住的，房产税减为按4%的税率征收。

5. 房产税的计税

房产税依照房产原值一次减除10%～30%后的余值计算缴纳。具体减除幅度由省、自治区、直辖市人民政府规定。房产原值是指纳税人按照会计制度规定，在账簿固定资产科目中记载的房屋原价。房产原值应包括与房屋不可分割的各种附属设备或一般不单独计算价值的配套设备设施。房产出租的，以房产租金收入为房产税的计税依据。房产的租金收入是房屋产权所有人出租房产使用权所取得的报酬，包括货币收入、实物收入和其他收入。按照房产计税余值征税的称为从价计征；按照房产租金收入计征的，称为从租计征。

6. 减税与免税

下列房产免征房产税。

（1）国家机关、人民团体、军队自用的房产。

（2）由国家财政部门拨付事业经费的单位自用的房产。

（3）宗教寺庙、公园、名胜古迹自用的房产。

（4）个人所有非营业用的房产。个人所有的非营业用房，主要是指居民住房，不分面积多少，一律免征房产税。对个人拥有的营业用房或者出租的房产，不属于免税房产，应照章纳税。

（5）财政部批准免税的其他房产。

7. 房产税的纳税期限、纳税地点

房产税实行按年计算，分期缴纳的征收办法。纳税期限由省、自治区、直辖市人民政府规定。房产税在房产所在地缴纳，由房产所在地的税务机关征收。房产不在同一地方的纳税人，应按房产的坐落地点，分别向房产所在地的税务机关纳税。

（二）城镇土地使用税

1. 城镇土地使用税概念

城镇土地使用税，是对在城市、县城、建制镇和工矿区范围内使用土地的单位和个人，按照实际占用的土地面积征收的一种税。国务院于1988年9月发布《中华人民共和国城镇土地使用税暂行条例》，到目前为止，城镇土地使用税已征收了近20年。2006年12月，国务院发布了《国务院关于修改〈中华人民共和国城镇土地使用税暂行条例〉的决定》，对条例内容作了部分修订。此次修改主要内容为：（1）提高城镇土地使用税税额标准；（2）

将城镇土地使用税的征收范围扩大到外商投资企业和外国企业；（3）修改与法律、行政法规不相适应的条款。

2. 纳税人

在城市、县城、建制镇和工矿区范围内使用土地的单位和个人，为城镇土地使用税的纳税人。单位，包括国有企业、集体企业、私营企业、股份制企业、外商投资企业、外国企业以及其他企业和事业单位、社会团体、国家机关、军队以及其他单位；个人,包括个体工商户以及其他个人。

3. 计税依据与税额

城镇土地使用税以纳税人实际占用的土地面积为计税依据，依照规定税额征收。每平方米城镇土地使用税的年税额标准为：（1）大城市 1.5 元至 30 元；（2）中等城市 1.2 元至 24 元；（3）小城市 0.9 元至 18 元；（4）县城、建制镇、工矿区 0.6 元至 12 元。省、自治区、直辖市人民政府，应当在上述规定的税额幅度内，根据市政建设状况、经济繁荣程度等条件，确定所辖地区的适用税额幅度。

4. 纳税期限、地点

城镇土地使用税按年计算，分期缴纳。缴纳期限由省、自治区、直辖市人民政府确定。土地使用税由土地所在地的税务机关征收。土地管理机关应当向土地所在地的税务机关提供土地使用权属资料。

5. 免缴情形

土地使用税免缴情形为：（1）国家机关、人民团体、军队自用的土地；（2）由国家财政部门拨付事业经费的单位自用的土地；（3）宗教寺庙、公园、名胜古迹自用的土地；（4）市政街道、广场、绿化地带等公共用地；（5）直接用于农、林、牧、渔业的生产用地；（6）经批准开山填海整治的土地和改造的废弃土地，从使用的月份起免缴土地使用税 5 年至 10 年；（7）由财政部另行规定免税的能源、交通、水利设施用地和其他用地。

二、房地产收益税类

（一）土地增值税

1. 概念

土地增值税是以纳税人转让国有土地使用权、地上的建筑物及其附着物（简称转让房地产）所取得的增值额为征税对象，依照规定的税率征收的一种税。《中华人民共和国土

地增值税暂行条例》及其实施细则对这一税种进行了详细规定。

2. 纳税义务人

转让房地产并取得收入的单位和个人，为土地增值税的纳税义务人，应当依照规定缴纳土地增值税。单位是指各类企业单位、事业单位、国家机关和社会团体及其他组织。个人，包括个体经营者。

3. 征税范围

土地增值税的征税范围为转让房地产并取得收入的有偿转让行为。不包括以继承、赠与方式无偿转让房地产的行为。

4. 计税依据

土地增值税的计税依据是转让房地产所取得的增值额。增值额是指纳税人转让房地产所取得的收入减除规定的扣除项目金额后的余额。

5. 计算增值额时的扣除项目

计算增值额时包括下列扣除项目：① 取得土地使用权所支付的金额；② 开发土地的成本、费用；③ 新建房及配套设施的成本、费用，或者旧房及建筑物的评估价格；④ 与转让房地产有关的税金；⑤ 财政部规定的其他扣除项目。

扣除项目的具体内容如下。

（1）取得土地使用权所支付的金额是指纳税人为取得土地使用权所支付的地价款和按国家统一规定交纳的有关费用。

（2）开发土地和新建房及配套设施（以下简称房地产开发）的成本是指纳税人房地产开发项目实际发生的成本（以下简称房地产开发成本），包括土地征用及拆迁补偿费、前期工程费、建筑安装工程费、基础设施费、公共配套设施费、开发间接费用。

（3）开发土地和新建房及配套设施的费用（以下简称房地产开发费用）是指与房地产开发项目有关的销售费用、管理费用、财务费用。财务费用中的利息支出，凡能够按转让房地产项目计算分摊并提供金融机构证明的，允许据实扣除，但最高不能超过按商业银行同类同期贷款利率计算的金额。其他房地产开发费用，按取得土地使用权所支付的金额与房地产开发成本金额之和的5%计算扣除。凡不能按转让房地产项目计算分摊利息支出或不能提供金融机构证明的，房地产开发费用按取得土地使用权所支付的金额与房地产开发成本金额之和的10%计算扣除。

（4）旧房及建筑物的评估价格。

（5）与转让房地产有关的税金是指在转让房地产时缴纳的营业税、城市维护建设税、印花税。因转让房地产交纳的教育费附加，也可视同税金予以扣除。

（6）对从事房地产开发的纳税人可按取得土地使用权所支付的金额与房地产开发成本金额之和，加计 20%的扣除。

6. 税率与应纳税额的计算

土地增值税实行四级超率累进税率：

（1）增值额未超过扣除项目金额 50%的部分，税率为 30%；

（2）增值额超过扣除项目金额 50%、未超过扣除项目金额 100%的部分税率为 40%；

（3）增值额超过扣除项目金额 100%、未超过扣除项目金额 200%的部分税率为 50%；

（4）增值额超过扣除项目金额 200%的部分税率为 60%。

上述所列四级超率累进税率，每级“增值额未超过扣除项目金额”的比例，均包括本比例数。

土地增值税按照纳税人转让房地产所取得的增值额和规定的税率计算征收。

计算土地增值税税额，可按增值额乘以适用的税率减去扣除项目金额乘以速算扣除系数的简便方法计算，具体公式如下：

（1）增值额未超过扣除项目金额 50%土地增值税税额＝增值额×30%；

（2）增值额超过扣除项目金额 50%，未超过 100%的，土地增值税税额＝增值额×40%－扣除项目金额×5%；

（3）增值额超过扣除项目金额 100%，未超过 200%的，土地增值税税额＝增值额×50%－扣除项目金额×15%；

（4）增值额超过扣除项目金额 200%，土地增值税税额＝增值额×60%－扣除项目金额×35%。公式中的 5%、15%、35%为速算扣除系数。

7. 纳税地点和纳税期限

土地增值税按属地征收，由房地产所在地的区地方税务局及所辖税务所负责征收管理。单位和个人将购买的房地产再转让的，由国土房管部门代征税款，以国土房管部门受理产权过户申请资料的时间为纳税义务发生时间。除此之外，其他的房地产转让由纳税人按月在规定的纳税期限内向房地产所在地主管税务机关申报缴纳。

8. 减免规定

有下列情形之一的，减免土地增值税。

（1）纳税人建造普通标准住宅出售，增值额未超过扣除项目金额 20%的，免征土地增值税。普通标准住宅是指除别墅、度假村、酒店式公寓以外的居住用住宅。

（2）对开发销售安居房取得的收入，免征土地增值税。安居房是指原产权单位按照房

改政策向职工出售的住房，以及市（区）住宅管理部门直接发售的各类政策性住房，包括：准成本房、全成本房、全成本微利房、社会微利房、经济适用房。

（3）将购买的房地产再转让的减免规定：① 个人将购买的普通标准住宅再转让的，免征土地增值税；② 个人转让别墅、度假村、酒店式公寓，凡居住超过五年以上的（含五年）免征土地增值税；居住满三年不满五年的，减半征收土地增值税。

（4）个人之间互换自有居住用房的，经主管税务机关核实，可以免征土地增值税。

（5）国家建设需要依法征用、收回的房地产，免征土地增值税。这种情况是指因城市实施规划、国家建设的需要而被政府批准征用的房产或收回的土地使用权。因城市实施规划、国家建设的需要而搬迁，由纳税人自行转让原房地产的，也免征土地增值税。

（6）在企业兼并中，对被兼并企业将房地产转让到兼并企业中的，暂免征土地增值税。

（7）以房地产进行投资、联营的一方以土地（房地产）作价入股进行投资或作为联营条件，将房地产转让到所投资、联营的企业中时，暂免征土地增值税。

（8）法律法规规定的其他减免税项目。

9. 征收方式

土地增值税的征收方式主要有以下几种。

（1）对房地产开发企业采取“先预征、后清算、多退少补”的征收方式。即在项目全部竣工结算前转让房地产取得销售收入的先按预征率征收税款（转让别墅、度假村、酒店式公寓的按销售收入的 1%预征，转让其他房地产的按销售收入的 0.5%预征），待工程全部竣工，办理结算后再进行清算，多退少补税款。

（2）对非房地产开发企业和个人转让自建房地产的，按转让收入扣除法定扣除项目后的增值额为计税依据向主管税务机关申报纳税。

（3）对单位和个人将购买的房地产再转让的由国土房管部门代征税款。

（二）企业所得税

在中华人民共和国境内，企业和其他取得收入的组织（以下统称企业）为企业所得税的纳税人，依照规定缴纳企业所得税。包括依照中国法律、行政法规在中国境内成立的企业、事业单位、社会团体以及其他取得收入的组织。企业分为居民企业和非居民企业。企业所得税的税率为 25%。非居民企业在中国境内未设立机构、场所的，或者虽设立机构、场所但取得的所得与其所设机构、场所没有实际联系的，应当就其来源于中国境内的所得，减按 10%的税率征收企业所得税。符合条件的小型微利企业，减按 20%的税率征收企业所得税。国家需要重点扶持的高新技术企业，减按 15%的税率征收企业所得税。企业每一纳税年度的收入总额，减除不征税收入、免税收入、各项扣除以及允许弥补的以前年度亏损后的余额，为应纳税所得额。

房地产企业所得税计算开发项目的成本项目可分为：土地实际成本,包括土地征用及迁移补偿费、七通一平费（通给水、通排水、通电、通讯、通路、通燃气、通热力以及场地平整）、管理费用；住宅和其他商品房开发实际成本，包括土地开发费、建筑安装工程费、设备工程费、配套工程费、管理费用。企业的利润总额包括：开发项目销售利润、其他经营利润、营业外收入与营业外支出的差额。

三、房地产资源税类

（一）耕地占用税

1. 耕地占用税的概念及有关政策

耕地占用税是国家对占用耕地建房或者从事其他非农业建设的单位和个人，依据实际占用耕地面积、按照规定税额一次性征收的一种税。

现行的耕地占用税政策主要有：国务院于2007年12月1日发布的《中华人民共和国耕地占用税暂行条例》，财政部、国家税务总局于2008年2月26日公布的《中华人民共和国耕地占用税暂行条例实施细则》，财政部、国家税务总局于2007年12月28日下发的《关于耕地占用税平均税额和纳税义务发生时间问题的通知》，国家税务总局于2007年12月12日下发的《关于耕地占用税征收管理有关问题的通知》，财政部、国家税务总局、中央机构编制委员会办公室于2007年12月13日下发的《关于落实新修订的〈中华人民共和国耕地占用税暂行条例〉有关工作的通知》，国家税务总局、财政部、国土资源部于2008年1月23日下发的《关于进一步加强土地税收管理工作的通知》、国家税务总局下发的《耕地占用税契税减免管理办法》。

2. 纳税人

凡在我国境内占用耕地建房或者从事其他非农业建设的单位和个人，都是耕地占用税的纳税人。包括国有企业、集体企业、私营企业、股份制企业、外商投资企业、外国企业以及其他企业和事业单位、社会团体、国家机关、部队以及其他单位，个体工商户以及其他个人。实践中，纳税人主要依据农用地转用审批文件认定。农用地转用审批文件中标明用地人的，用地人为纳税人；农用地转用审批文件中未标明用地人的，由申请用地人举证实际用地人，实际用地人为纳税人；实际用地人尚未确定的，申请用地人为纳税人。占用耕地尚未经批准的，实际用地人为纳税人。

3. 征税对象与征收范围

耕地占用税的征税对象为耕地，即种植农作物的土地。园地、林地、牧草地、农田水利用地、养殖水面以及渔业水域滩涂等其他农用地视同耕地。

属于耕地占用税征收范围的占地行为包括占用耕地、林地、牧草地、农田水利用地、养殖水面以及渔业水域滩涂等其他农用地建房或者从事其他非农业建设的行为。实践中，不论是未批先占、边批边占或临时占地，只要占用了农用地从事非农业建设或因污染、取土、采矿塌陷等损毁了耕地的，就属于耕地占用税的征收范围。但是，农田水利占用耕地的，不征收耕地占用税；建设直接为农业生产服务的生产设施占用林地、牧草地、农田水利用地、养殖水面以及渔业水域滩涂等其他农用地的，也不征收耕地占用税。

4. 计税依据

耕地占用税的计税依据是纳税人实际占用的耕地面积。包括经批准占用的耕地面积和未经批准占用的耕地面积。

计税面积核定的主要依据是农用地转用审批文件，必要时应当进行实地勘测。纳税人实际占地面积（含受托代占地面积）大于批准占地面积的，按实际占地面积计税；批准占地面积大于实际占地面积的，按批准占地面积计税。

5. 税率

耕地占用税的税额规定如下：

（1）人均耕地不超过 1 亩的地区（以县级行政区域为单位，下同），每平方米为 10 元至 50 元；

（2）人均耕地超过 1 亩但不超过 2 亩的地区，每平方米为 8 元至 40 元；

（3）人均耕地超过 2 亩但不超过 3 亩的地区，每平方米为 6 元至 30 元；

（4）人均耕地超过 3 亩的地区，每平方米为 5 元至 25 元。

国务院财政、税务主管部门根据人均耕地面积和经济发展情况确定各省、自治区、直辖市的平均税额。各省、自治区、直辖市耕地占用税平均税额从每平方米 12.5 元至 45 元不等。

6. 减免税规定

下列情形免征耕地占用税。

（1）军事设施占用耕地。

（2）学校、幼儿园、养老院、医院占用耕地。

（3）铁路线路、公路线路、飞机场跑道、停机坪、港口、航道占用耕地，减按每平方米 2 元的税额征收耕地占用税。根据实际需要，国务院财政、税务主管部门商国务院有关部门并报国务院批准后，可以免征或者减征耕地占用税。

（4）农村居民占用耕地新建住宅，按照当地适用税额减半征收耕地占用税。

（5）农村烈士家属、残疾军人、鳏寡孤独以及革命老根据地、少数民族聚居区和边远贫困山区生活困难的农村居民，在规定用地标准以内新建住宅缴纳耕地占用税确有困难的，经所在地乡（镇）人民政府审核，报经县级人民政府批准后，可以免征或者减征耕地占用税。

（二）城市维护建设税

城市维护建设税是对从事生产经营活动的单位和个人，以其实际缴纳的增值税、消费税和营业税的税额为依据，按纳税人所在地适用的不同税率计算征收的一种税。

城市维护建设税的征收范围是只要缴纳增值税、消费税和营业税的地方，除税法另有规定者外，都属征收城建税的范围。城市维护建设税的税率实行的是地区差别税率，按照纳税人所在地的不同，税率分别规定为 7%、5%、1%三个档次。具体范围为：纳税人所在地在市区的，税率为 7%；纳税人所在县城或建制镇的，税率为 5%；纳税人所在地不在市区、县城、建制镇的，税率为 1%。县政府设在城市市区的，其市区内的企业，应按市区规定税率 7%计算纳税。

城建税分别与增值税、消费税、营业税同时缴纳。因此，纳税人缴纳“三税”的地点，也是城建税的纳税地点，基本上是纳税人的生产经营所在地。

四、房地产流转税类

房地产流转税类主要是营业税。营业税是对有偿提供应税劳务、转让无形资产和销售不动产的单位和个人，就其营业收入额征收的一种税。房地产营业税是对在中国境内转让土地使用权或销售房地产的单位和个人，就其营业额按税率计征的一种税赋。计税依据是计算应纳营业税税额的法定收入额，分两种情况：一是全税计税依据，即营业税以营业收入额为计税依据；二是以税务机关核定的营业额为计税依据。《财政部、国家税务总局关于营业税若干政策问题的通知》规定：“单位和个人销售或转让其购置的不动产或受让的土地使用权，以全部收入减去不动产或土地使用权的购置或受让原价后的余额为营业额。”

营业税按照行业、类别的不同分别采用不同的比例税率，建筑业为 3%，土地使用权转让和房地产销售营业税的税率为 5%。

土地所有者出让土地使用权和土地使用者将土地使用权归还给土地所有者的行为，不征营业税。以房地产投资入股，参与接受投资方利润分配，共同承担投资风险行为，不征营业税，但转让该项股权例外。

自2005年6月1日起，对个人购买住房不足2年转手交易的，销售时按其取得的售房收入全额征收营业税；个人购买普通住房超过2年（含2年）转手交易的，销售时免征营业税；对个人购买非普通住房超过2年（含2年）转手交易的，销售时按其售房收入减去购买房屋的价款后的差额征收营业税。2006年6月1日后，国家税务总局又将购房年限由2年调整为5年，即：个人将购买不足5年的住房对外销售的，全额征收营业税；超过5年（含5年）的且符合当地政府公布的普通住房标准的住房对外销售的，免征营业税，不能提供属于普通住房的证明材料或经地税部门审核不符合普通住房标准条件的，按差额征收营业税，即按其售房收入减去购买房屋价格的差额征收营业税（购买房屋价格以购买房屋时取得的税务部门监制的发票记载金额为确认的依据）。

财税[2008]174号《关于个人住房转让营业税政策的通知》规定："自2009年1月1日至12月31日，个人将购买不足2年的非普通住房对外销售的，全额征收营业税；个人将购买超过2年（含2年）的非普通住房或者不足2年的普通住房对外销售的，按照其销售收入减去购买房屋的价款后的差额征收营业税；个人将购买超过2年（含2年）的普通住房对外销售的，免征营业税。"上述普通住房和非普通住房的标准、办理免税的具体程序、购买房屋的时间、开具发票、差额征税扣除凭证、非购买形式取得住房行为及其他相关税收管理规定，按照《国务院办公厅转发建设部等部门关于做好稳定住房价格工作意见的通知》（国办发[2005]26号）、《国家税务总局财政部建设部关于加强房地产税收管理的通知》（国税发[2005]89号）和《国家税务总局关于房地产税收政策执行中几个具体问题的通知》（国税发[2005]172号）的有关规定执行。

五、房地产行为目的税类

（一）契税

1. 契税

契税是指在土地使用权、房屋所有权的权属转移过程中，向取得土地使用权、房屋所有权的单位和个人征收的一种税。

2. 纳税人

契税的纳税义务人是承受土地使用权、房屋所有权的单位和个人，具体包括企业单位、事业单位、国家机关、军事单位、社会团体及其他组织和个人。

3. 征收范围

契税的征收范围是：（1）国有土地使用权出让；（2）土地使用权转让（包括出售、赠与和交换，不包括农村集体土地承包经营权的转移）；（3）房屋买卖；（4）房屋赠与；（5）房屋交换；（6）以土地、房屋权属作价投资、入股；（7）以土地、房屋权属抵债；（8）以获奖方式承受土地、房屋权属；（9）以预购方式或者预付集资建房款方式承受土地、房屋权属。

4. 计税依据

契税的征税对象是发生使用权转移的土地和发生所有权转移的房屋。商品房买卖、土地出让、转让契税，以土地、房屋权属转移当事人签订的合同成交价格作为计税依据。土地权属转移计税依据包括土地出让金、土地补偿费、安置补助费、地上附着物和青苗补偿费、拆迁补偿费、市政建设配套费等承受者应支付的货币、实物、无形资产及其他经济利益，但成交价格明显低于市场价格并无正当理由的，由征收机关参照评估价格或市场价格进行核定。

土地、房屋赠与的，由征收机关参照评估价格或市场价格进行核定。以竞价方式取得土地、房屋权属的，其计税依据为竞价的成交价格。土地使用权交换、房屋交换、土地使用权与房屋所有权之间相互交换，为所交换的土地使用权、房屋的价格的差额，由多支付货币、实物、无形资产或者其他经济利益的一方缴纳税款。交换价格相等的，免征契税。拆迁安置房按照差额征税，对成交价格超过拆迁补偿款的部分征税。

5. 税率

契税税率为 3%～5%，具体适用税率，由各省、自治区、直辖市人民政府在幅度范围内按照本地区的实际情况确定，报财政部和国家税务总局备案。

6. 纳税时间及程序

契税的纳税义务发生时间为纳税人签订土地、房屋权属转移合同的当天，或取得其他具有土地、房屋权属转移合同性质凭证的当天。纳税人应当自纳税义务发生之日起 10 日内，向当地的契税征收机关申报纳税，提供土地、房屋权属转移有关资料，征收机关进行必要的审查后核定应纳税额、纳税期限等，纳税人应在征收机关规定的期限内纳税，超过纳税期限的征收机关要加收滞纳金。完税后，征收机关向纳税人开具契税完税证。

7. 减免税

根据规定，有下列情形之一的，可以减征或免征契税。

（1）国家机关、事业单位、社会团体、军事单位承受土地、房屋直接用于办公、教学、医疗、科研和军事设施的，免征契税。

（2）城镇职工按规定第一次购买公有住房，经县级以上人民政府批准，在国家规定标准面积以内的，免征契税；超过国家规定标准面积的部分，应当按照规定缴纳契税。

（3）因不可抗力灭失住房而重新购买住房的，准予减征或免征契税。

（4）纳税人用国家征用、占用其土地、房屋的补偿费、安置费，重新承受土地、房屋权属的，其重置价格没有超过土地、房屋补偿费、安置费的，免征契税；超过补偿费、安置费的部分应纳契税。

（5）国家规定的其他减征、免征契税的项目。

纳税人符合减征或免征契税规定的，应当在签订土地、房屋权属转移合同后10日内，向土地、房屋权属所在地的契税征收机关办理减征或免征契税手续。经批准减征、免征契税的纳税人改变有关土地、房屋的用途，不再属于规定的减征、免征契税范围的，应当补缴已经减征、免征的契税款。

（二）房地产印花税

房地产印花税是指对经济活动中或经济交往中书立的或领受的房地产凭证征收的一种税赋。纳税人是在中国境内书立、领受应税房地产凭证的单位和个人以及在境外书立、受我国法律保护、在我国境内适用的应税房地产凭证的单位和个人。产权转移书据的纳税人是立据人，权利许可证照的纳税人是领受人，房屋租赁合同的纳税人是立合同人，房地产买卖合同的纳税人是合同订立人。

印花税的征税范围是根据《印花税条例》列举的税目征税，未列举的不征税。列举征税的凭证共五大类：

（1）10类合同；

（2）产权转移书据，包括财产所有权和版权、商标专用权、专利权、专有技术使用权等转移书据；

（3）营业账簿，包括单位和个人从事生产经营活动所设立的各种账册；

（4）权利、许可证照，包括房屋产权证、工商营业执照、商标注册证、专利证、土地使用证（不包括农村集体土地承包经营权证）；

（5）经财政部确定征税的其他凭证。

房地产印花税的计税依据是该种行为所承载的资金量或实物量。税率有两类。第一类是比例税率，税率有五种：千分之一、万分之五、万分之三、十万分之五、十万分之三。要根椐经济合同性质确定税率，适用于房地产产权转移书据、房屋租赁合同、房地产买卖合同。第二类是定额税率，适用于房地产权利证书，为每件5元。

（三）固定资产投资方向调节税

该税是国家对企事业单位和个人用于固定资产投资的各项资金征收的一种税，征税对象为我国境内所有用于固定资产投资的各种资金。全社会的固定资产投资包括：基本建设投资、更新改造投资、商品房投资和其他固定资产投资。

国家根据产业政策和经济规模实行差别税率，具体税率为0%、5%、10%、15%和30%五个档次。2000年1月1日起，国家暂停征收固定资产投资方向调节税。

练　中　学

一、关键词与重点概念

税收、税法、房产税、城镇土地使用税、耕地占用税、契税、土地增值税

二、练习与讨论

1. 税收的特征与作用是什么？

2. 税收的构成要素主要有哪些？

3. 税收征收管理制度主要内容是什么？

4. 我国房地产税收体系构成是怎样的？

5. 简述房产税的主要内容。

6. 简述城镇土地使用税的主要内容。

7. 简述耕地占用税的主要内容。

8. 简述土地增值税的主要内容。如何计算土地增值税税额？计算增值额时扣除项目的具体内容有哪些？

9. 什么是契税？如何计算？

10. 房地产税率的种类有哪些？

附录　中华人民共和国城市房地产管理法

（1994年7月5日第八届全国人民代表大会常务委员会第八次会议通过　根据2007年8月30日第十届全国人民代表大会常务委员会第二十九次会议《关于修改〈中华人民共和国城市房地产管理法〉的决定》修正）

第一章　总　　则

第一条　为了加强对城市房地产的管理，维护房地产市场秩序，保障房地产权利人的合法权益，促进房地产业的健康发展，制定本法。

第二条　在中华人民共和国城市规划区国有土地（以下简称国有土地）范围内取得房地产开发用地的土地使用权，从事房地产开发、房地产交易，实施房地产管理，应当遵守本法。

本法所称房屋，是指土地上的房屋等建筑物及构筑物。

本法所称房地产开发，是指在依据本法取得国有土地使用权的土地上进行基础设施、房屋建设的行为。

本法所称房地产交易，包括房地产转让、房地产抵押和房屋租赁。

第三条　国家依法实行国有土地有偿、有限期使用制度。但是，国家在本法规定的范围内划拨国有土地使用权的除外。

第四条　国家根据社会、经济发展水平，扶持发展居民住宅建设，逐步改善居民的居住条件。

第五条　房地产权利人应当遵守法律和行政法规，依法纳税。房地产权利人的合法权益受法律保护，任何单位和个人不得侵犯。

第六条　为了公共利益的需要，国家可以征收国有土地上单位和个人的房屋，并依法给予拆迁补偿，维护被征收人的合法权益；征收个人住宅的，还应当保障被征收人的居住条件。具体办法由国务院规定。

第七条　国务院建设行政主管部门、土地管理部门依照国务院规定的职权划分，各司其职，密切配合，管理全国房地产工作。

县级以上地方人民政府房产管理、土地管理部门的机构设置及其职权由省、自治区、直辖市人民政府确定。

第二章　房地产开发用地

第一节　土地使用权出让

第八条　土地使用权出让，是指国家将国有土地使用权（以下简称土地使用权）在一定年限内出让给土地使用者，由土地使用者向国家支付土地使用权出让金的行为。

第九条　城市规划区内的集体所有的土地，经依法征用转为国有土地后，该幅国有土地的使用权方可有偿出让。

第十条　土地使用权出让，必须符合土地利用总体规划、城市规划和年度建设用地计划。

第十一条　县级以上地方人民政府出让土地使用权用于房地产开发的，须根据省级以上人民政府下达的控制指标拟订年度出让土地使用权总面积方案，按照国务院规定，报国务院或者省级人民政府批准。

第十二条　土地使用权出让，由市、县人民政府有计划、有步骤地进行。出让的每幅地块、用途、年限和其他条件，由市、县人民政府土地管理部门会同城市规划、建设、房产管理部门共同拟订方案，按照国务院规定，报经有批准权的人民政府批准后，由市、县人民政府土地管理部门实施。

直辖市的县人民政府及其有关部门行使前款规定的权限，由直辖市人民政府规定。

第十三条　土地使用权出让，可以采取拍卖、招标或者双方协议的方式。

商业、旅游、娱乐和豪华住宅用地，有条件的，必须采取拍卖、招标方式；没有条件，不能采取拍卖、招标方式的，可以采取双方协议的方式。

采取双方协议方式出让土地使用权的出让金不得低于按国家规定所确定的最低价。

第十四条　土地使用权出让最高年限由国务院规定。

第十五条　土地使用权出让，应当签订书面出让合同。

土地使用权出让合同由市、县人民政府土地管理部门与土地使用者签订。

第十六条　土地使用者必须按照出让合同约定，支付土地使用权出让金；未按照出让合同约定支付土地使用权出让金的，土地管理部门有权解除合同，并可以请求违约赔偿。

第十七条　土地使用者按照出让合同约定支付土地使用权出让金的，市、县人民政府土地管理部门必须按照出让合同约定，提供出让的土地；未按照出让合同约定提供出让的土地的，土地使用者有权解除合同，由土地管理部门返还土地使用权出让金，土地使用者并可以请求违约赔偿。

第十八条 土地使用者需要改变土地使用权出让合同约定的土地用途的，必须取得出让方和市、县人民政府城市规划行政主管部门的同意，签订土地使用权出让合同变更协议或者重新签订土地使用权出让合同，相应调整土地使用权出让金。

第十九条 土地使用权出让金应当全部上缴财政，列入预算，用于城市基础设施建设和土地开发。土地使用权出让金上缴和使用的具体办法由国务院规定。

第二十条 国家对土地使用者依法取得的土地使用权，在出让合同约定的使用年限届满前不收回；在特殊情况下，根据社会公共利益的需要，可以依照法律程序提前收回，并根据土地使用者使用土地的实际年限和开发土地的实际情况给予相应的补偿。

第二十一条 土地使用权因土地灭失而终止。

第二十二条 土地使用权出让合同约定的使用年限届满，土地使用者需要继续使用土地的，应当至迟于届满前一年申请续期，除根据社会公共利益需要收回该幅土地的，应当予以批准。经批准准予续期的，应当重新签订土地使用权出让合同，依照规定支付土地使用权出让金。

土地使用权出让合同约定的使用年限届满，土地使用者未申请续期或者虽申请续期但依照前款规定未获批准的，土地使用权由国家无偿收回。

第二节 土地使用权划拨

第二十三条 土地使用权划拨，是指县级以上人民政府依法批准，在土地使用者缴纳补偿、安置等费用后将该幅土地交付其使用，或者将土地使用权无偿交付给土地使用者使用的行为。

依照本法规定以划拨方式取得土地使用权的，除法律、行政法规另有规定外，没有使用期限的限制。

第二十四条 下列建设用地的土地使用权，确属必需的，可以由县级以上人民政府依法批准划拨：

（一）国家机关用地和军事用地；

（二）城市基础设施用地和公益事业用地；

（三）国家重点扶持的能源、交通、水利等项目用地；

（四）法律、行政法规规定的其他用地。

第三章　房地产开发

第二十五条　房地产开发必须严格执行城市规划，按照经济效益、社会效益、环境效益相统一的原则，实行全面规划、合理布局、综合开发、配套建设。

第二十六条　以出让方式取得土地使用权进行房地产开发的，必须按照土地使用权出让合同约定的土地用途、动工开发期限开发土地。超过出让合同约定的动工开发日期满一年未动工开发的，可以征收相当于土地使用权出让金百分之二十以下的土地闲置费；满二年未动工开发的，可以无偿收回土地使用权；但是，因不可抗力或者政府、政府有关部门的行为或者动工开发必需的前期工作造成动工开发迟延的除外。

第二十七条　房地产开发项目的设计、施工，必须符合国家的有关标准和规范。

房地产开发项目竣工，经验收合格后，方可交付使用。

第二十八条　依法取得的土地使用权，可以依照本法和有关法律、行政法规的规定，作价入股，合资、合作开发经营房地产。

第二十九条　国家采取税收等方面的优惠措施鼓励和扶持房地产开发企业开发建设居民住宅。

第三十条　房地产开发企业是以营利为目的，从事房地产开发和经营的企业。设立房地产开发企业，应当具备下列条件：

（一）有自己的名称和组织机构；

（二）有固定的经营场所；

（三）有符合国务院规定的注册资本；

（四）有足够的专业技术人员；

（五）法律、行政法规规定的其他条件。

设立房地产开发企业，应当向工商行政管理部门申请设立登记。工商行政管理部门对符合本法规定条件的，应当予以登记，发给营业执照；对不符合本法规定条件的，不予登记。

设立有限责任公司、股份有限公司，从事房地产开发经营的，还应当执行公司法的有关规定。

房地产开发企业在领取营业执照后的一个月内，应当到登记机关所在地的县级以上地方人民政府规定的部门备案。

第三十一条　房地产开发企业的注册资本与投资总额的比例应当符合国家有关规定。

房地产开发企业分期开发房地产的，分期投资额应当与项目规模相适应，并按照土地使用权出让合同的约定，按期投入资金，用于项目建设。

第四章 房地产交易

第一节 一 般 规 定

第三十二条 房地产转让、抵押时，房屋的所有权和该房屋占用范围内的土地使用权同时转让、抵押。

第三十三条 基准地价、标定地价和各类房屋的重置价格应当定期确定并公布。具体办法由国务院规定。

第三十四条 国家实行房地产价格评估制度。

房地产价格评估，应当遵循公正、公平、公开的原则，按照国家规定的技术标准和评估程序，以基准地价、标定地价和各类房屋的重置价格为基础，参照当地的市场价格进行评估。

第三十五条 国家实行房地产成交价格申报制度。

房地产权利人转让房地产，应当向县级以上地方人民政府规定的部门如实申报成交价，不得瞒报或者作不实的申报。

第三十六条 房地产转让、抵押，当事人应当依照本法第五章的规定办理权属登记。

第二节 房地产转让

第三十七条 房地产转让，是指房地产权利人通过买卖、赠与或者其他合法方式将其房地产转移给他人的行为。

第三十八条 下列房地产，不得转让：

（一）以出让方式取得土地使用权的，不符合本法第三十九条规定的条件的；

（二）司法机关和行政机关依法裁定、决定查封或者以其他形式限制房地产权利的；

（三）依法收回土地使用权的；

（四）共有房地产，未经其他共有人书面同意的；

（五）权属有争议的；

（六）未依法登记领取权属证书的；

（七）法律、行政法规规定禁止转让的其他情形。

第三十九条 以出让方式取得土地使用权的，转让房地产时，应当符合下列条件：

（一）按照出让合同约定已经支付全部土地使用权出让金，并取得土地使用权证书；

（二）按照出让合同约定进行投资开发，属于房屋建设工程的，完成开发投资总额的百

分之二十五以上，属于成片开发土地的，形成工业用地或者其他建设用地条件。

转让房地产时房屋已经建成的，还应当持有房屋所有权证书。

第四十条　以划拨方式取得土地使用权的，转让房地产时，应当按照国务院规定，报有批准权的人民政府审批。有批准权的人民政府准予转让的，应当由受让方办理土地使用权出让手续，并依照国家有关规定缴纳土地使用权出让金。

以划拨方式取得土地使用权的，转让房地产报批时，有批准权的人民政府按照国务院规定决定可以不办理土地使用权出让手续的，转让方应当按照国务院规定将转让房地产所获收益中的土地收益上缴国家或者作其他处理。

第四十一条　房地产转让，应当签订书面转让合同，合同中应当载明土地使用权取得的方式。

第四十二条　房地产转让时，土地使用权出让合同载明的权利、义务随之转移。

第四十三条　以出让方式取得土地使用权的，转让房地产后，其土地使用权的使用年限为原土地使用权出让合同约定的使用年限减去原土地使用者已经使用年限后的剩余年限。

第四十四条　以出让方式取得土地使用权的，转让房地产后，受让人改变原土地使用权出让合同约定的土地用途的，必须取得原出让方和市、县人民政府城市规划行政主管部门的同意，签订土地使用权出让合同变更协议或者重新签订土地使用权出让合同，相应调整土地使用权出让金。

第四十五条　商品房预售，应当符合下列条件：

（一）已交付全部土地使用权出让金，取得土地使用权证书；

（二）持有建设工程规划许可证；

（三）按提供预售的商品房计算，投入开发建设的资金达到工程建设总投资的百分之二十五以上，并已经确定施工进度和竣工交付日期；

（四）向县级以上人民政府房产管理部门办理预售登记，取得商品房预售许可证明。

商品房预售人应当按照国家有关规定将预售合同报县级以上人民政府房产管理部门和土地管理部门登记备案。

商品房预售所得款项，必须用于有关的工程建设。

第四十六条　商品房预售的，商品房预购人将购买的未竣工的预售商品房再行转让的问题，由国务院规定。

第三节　房地产抵押

第四十七条　房地产抵押，是指抵押人以其合法的房地产以不转移占有的方式向抵押权人提供债务履行担保的行为。债务人不履行债务时，抵押权人有权依法以抵押的房地产

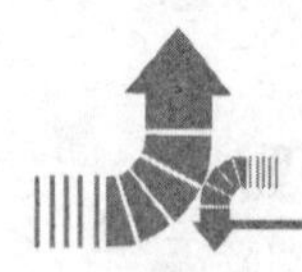

拍卖所得的价款优先受偿。

第四十八条 依法取得的房屋所有权连同该房屋占用范围内的土地使用权，可以设定抵押权。

以出让方式取得的土地使用权，可以设定抵押权。

第四十九条 房地产抵押，应当凭土地使用权证书、房屋所有权证书办理。

第五十条 房地产抵押，抵押人和抵押权人应当签订书面抵押合同。

第五十一条 设定房地产抵押权的土地使用权是以划拨方式取得的，依法拍卖该房地产后，应当从拍卖所得的价款中缴纳相当于应缴纳的土地使用权出让金的款额后，抵押权人方可优先受偿。

第五十二条 房地产抵押合同签订后，土地上新增的房屋不属于抵押财产。需要拍卖该抵押的房地产时，可以依法将土地上新增的房屋与抵押财产一同拍卖，但对拍卖新增房屋所得，抵押权人无权优先受偿。

第四节 房 屋 租 赁

第五十三条 房屋租赁，是指房屋所有权人作为出租人将其房屋出租给承租人使用，由承租人向出租人支付租金的行为。

第五十四条 房屋租赁，出租人和承租人应当签订书面租赁合同，约定租赁期限、租赁用途、租赁价格、修缮责任等条款，以及双方的其他权利和义务，并向房产管理部门登记备案。

第五十五条 住宅用房的租赁，应当执行国家和房屋所在城市人民政府规定的租赁政策。租用房屋从事生产、经营活动的，由租赁双方协商议定租金和其他租赁条款。

第五十六条 以营利为目的，房屋所有权人将以划拨方式取得使用权的国有土地上建成的房屋出租的，应当将租金中所含土地收益上缴国家。具体办法由国务院规定。

第五节 中介服务机构

第五十七条 房地产中介服务机构包括房地产咨询机构、房地产价格评估机构、房地产经纪机构等。

第五十八条 房地产中介服务机构应当具备下列条件：

（一）有自己的名称和组织机构；

（二）有固定的服务场所；

（三）有必要的财产和经费；

（四）有足够数量的专业人员；

（五）法律、行政法规规定的其他条件。

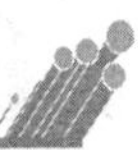

设立房地产中介服务机构，应当向工商行政管理部门申请设立登记，领取营业执照后，方可开业。

第五十九条　国家实行房地产价格评估人员资格认证制度。

第五章　房地产权属登记管理

第六十条　国家实行土地使用权和房屋所有权登记发证制度。

第六十一条　以出让或者划拨方式取得土地使用权，应当向县级以上地方人民政府土地管理部门申请登记，经县级以上地方人民政府土地管理部门核实，由同级人民政府颁发土地使用权证书。

在依法取得的房地产开发用地上建成房屋的，应当凭土地使用权证书向县级以上地方人民政府房产管理部门申请登记，由县级以上地方人民政府房产管理部门核实并颁发房屋所有权证书。

房地产转让或者变更时，应当向县级以上地方人民政府房产管理部门申请房产变更登记，并凭变更后的房屋所有权证书向同级人民政府土地管理部门申请土地使用权变更登记，经同级人民政府土地管理部门核实，由同级人民政府更换或者更改土地使用权证书。

法律另有规定的，依照有关法律的规定办理。

第六十二条　房地产抵押时，应当向县级以上地方人民政府规定的部门办理抵押登记。

因处分抵押房地产而取得土地使用权和房屋所有权的，应当依照本章规定办理过户登记。

第六十三条　经省、自治区、直辖市人民政府确定，县级以上地方人民政府由一个部门统一负责房产管理和土地管理工作的，可以制作、颁发统一的房地产权证书，依照本法第六十一条的规定，将房屋的所有权和该房屋占用范围内的土地使用权的确认和变更，分别载入房地产权证书。

第六章　法 律 责 任

第六十四条　违反本法第十一条、第十二条的规定，擅自批准出让或者擅自出让土地使用权用于房地产开发的，由上级机关或者所在单位给予有关责任人员行政处分。

第六十五条　违反本法第三十条的规定，未取得营业执照擅自从事房地产开发业务的，由县级以上人民政府工商行政管理部门责令停止房地产开发业务活动，没收违法所得，可

以并处罚款。

第六十六条 违反本法第三十九条第一款的规定转让土地使用权的，由县级以上人民政府土地管理部门没收违法所得，可以并处罚款。

第六十七条 违反本法第四十条第一款的规定转让房地产的，由县级以上人民政府土地管理部门责令缴纳土地使用权出让金，没收违法所得，可以并处罚款。

第六十八条 违反本法第四十五条第一款的规定预售商品房的，由县级以上人民政府房产管理部门责令停止预售活动，没收违法所得，可以并处罚款。

第六十九条 违反本法第五十八条的规定，未取得营业执照擅自从事房地产中介服务业务的，由县级以上人民政府工商行政管理部门责令停止房地产中介服务业务活动，没收违法所得，可以并处罚款。

第七十条 没有法律、法规的依据，向房地产开发企业收费的，上级机关应当责令退回所收取的钱款；情节严重的，由上级机关或者所在单位给予直接责任人员行政处分。

第七十一条 房产管理部门、土地管理部门工作人员玩忽职守、滥用职权，构成犯罪的，依法追究刑事责任；不构成犯罪的，给予行政处分。

房产管理部门、土地管理部门工作人员利用职务上的便利，索取他人财物，或者非法收受他人财物为他人谋取利益，构成犯罪的，依照惩治贪污罪贿赂罪的补充规定追究刑事责任；不构成犯罪的，给予行政处分。

第七章 附 则

第七十二条 在城市规划区外的国有土地范围内取得房地产开发用地的土地使用权，从事房地产开发、交易活动以及实施房地产管理，参照本法执行。

第七十三条 本法自 1995 年 1 月 1 日起施行。

参 考 文 献

1. 符启林. 房地产法（第三版）[M]. 北京：法律出版社，2004.
2. 隋卫东. 房地产法[M]. 济南：山东人民出版社，2006.
3. 王卫国. 中国土地权利研究[M]. 北京：中国政法大学出版社，1997.
4. 陈耀东. 商品房买卖法律问题专论[M]. 北京：法律出版社，2003.
5. 孙镇平. 房地产法案例教程[M]. 北京：高等教育出版社，2005.
6. 金俭. 房地产法的理论与实务[M]. 南京：南京大学出版社，1995.
7. 许明月. 抵押权制度研究[M]. 北京：法律出版社，1998.
8. 郭明瑞，杨立新. 担保法新论[M]. 长春：吉林人民出版社，1996.
9. 崔建远. 中国房地产法[M]. 北京：中国法制出版社，1995.
10. 李延荣. 房地产管理法（第二版）[M]. 北京：中国人民大学出版社，2005.
11. 宋宗宇，黄锡生. 房地产法学[M]. 重庆：重庆大学出版社，2005.
12. 黄河. 房地产法[M]. 北京：中国政法大学出版社，1998.
13. 郑振源. 私房土地使用权的历史沿革[N]. 中国经济时报，2003-06-04.
14. 程信和，刘国臻. 房地产法学[M]. 北京：北京大学出版社，2001.
15. 夏善胜. 物业管理法[M]. 北京：法律出版社，2003.
16. 何培华. 房产法[M]. 北京：法律出版社，2003.
17. 杨育林. 房地产案件审判要旨与判案评析[M]. 北京：人民法院出版社，2004.
18. 牛凤瑞. 中国房地产发展报告[M]. 北京：社会科学文献出版社，2005.
19. 阮可. 房地产法规[M]. 重庆：重庆大学出版社，2008.
20. 李岫. 房地产法规[M]. 北京：人民交通出版社，2008.
21. 王跃国. 房地产法规与案例分析[M]. 北京：机械工业出版社，2005.
22. 王照雯. 房地产法规[M]. 北京：机械工业出版社，2007.
23. 彭后生. 房地产法规[M]. 北京：中国建筑工业出版社，2006.
24. 房地产经纪人学会. 房地产基本制度与政策[M]. 北京：中国建筑工业出版社，2007.